CAMBRIDGE

HANDBOOK OF THE
INTERNATIONAL PHONETIC ASSOCIATION

国际语音学会手册
国际音标使用指南

- 中文修订本

A GUIDE TO THE USE OF
THE INTERNATIONAL PHONETIC ALPHABET

国际语音学会 编著

修订版：江 荻 孟 雯 译校

第一版：江 荻 译
燕海雄 左玉瑢 田阡子 赵翠阳 协译
潘悟云 审校

语言能力省部共建协同创新中心建设经费支持（教育部）

上海教育出版社
SHANGHAI EDUCATIONAL
PUBLISHING HOUSE

简　　介

　　《国际语音学会手册》(简称《手册》)全面介绍了国际语音学会的"国际语音字母表"(即国际音标表)。国际音标表的目的是为各种语言提供一套普遍认可的音标符号系统。一百多年来,这个字母表一直为语音学家以及其他关注语言的人广泛使用。这本《手册》介绍了语音分析的基础,因此,音标符号包含的原则可以更容易地理解;《手册》还举例说明了构成字母表的每一个音标符号的用法。对于字母表的适用性,《手册》用了20多种语言实例加以广泛地证明,包括对语音系统的简明分析,附带一段言语文本的音标转写。这些实例涵盖了世界各地的语言。除语音系统之外,《手册》还包括大量其他有用的信息。国际音标表扩充部分可以用来记录(正常)语音系统之外的各种言语声音,例如有副语言功能的语音,病理语言中遇到的语音。《手册》列出了一套完整的、国际一致认可的音标符号计算机编码,不仅包括国际音标的符号,还包括其他传统系统的符号。《手册》中还有大量国际语音学会历史的信息,以及国际语音学会现在的活动。这本《手册》是所有与言语声分析有关人员的必备参考书。

　　国际语音学会成立以来就倡导语音科学的研究和应用。学会的历史可追溯至1886年,从那时开始,学会最广为人知的工作成果就是国际音标表。这本《手册》由学会执行委员会顶级语音学家合作撰写,汇集了世界各地大批学会成员提供的材料,例如语言实例。

前　言

　　《国际语音学会手册》包括了国际音标表的简要信息和用法指南,类似于"用户手册"。它替代了原来的《国际语音学会的原则》(简称《原则》,*Principles of the International Phonetics Association*),该书自 1949 年以来一直未曾修订,已经显得过时。尽管只替换了旧《原则》的部分内容,这本《手册》仍然称得上是一本全新的著作,包括更广泛的内容。

　　旧《原则》由以下几个部分构成:语音描述的简短指南、语音符号使用的样例、大量由单个语言的语音扼要说明组成的"样本",以及把《北风与太阳》翻译成该语言的音标文本。另外,有关学会的相关信息以及它的简史,也印在了《原则》的封皮内页上。

　　这本内容广泛的新《手册》保留了以上内容。全书分为三个部分:第一部分包括语音描述导言、符号使用举例;第二部分是用国际音标描述各种语言的实例(这些实例摘自 1989 年以来发表在《国际语音学会学报》上的文章);第三部分是包含大量参考资料的附录。

　　除了体例基本相似,《手册》与旧的《原则》差别很大。它不仅反映了学会工作成果的变化,即最明显的、公认的国际音标表的变化——本书的讨论与举例都基于最新的(1996)语音字母表版本,而且在本质上与《原则》也存在着很明显的区别。《手册》陈述了这样一个事实:过去半个世纪声学分析技术的发展意味着很多读者将熟悉并学会处理作为声学符号的言语,也意味着正确使用像频

1

谱仪那样的声学装置不仅仅是表示言语音段的方法，而且可以用于讨论基于切分的标音系统与物理言语事件之间关系的问题。这本《手册》也包括与在计算机上使用国际音标相关的实用信息，例如语音符号的计算机编码。

相对于旧著而言，新著的读者身份不必那么整齐划一，这就可以解释为什么旧《原则》和新《手册》会有那么大的区别。新《手册》可以作为不同群体的参考书，它的读者可以是对各种语言语音感兴趣的教师和语音学家，也可以是言语工程师、言语病理学家、理论语音学家或其他人。

如果我们的目标是让国际音标表成为言语描写的标准，那么，我们就应该鼓励扩大读者群体，他们可以是经验丰富的语音学家，也可以是对语音学不甚了解的普通读者。但这同时也给《手册》指导章节的撰写提出了很大的挑战。与旧《原则》相比，《手册》在表述国际音标表背后的逻辑根据的时候，扩大读者群体可能导致更含混的语气。例如，国际音标表在其历史发展过程中是与"严式切分"的音位观念紧密相连的，而在第一部分第 10 节，人们又认识到了音系理论中存在可选择性对象（变体）的事实。总之，读者的纵向扩展造成了应该详论还是简述的循环性问题。简单叙述，初学者可能需要查找其他资料，以便了解编制音标表的原则的某些观念；详细论述，又会与编辑这本简洁小册子的实际目标冲突，即本书要让学生买得起，尽量简明扼要，让非专业性读者也能看懂。

第一部分文本内容较之旧《原则》更为零散。不过，请务必记住，这本书既不试图充作语音学教科书，也不是对国际音标表的评论。现在市面上有很多很好的语音学适用教材,语音学学生可以结合本《手册》阅读一本或多本这样的教材。《手册》的目的不是提供全面的或按部就班的语音学教学,而是提供把握国际音标所需要的简要信息。同样,对国际音标表所赖以建立的假说做全面的评论是必要的,却不宜放在这本以实用为导向的《手册》里。国际音标对很多人来说只是一种工作用的工具,可以进一步完善,这本《手册》的作用只是目前这个可用工具的指导说明。

从任何意义上说,这本《手册》都是合作研制的成果。第一部分的文本主要由 Francis Nolan 负责,语音用法实例说明由 Peter Ladefoged 与 Ian Maddieson 提供。作为《国际语音学会学报》的前后两任编辑,Ian Maddieson 与 Martin Barry 一直负责监督和检查大量并不断增多的实例。Martin Ball 在国际音标表的扩展论述方面发挥了重要作用(附录 3),Mike MacMahon 撰写了附录 4,即学会的历史。John Esling 负责语音符号计算机编码的附录 2,还负责《手册》出版最后阶段大量的编辑工作,如实例的最终审订等。当然,特别要感谢语言实例的作者们和学会的很多会员,《手册》部分初稿在学会的学报发表之后,他们反馈了很多的提议和修订建议。

译　　序

　　任何学科的符号系统都反映一个学科的发展程度，符号系统的改变甚至会与学科革命联系在一起。当现代数学的符号系统替代了传统的筹算系统，当五线谱替代了工尺谱，这难道只是简单的符号改变？我们很难设想用传统的筹算可以发展出以公理系统为基础的现代数学，用工尺谱可以谱写出一部交响乐。

　　有清三百年的学术史中，音韵学是成就最高的学科，清代的学者通过《诗经》韵脚系联已经归纳出先秦的韵类，但是他们不知道这些韵类的语音区别在哪里。段玉裁在《答江晋三论韵书》中说："足下能确知所以支、脂、之分为三之本源乎？……仆老耄，倘得闻而死，岂非大幸也！"但是段玉裁只能是抱憾终身，清代的音韵学连最基本的记录语音的符号都不具备，怎么可能发展出构拟古代音值的学问来呢？一直到高本汉把记录语音的符号系统带到中国，把 26 个方言的读音排列在一起，才有可能施用历史比较法得到中古汉语的音值构拟。赵元任、罗常培、李方桂把高本汉的《中国音韵学研究》翻译出来，同时把书中的 lundell 音标改成国际音标，在中国学术界不啻投下了巨石。一时间，音韵学成为一门显学，连非语言学界的学者，如胡适、陈寅恪、夏承焘、朱光潜、刘师培、陈独秀等都对此钟爱有加，各取一瓢饮。小小的音标，对学术的推动竟会如此之大。

　　国际音标将会受到越来越多人的关注，这有两方面的原因。首先是社会原因。人类已经进入信息时代，语言则是最重要的信息载体，语言学在全社会引起的广泛关注，也会使越来越多的学科与个人关心国际音标的使用。其次是语言学的原因。以往的音系学与语音学各持一端,语言学家们更关心抽象的范畴分类,而不是语音的细节实现,所以美国的语言学家很多人不用国际音标,这是因为英文字母在键盘上输入更方便,用它足以应付这些抽象的范畴。但是,语音学与音系学的互相靠拢、合流是当代语言学的一大趋势,因此国际音标在语言学界势必会受到更多的关心。江荻先生翻译的《国际语音学会手册》(以下简称《手册》)在这个时候出版,其意义之重大怎么说也不过分。长期以来,国内语言学界对创制国际音标的基本原则并不是都很了解,对音标的使用会有各种分歧。《方言》2007年第1期公布了中国语言学会语音学分会的国际音标(修订至2005年)中文版。江荻先生翻译《手册》,最重要的工作是根据这些原则对每个音标做中文定名。孔子说"必也正名乎",音标的中文定名,决不只是一个名称问题,它反映了中国语言学界在现代化路程上的发展阶段。有发展就有争论,争论主要涉及对下面两个问题的认识。

第一,国际化。

顾名思义,国际音标就是国际通用的音标,国际音标的命名、它们所对应的语音内容、符号的印刷形式、计算机编码,国际语音学会都有统一的规定,我们无需自己搞一套,另标特色。

辅音的发音部位由被动发音器官与主动发音器官两部分构成。被动发音器官指齿、龈、硬腭、软腭等不动的器官,适宜作为定位的依据。主动发音器官指下唇和舌头等可以移动的器官。因为其可移动性,用作定位有时就不太合适。例如,舌尖可以抵向齿、龈或龈后,如用主动发音器官命名,三个不同的音都会被说成舌尖音。所以,国际语音学会规定,音标以被动发音器官为基本命名,碰到需要更精确描写的时候,就以主动发音器官加以补充。如[k],主动发音器官舌体后部抬向被动发音器官软腭,所以通常叫作软腭音,更精确的描写为舌后－软腭音。赵元任、罗常培、李方桂翻译的《中国音韵学研究》所用术语就贯彻了这条原则,书中[t]叫作舌尖齿龈音,简称齿音。《方言》1979 年第 4 期公布的国际音标表也还是遵循这条命名原则,但是《方言调查字表》(1981 年 12 月新 1 版第 81 页)上的国际音标却用主动发音器官命名,在国内方言学界产生了较大的影响。我们之所以赞成国际语音学会的命名原则,并不只是尊重学会的权威性,更重要的是遵循它的科学原则。科学命名的首要原则是正确,如辅音[k]的主动发音器官应该是舌后,传统的命名却叫作舌根音,舌根是 root,与咽部相对,发[k]的时候不可能把舌根提上来与软腭成阻。第二是明确,做到一音一符。因为同一个主动发音器官可能与多个被动发音器官成阻,如用主动发音器官命名,就会出现一符多音现象。前两年,朱晓农、麦耘、黄笑山等人先后发文讨论国际音标的命名原则。国际音标表的 2005 年中文版正是重申了国际语音学会的音标命名原则,并做了初步的中文定名。

第二,本土化。

国际音标在中国语言学界已经使用了半个多世纪,因为大多数的使用者并非都是语音学家,对国际音标的性质并非都有深刻的了解,所以中文定名有些随意,即使很有影响的语言学家也在所难免。有些错误是必须纠正的,如舌根与舌后是两个部位,决不能把软腭音说成舌根音。我从去年开始才在课堂上严格要求学生纠谬。但我深感这是一个多么痛苦的过程,就连我自己也偶尔会说错嘴。克服习惯的过程总要付出代价,我们必须考虑在纠谬与少付代价之间做出折衷。也就是说,一方面要不违反科学的命名原则,另一方面要考虑本土化,照顾传统习惯,使中文定名在中国使用者中有尽可能大的接受度。此书的翻译在这方面做了大量宝贵的工作。例如：

英语 primary stress 和 secondary stress 此书分别译为"重音"和"次重音"，比起"主重音、次重音"的译法更符合中国人的语言习惯，就像"教授、副教授"，通常不必说成"正教授、副教授"。

"高、次高、中、次低、低"的定名，比起"超高、高、中、低、超低"，更符合中国五度制标调的传统。

"平调"和"非平调"，依麦耘建议定名为"平调"和"仄调"，既符合原意，又符合国情。

如果一个音标涉及几个语音特征，此书原文根据英语的语言习惯安排这些特征的先后次序，但是译作汉语必须照顾到汉语的语言习惯。译者提出以下的原则：

元音：舌位水平维度项＋舌位垂直维度项＋唇状项。

辅音：被动发音部位＋次类发音方法描述（气流类型和/或嗓音类型）＋发音方法。

例如，[ʑ]，英文为 voiced alveolo－palatal fricative，本书则译作龈腭浊擦音，而不是浊龈腭擦音或浊擦龈腭音。[y]，英文为 close front rounded vowel，中文则译作前高圆唇元音。

本书附录表3的国际音标符号中有"符号名称"栏与"语音描述/状态"栏。其中"语音描述/状态"是以描述的方式为音标命名，相当于林耐的动植物分类和命名，可看作音标的学名。例如 ɦ 这个音标，中文（语音描述）定名"声门浊擦音"。所谓"符号名称"则是一种便捷的称谓，ɦ 的符号名称 LATIN SMALL LETTER H WITH HOOK，可以直译作"带顶钩 H"，但是中国语言学界通常把它叫作"弯头 h"。这只是为了称谓的方便而已，与科学定义无关，如果要照顾到中国语言学界的传统，译作弯头 h 更好。符号名称只要不引起混乱，越短，容易上口，越好。ɯ 自然可以直译作"倒转小写字母 M",但是我们平时都只说"倒 m",说起来顺口,而且不存在一个形体是大写 M 倒过来的音标,不会产生混乱。再说国际语音学会从来没有正式认可一套符号名称,也就是说符号名称可以更多地考虑本土化。

　　科学定义有严格的命名原则,译者按照这些原则结合中国的语言习惯定名。但是符号名称可以自己取,正因为如此,它需要使用人的广泛认可。译者告诉我,目前只有少量符号有中文习惯称谓,且音标描述学名与习惯名称时有混用,书中只能暂按英文名称直译。

　　国际化与本土化并不是矛盾的两方,它们是互为表里的。我们通过音标的汉语定名,使它本土化,方能在中国广泛使用,才能促使汉语的语音研究与国际融为一体。国际音标制定至今,是一个不断完善、不断丰富的过程。它在中国的本土化一直与这个过程相伴随。国际音标刚制定的时候没有东亚语言常见的舌尖元音ɿ、ʅ,高本汉在描写汉语方言时创造了它们。赵元任等在翻译《中国音韵学研究》的时候又增添了几个龈腭音:ȵ、ȶ、ȡ。国际音标表在制定的时候主要以印欧语言作为参考对象。印欧语言大多没有龈腭音,所以表中的发音部位列有腭龈音ʃ、ʒ,却没有龈腭音ɕ、ʑ。《手册》说,"由于这些音较为少见,音类数量不多,国际音标表没有提供相应的发音部位栏目",因而放在"其他音标"栏备用。至于赵元任等造的龈腭音ȵ、ȶ、ȡ以及高本汉造的ɿ、ʅ,连备用的资格都没有了。我们很难设想,非洲部分人用到的ʘ、!,音标表给它们留有位置,而东亚十几亿人在使用的ȵ、ȶ、ȡ、ɿ、ʅ却没有它们的地位。任何一个研究东亚语言的人都知道,没有龈腭音与舌尖元音的音标,东亚语言的描写将会怎么样。当然,这并非民族歧视,大概与音标制定人的语言视野和学术眼光有关。所以,我们决不是被动地接受国际语音学会所制定的原则，本土化在更重要的意义上是去丰富、完善它们。

最后我还要附加强调一点，就是国际音标的数字化。国际音标刚制定的时候，计算机还没有出现。但是一个世纪过去了，现在如果离开计算机，就很难想象会有国际音标的广泛使用。这不只是出于出版、打字的考虑，更重要的是让计算机把它作为语言研究及其应用的重要工具。最初的音标制定者只考虑一音一符，现在更要考虑一音一符一码，而且是一种在各种计算机平台上通用的码，这就是 UNICODE 码。我们期望有更多的基于 UNICODE 编码的国际音标计算机字体，有更方便的国际音标输入法，有不断出现的以国际音标作为处理对象的语言数据库与分析软件。拉波夫说，20 世纪录音技术与计算机技术的出现引起语言学的一场革命。这两者都会涉及国际音标及其数字化。我衷心祝愿这本手册能在中国语言学革命中发挥作用。

潘悟云

2008 年 1 月

目　　录

前言

译序(潘悟云)

国际音标表(修订至 2018 年)

第一部分　国际音标导论 ………………………………（ 1 ）

1　什么是国际音标？ …………………………………（ 3 ）

2　语音描写与国际音标 ………………………………（ 4 ）

  2.1　跟语言学相关的言语信息 ………………………（ 5 ）

  2.2　音段 ………………………………………………（ 6 ）

  2.3　辅音与元音的区分 ………………………………（ 8 ）

  2.4　辅音 ………………………………………………（ 9 ）

  2.5　非肺部气流辅音 …………………………………（ 12 ）

  2.6　元音 ………………………………………………（ 13 ）

  2.7　超音段成分 ………………………………………（ 18 ）

  2.8　附加符号 …………………………………………（ 20 ）

  2.9　其他音标符号 ……………………………………（ 24 ）

3　国际音标标音法指南 ………………………………（ 24 ）

  3.1　符号的实例说明 …………………………………（ 24 ）

  3.2　举例所使用的语言 ………………………………（ 36 ）

4 音位学原理 ………………………………………（38）

5 宽式标音法与严式标音法 ………………………（40）

6 用国际音标给语言标音 …………………………（42）

7 使用国际音标 ……………………………………（44）

    7.1 音标符号名称 ……………………………………（44）

    7.2 手写稿中使用国际音标 …………………………（44）

    7.3 打印稿中使用国际音标 …………………………（44）

    7.4 计算机与国际音标 ………………………………（45）

    7.5 国际音标与盲文 …………………………………（45）

8 国际音标的其他用途 ……………………………（46）

9 某些有争议的问题 ………………………………（47）

    9.1 语音切分 …………………………………………（47）

    9.2 标音与言语的一致 ………………………………（49）

    9.3 标谁的音：说话人还是听话人？ ………………（51）

10 国际音标与音系学理论 ………………………（52）

第二部分 国际音标应用实例 ……………………（55）

    美国英语 ……………………………………………（59）

    阿姆哈拉语 …………………………………………（65）

    阿拉伯语 ……………………………………………（74）

    保加利亚语 …………………………………………（79）

    汉语（香港粤语） …………………………………（83）

加泰罗尼亚语 ……………………………………（ 88）

克罗地亚语 ………………………………………（ 96）

捷克语 ……………………………………………（102）

荷兰语 ……………………………………………（108）

法语 ………………………………………………（114）

加利西亚语 ………………………………………（120）

德语 ………………………………………………（126）

豪萨语 ……………………………………………（131）

希伯来语 …………………………………………（140）

印地语 ……………………………………………（145）

匈牙利语 …………………………………………（151）

依格博语 …………………………………………（156）

爱尔兰语 …………………………………………（161）

日语 ………………………………………………（170）

韩语 ………………………………………………（175）

波斯语 ……………………………………………（181）

欧洲葡萄牙语 ……………………………………（184）

信德语 ……………………………………………（191）

斯洛文尼亚语 ……………………………………（197）

瑞典语 ……………………………………………（204）

塔巴语 ……………………………………………（208）

泰语 ………………………………………………（213）

吐康贝斯语 ·································· (219)

土耳其语 ···································· (224)

第三部分　附录 ···························· (229)

附录 1　国际语音学会的原则 ··············· (231)

附录 2　国际音标符号的计算机编码 ·········· (234)

附录 3　国际音标的扩展：国际音标扩展表 ······ (264)

附录 4　关于国际语音学会 ················· (275)

国际语音学会的历史 ····················· (275)

学会的章程和细则 ······················· (280)

怎样咨询学会信息 ······················· (282)

怎样加入学会 ··························· (283)

附录 5　参考图表 ························ (284)

附录 6　汉英对照术语表 ··················· (289)

译后记（第一版） ························· (308)

再版后记 ······························· (310)

第一部分
国际音标导论

1　什么是国际音标?

国际语音学会(International Phonetic Association)的目的是促进语音学的科学研究以及该项科学的各种实际应用。为了这两个目的,理想的方法是坚持用书面形式描述语言的声音。从 1886 年建立以来,学会一直关注发展一套符号系统,既能方便使用,又能全面处理世界语言中发现的各种语音;并且鼓励涉及语言研究和教学的群体尽可能广泛地使用这种标音方法。现在,这个系统就是众所周知的国际语音字母表(国际音标表,the International Phonetic Alphabet)①。学会和它的音标表都用缩写的 IPA 指代,这一点也广为人知。本书一般用缩写的"the IPA"(译注:原英文版)表示国际音标。国际音标是基于罗马字母表(Roman alphabet)设计的,它的好处是流行广泛,但是也包括各种其他来源的字母和附加符号。这些附加符号是必要的,因为语言中的各种语音数量之大,远远超出罗马字母表的字母数量。成系统地使用语音符号来描述言语就形成了音标(transcription)。

国际音标有许多用途。例如,可以用在词典里表示发音的方法;可以用于田野调查记录语言,构成一门语言书写系统的基础;或者给言语分析的声学或其他显示做注解。要承担这些任务就有必要创制一套普遍认可的符号,为语音指定无歧义的名称。这就是国际音标(发挥作用)的目标。这本《手册》的目的是为国际音标以及与之相关的使用规则提供一个实用指南。

跟其他科学一样,语音科学也飞速发展。新的现象出现,新的

---

①　译注:国际语音字母表(the International Phonetic Alphabet)在中国通称"国际音标表",英文简写为 the IPA。具体指称时可用"音标""国际音标"或"音标符号"。译文主要采用"国际音标"或类似的中文名称表述。

理论产生，旧问题获得了新的解决。任何科学的符号系统都反映事实和理论，因此，音标表一遍一遍地修改以适应创新是很自然的事情。这本《手册》的音标表是 1989 年在基尔(Kiel)举行的国际语音学会大会修订的版本，还有一些经过学会理事会批准的细微修改和更正。尽管存在这些以及早期的一些变化，音标表今天仍然显示出与 19 世纪末期的音标表之间存在显著的连续性。国际音标表的发展自始至终贯穿在学会的历史之中，并且一直受到一套"原则"的指导，相关内容将在附录 1 中列出。

2 语音描写与国际音标

国际音标标音法体系的背后蕴含了大量关于言语和言语分析的理论假设，这些假设主要有如下几项：

——有些言语要素是语言学上的相关现象，另一些则与语言学没有关系(例如个人语音特质)。

——言语可以部分地描写为一连串的不连续的语音或者"音段"(segment)。

——音段通常可以被分成两个主要音类：辅音(consonant)和元音(vowel)。

——辅音和元音的语音描写可根据辅音和元音的产生及听觉特征(auditory characteristics)进行。

——除了音段之外，言语中还有大量超音段(suprasegmental)现象，例如重音(stress)和声调(tone)都需要单独描述。

国际音标符号汇总在"国际音标表"中，该表列在前言之后，全部重新制作，而在附录 5 中，总表的各个部分被分解开来。我们鼓励读者复制和放大这个表，以便参考。该表的结构反映了上面的理论假设。下文的小节涉及该表相关部分时，简单介绍了蕴含这些假设情况的语音描写。不过,该项介绍只能处理少量的重要现象,需要更全面地处理语音描写(phonetic description)的读者应该参考语音学教科书。

介绍国际音标的时候,参考语言案例是必要的。我们尽可能使用读者都熟悉的语言,当然这不可能包括各种语音。语音变体方面也提出了一个问题:所有的语言都有不同的口音和各种各样的发音变体。在特定语言里用词来举例说明一个语音时,意思是在这个词里总是能听到这个语音,但并不意味着说这个词的时候总是发出这个语音。

以英语为例,主要有两种变体可资参考:普通美国英语(General American English)和标准英国南部英语(Standard Southern British English)。这两种变体分布很广,在美国和英国的正式英语新闻广播中都能听到。普通美国英语通常被看作超越地区的变体;标准英国南部英语(在这里"标准"不应该看作包含"正确性"价值判断的术语)在现代相当于所谓的可接受的发音(Received Pronunciation,RP),它是英国东南部口音,是当地及英国各地(程度不等)的权威规范语音。正常情况下,使用"英语"这个术语既可能指普通美国英语的语音,也可能指标准英国南部英语的语音,特定情况下则在必要的地方,专指这两种英语中的某一个变体。当然,大多数情况下,这两种音也会出现在英语的许多其他变体中。

2.1　跟语言学相关的言语信息

语音学(phonetics)作为一门学科涉及言语的方方面面,但是,语音标注主要还是集中在跟语言学相关的方面。例如,国际音标表提供了符号标出英语同形词中区别意义的语音项:*refuse*(['refjus]意思是"废料,垃圾",而[ri'fjuz]意思是"拒绝"),但是国际音标表并不提供符号来表示"一个低沉的、嘶哑的、男性快速说话的声音"这样的信息。不过,在实践中,跟语言学相关和跟语言学不相关之间的区别并非总是清清楚楚。只表示跟语言学相关的原则曾经是制定国际音标表选取符号的规则。不过,进一步的需求已为人们所认识,本书附录 3 就提出了"国际音标扩展表"(Extensions to the IPA)。

　　2.2　音段

　　观察发音器官的运动可以发现,这些运动几乎都是连续的。与此相似,声学言语信号也不会在连续的平稳状态之间间断,大多数时候是渐变的,有时候是由瞬变形式构成。要想把言语分成连续的语音单位,发音器官的运动和声学信号都无法提供清晰的划分。这一点对于那些观念受文字书写影响的人来说是奇怪的,但是在 X 光影像和声学图示中这些现象很清楚。

　　例如,英语 *worry* 的发音器官运动和声学信号(acoustic signal)呈现出连续的变化。图 1 是这个词的频谱图(spectrogram)。频谱图是将声学信号的能量模式转换成可视形式的一种方式。横轴从左到右表示时间,深色的条纹表示声道共鸣变化。*worry* 的能量形式高低起伏,连续的语音之间没有界限。不过,这个词还是能切分成[wɐɹi],即[w]+[ɐ]+[ɹ]+[i]。毫无疑问,这种切分受到语言学知识的影响,人们熟悉语音中有语言学意义的变化。说话人可以通过这个词来掌握变化,例如,在英国英语里,[wɐɹi] *worry*,[hɐɹi] *hurry*,[hæɹi] *Harry*,[hæti] *Hatty*,[hætə] *hatter*。这个语音事件中能发生有意义变化的要素有四处,反映到语音分析中就是四个音段(segment)。由于不同语言允许变化的地方不同,因此,初次对一种未知语言标音,音段切分(segmentation)只能是尝试性的(参见第 9 节)。不过,不同语言之间,语音的组织方式有许多共通点,很多未知语言的尝试性音段切分也可能是正确的。

语音分析有一个关键的前提,即可以根据音段序列描写言语,而更进一步的关键的前提假设是,每个音段都可以用发音目标对其性质进行刻画。"调音"(articulation)是产生言语声音时描述发音器官(vocal organs)活动的技术术语。对发音目标的描写是静态的,但并不意味着调音本身一定保持静态状。例如[ɹ](上文中 *worry* 里的一个音)被描写成舌尖靠近齿龈脊(上前齿后面的平坦部位)形成一个窄缝。实际上,舌尖在发音目标之间连续运动,图 1 频谱图 0.4 到 0.5 秒间较高的两条共振峰下降就反映了这个情况。其他语音的发音目标则会持续一段固定的时间。关键是,音段的使用和相关发音目标的描写应考虑如何简洁地分析复杂而又连续变化的言语。

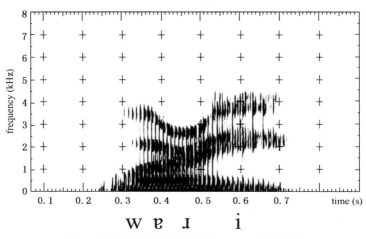

图 1　用英国南部英语发音的 *worry* 的频谱图

2.3　辅音与元音的区分

一般来说,言语是声道(vocal tract,说话时气流的通道)连续张开和收紧的过程。这从 banana ［bə'nænə］或者［bə'nɑnə］的发音就能够看得很清楚:发音的时候声道闭合三次(第一次是唇闭塞,后两次是舌闭塞),每一次声道闭合后随即又打开,这种连续的开合过程就是音节(syllable)形成的基础,因此,banana 是由三个音节组成的。在这个不断开合的循环过程中,张开的发音部分被看作音节的中心或者核心(音核,nucleus of the syllable)。

声道呈闭合或者接近闭合状态的音是辅音(consonant),例如［b］和［n］。声道呈打开状态的音是元音(vowel),例如［ə］和［ɑ］。再确切地说,气流经过口腔受到阻碍形成湍流的任何音都是辅音。因此,像［s］这样的音之所以可以听到"咝咝声"(hissing),就是因为它的气流受到扰动,跟［b］完全一样,是一个典型的辅音。与之相反,只要气流经过口腔而未受到任何阻碍的音就是元音。辅音和元音之间的区别是语音描写方法的基础,也是支撑国际音标核心架构的基础。

从元、辅音的定义,以及声道反复开合过程中音节的产生来看,元音很适合充当音节的核心(syllable nuclei),而辅音很适合充当音节的边界音(margins of syllable)。不过,音节和音类之间的关系不完全是一对一的,因为辅音也可以表现成音节中心。英语 button ［bʌtn］常见的读音有两个音节,从它的发音方式可以判断,第二音节的音核就是辅音。相反,［jɛt］yet 的第一个音如果拉长读音就类似［hid］heed 的元音发音,也就不会产生摩擦,但是,由于［j］在音节中的作用与辅音的定义一致(例如［bɛt］bet 的［b］),所以它通常被放在辅音类,按照辅音描述。

国际音标表的元音和辅音分别列表,反映出不同的描写技术。

描写技术的不同是因为辅音发音形成阻碍,而元音发音不形成阻碍。

2.4　辅音

由于辅音涉及声道某部位的收紧或挤压,所以语音学家传统上是依照"发音部位"(place of articulation)给辅音分类的,例如,*ten* 的[t],发音要求在舌边上沿和上齿龈或上齿之间形成气密(airtight seal),然而,对发音部位的语音描写主要集中在贯穿声道中线位置(纵面中间)的某部分,在这个纵面上,舌尖或舌叶与上前齿后面的隆骨,即齿龈脊之间是密闭的。因此这种音被叫作龈音(alveolar)。图 2 是声道中间纵面图,标出了不同的发音部位。更多例子如,*pen* 的[p]是双唇音(bilabial,上唇和下唇闭合),*ken* 的[k]是软腭音(舌的后部抵住软腭)。其他发音部位举例参见第 3 节。

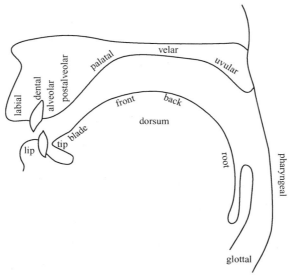

图 2　标注发音部位的声道中间纵切面图

9

在国际音标表中,大部分辅音符号都列在上端的大表里,辅音的发音部位通过该表的组织结构体现出来,横向每一栏代表一个发音部位,从最左边的双唇音到最右边的声门音(glottal,声带处产生的辅音,也叫作喉音)。"双唇音"(bilabial)和"唇齿音"(labiadental)这两个术语分别指下唇抵着上唇和下唇抵着上齿产生的辅音。人们通常认为以某个发音部位命名的语音是由与发音部位相对的主动发音器官发出的(因此,龈音是由舌尖或舌尖后面的舌叶产生的)。有一个例外是术语"卷舌音"(retroflex)。发卷舌音时,舌尖从正常位置向后卷起至齿龈脊之后的某一处。通常龈音[ɹ]也有某种程度舌尖后卷的特征,这个特征把它跟其他龈音区别开来。要注意的另一个现象是,除了擦音外,齿音、龈音和龈后音都只用一个(发音部位)符号表示;如果必要,这三个发音部位可用额外的标记或者附加符号与音标符号一起组成复合符号来加以区别,这个现象在 2.8 节里还要讨论。例如,齿鼻音(dental nasal)、龈鼻音(alveolar nasal)和龈后鼻音(postalveolar nasal)分别用[n̪ n n̠]表示。

辅音表左边栏内排列的术语是爆发音(plosive)、鼻音(nasal)、颤音(trill)等,反映了另一种描写辅音的主要维度,即发音方法(manner of articulation)。发音方法包括大量与发音有关的各种因素,其中一个就是声道收紧的程度。如果改变爆发音[t]的发音方法,使舌尖或者舌叶沿齿龈脊形成一个窄沟,气流就不会密闭而是外泄。这时的气流是湍流,产生一种嘶嘶类的在语音学上称为有摩擦的语音。这类音被称作擦音(fricative)。本例产生的擦音是[s],例如 *sin*。其他擦音还有[f](如 *fin*)和[ʃ](如 *shin*)。如果声道收紧度再降低些,就会产生近音(approximant)。近音的气流均匀,不会听到摩擦声。近音可以以 *yet* 开头的[j]和大多数英语

变体中 *red* 开头的音（[ɹ]、[ɻ]或者[ʋ]）为例进行说明。

　　"发音方法"还包括一些要素，如软腭（velum，口腔后部上腭柔软部位）抬高还是下降。如果软腭下降，引起鼻腔共鸣，也对语音有影响，例如 *man* 的[m]和[n]，发生这种现象的辅音称为鼻音。边音（边近音）（lateral，lateral approximant），例如英语 *let* 的[l]；边擦音（lateral fricative），例如威尔士语 *llan*"教堂（地名）"的[ɬ]；这些语音的气流不是在声道的中间而是在两边除阻。颤音，如西班牙语 *perro*"狗"的[r]，是发音器官（这里是舌尖）反复地颤动阻碍气流而形成的音。短时碰触，如同颤音一次颤动而发出的音，叫作拍音（tap），如西班牙语 *pero*"但是"里的[ɾ]。

　　辅音描写中还有一个更重要的要素，不过音标表里没有列出来。这个要素就是辅音的清（voiceless）、浊（voiced）特征。浊辅音（voiced consonant）的发音是，气流通过声带时引起声带振动，产生声学能量；而清辅音（voiceless consonant）发音则没有声带振动。音标表每个单元格左边的符号是清辅音，例如[p]和[ʔ]；右边的符号是浊辅音，例如[b]（与[p]相对的浊辅音）和[m]。实际上，嗓音的区别不仅只有清音和浊音这两种区别形式，因此，还有必要增加两种基本符号之外的标音方法。例如，用符号[ba pa pʰa]表示，分别意味着有以下辅音发音情况：声带在爆发音闭塞期间振动，声带在闭塞除阻时振动，声带在闭塞除阻之后才开始振动（称作送气爆发音，aspirated plosive）。如果一个单元格里只有一个符号，那么这个符号表示浊辅音（只有一个例外），该符号放在单元格的右边。例外的是声门爆发音[ʔ]（glottal plosive，因为声带闭塞，不能同时振动）。

　　有一点很清楚，辅音表不是单纯的符号列表，它体现了辅音的分类系统。使用者可以问这样一个问题："我应该怎样用符号记录小舌部位全闭塞的浊音?"(答案是[ɢ]。)或反过来问:"[ʝ]是什么音?"(答案是浊音,还可以听到由舌的前部和硬腭收紧产生的摩擦声。)

不是所有的单元格或者单元格的每一半都填上了符号,空格有三种类型。有阴影的单元格表示在某个发音部位和某种发音方法交叉处不太可能发出音来,这或者是由定义引起的(鼻音要求口音闭塞的同时软腭下降,因此咽部或者喉部的鼻音就排除了),或者是因为该语音不可能产生或者很难产生,例如软腭颤音(velar trill)或者双唇边擦音(bilabial lateral fricative)。除非语音学家在观念上弄错了语音类别,所有有阴影的单元格都不需要填符号。没有阴影的空格表示可能产生这个音,譬如软腭边擦音(velar lateral fricative),但尚未在任何语言中发现。今后发现某种语言来填补这个空格的可能性总是存在的。这种情况有软腭边近音(velar lateral approximant)[ʟ],直到20世纪70年代,巴布亚新几内亚的一种语言 Kanite 语被报道发现了这个音,语音学家才普遍了解到它。还有一种无阴影空格,在这类空格里,一个语音也可以用一个已经存在的符号来表示,但是音值略有不同,可以通过带附加标记与原符号加以区别。例如,[β]在图表里处在双唇浊擦音(voiced bilabial fricative)的位置,如果需要也可以表示双唇浊近音(voiced bilabial approximant)。同样,清鼻音也没有专门符号。龈清鼻音(voiceless alveolar nasal)可在鼻音符号[n]下面增加清音记号[̥]来表示,组成一个复合符号[n̥]。表格中的很多空格都可以用附加符号的方法来填充(第2.8节和第3节),这种组合符号的形式在下文附加符号部分还会进一步讨论。

2.5　非肺部气流辅音

辅音表中所有的音标符号都代表使用肺部气流产生的辅音

（肺部气流辅音，pulmonic consonant）。虽然一些语言仅靠来自肺部的气流发音，但是还有很多语言额外增加了一两种其他的气流机制（airstream mechanism）产生的辅音。表示这些语音的音标符号放在辅音表左下方另一个单独的表格里，第3节会举例说明。

　　两种非肺部气流机制（non-pulmonic airstream mechanism）中较为常见的是声门机制，涉及闭塞声门、挤压或者扩张处于声门和声道往前的辅音收紧处之间的气流。如果气流受到挤压并因此外泄——闭塞突然向前除阻，或者通过持续摩擦收紧处——这样形成的音叫作"外挤气音"（ejective）。外挤气音用合适的清辅音符号表示，后面带一个撇号，例如[p']和[s']。相反，如果声门和声道往前收紧处之间的气流扩张，减小气压，气流就会在向前闭塞处除阻时突然进入口腔。这种语音在闭塞期间通常伴有声带的振动，形成"（浊）内爆音"（(voiced) implosive），例如[ɓ]。如果需要用符号表示这种音的清音，可以加上一个附加符号：[ɓ̥]。

　　软腭气流音（velaric），通常叫作"倒吸气音"（click），也涉及产生一个封闭腔体，这个腔体里的气压可以改变，但是后面的闭塞点不是声门，而是舌背抵住软腭形成的，因此，当前面的闭塞除阻时，气流被吸入口腔。"tut-tut"音或者"tsk-tsk"音就是这样产生的，很多说英语的人用此表达不赞成的意思，不过，这种语音是孤立的现象，不能作为日常词汇的语音部分。有些别的语言把倒吸气音作为辅音来使用。倒吸气音有一套专门的符号，例如[ǂ]。由于每个倒吸气音都有软腭或者小舌处形成的闭塞，把倒吸气音符号与合适的软腭音或者小舌音符号组合起来表示清倒吸气音、浊倒吸气音，或者鼻倒吸气音是完全可能的：[k͡ǂ ɡ͡ǂ ŋ͡ǂ]，[q͡ǃ]。

2.6　元音

　　元音是具有音节中心性质的语音，由于元音的声道没有辅音的那么狭窄,所以不太容易像辅音那样按照发音部位来描写。相反,元音是依照抽象的"元音空间"(vowel space)来分类的,这个"元音空间"用四边形来表示,叫作"元音四边形"(Vowel Quadrilateral)(参见国际音标表,右边中间)。尽管不太精确,元音空间还是包含了元音产生的舌位关系,如下文所释。

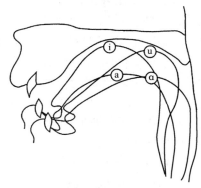

图 3　元音声道中间纵切面图,有四个端点元音的舌位轮廓

　　图 3 是声道中间纵切面图,表示四个端点元音的舌位轮廓。元音[i]很像 heed 或者法语 si"如果"中的元音,舌头的部位向前向上,伸向硬腭。这个示意图显示的舌位更为极端,至少和英语中一般的同类元音比较是这样,以致如果再接近硬腭一些,气流就会形成湍流而产生擦音。这个极限位置的元音被作为元音描写的一个固定参照点。由于舌头靠近口腔顶部,这个元音被描写成"高/闭"元音(close),又因为舌位的最高点在元音发音区的前部,它还被描写成"前元音"(front)。

　　与之相对,元音[ɑ]的舌体向下、向后,咽腔变窄,很像标准英国南部英语或者一般美国英语 *palm* 中的元音。如果咽腔再变窄些就会产生擦音，这种极限位置的元音形式可以看作第二个固定参照点。舌体和口腔顶部之间的空隙很大，因此这个元音被描写成"低/开"元音（open），并且舌体还靠近口腔的后部，因此又被描写成"后元音"（back）。

如果口腔后部舌体尽可能抬起，达到恰好还不足以产生软腭辅音的位置，同时（语言中非常普遍）嘴唇变圆并前伸，就会产生后高元音[u]（close back vowel，见图3），类似法语 *vous*"你"的元音或者德语 *du*"你"的元音。如果舌位的最高点在口腔的前部而且尽可能地扩大开口度，就会产生元音[a]，这个音有点像当代英国南部标准英语 *cat* 里的元音音质（其他方言的开口度小，也没有那么靠前），这两个极限位置元音也可以看作固定参照点。

图4第一部分表示，把这四个代表极限位置的元音的舌位最高点圈连起来，就绘成了产生元音的空间边界。为了描写元音，这个空间可以格式化为四边形图，参见图4第二部分，更多的参照元音现在可以在图4的第三部分界定。特别注意，两个完整的前元音[e]和[ɛ]定义在[i]和[a]之间，因此在听感上，这个系统里每一个元音与相邻元音之间的差别都是等阶的。同样，两个完整的后元音[ɔ]和[o]也被规定在[ɑ]和[u]之间，它们之间的音阶间隔也相等。在定义这些元音的时候，使用听觉空间意味着元音描写并非单纯依据发音，这也是为什么元音四边形必须被看成一种抽象，而不是舌位的直接映射的原因之一。这些元音以及下文要界定的元音在第3节举例说明。

以上定义了四个元音的高度：[i]和[u]是高元音（close vowel），[e]和[o]是半高元音（close-mid vowel），[ɛ]和[ɔ]是半低

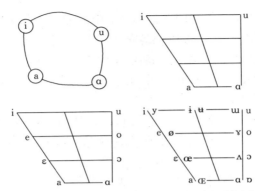

图 4　元音四边形和正则元音。上图,元音四边形与图 3 所示
元音之间的关系;下图,主要正则元音和所有正则元音。

元音(open-mid vowel),[a]和[ɑ]是低元音(open vowel,注意最后
一对元音字母形状的差别,一个是前元音,一个是后元音)。元音
空间可以看成采用了栅格的形式,人们熟悉的八个参照元音构成
"主要正则元音"(primary cardinal vowel),这个意义上的"正则"所
指的就是一些元音描写所依据的(空间)点。以上所勾勒的主要正
则元音的描写与英国语音学家 Daniel Jones 最早定义的正则元音
略有不同,但与当今广为传播的观点一致。主要正则元音经常是
按照逆时针的顺序围绕着四边形用数字来指称:1[i],2[e],3[ɛ],
4[a],5[ɑ],6[ɔ],7[o],8[u]。

　　到现在为止,尚未详细讨论唇的作用。正则元音的后元音系
列[ɑ ɔ o u]的圆唇度逐渐增加,从不圆唇的[ɑ]到圆唇高元音 [u]。
依照规则,不圆唇元音(unrounded vowel)放在四边形前列或后列
的左侧,圆唇元音(rounded vowel)放在右侧。相反,前元音系列
[a ɛ e i]中,[a]的圆唇度居中,不圆也不展,其他元音唇位渐展,一

直到[i]。事实上,[i e ɛ a ɑ]不圆唇,[ɔ o u]的圆唇度逐渐增加,反映了语言中普遍存在的元音高度、前后与圆展之间的关系。不过,唇的活动独立于舌位,很多语言在自己的元音系统中充分利用了这个特征。

为了反映唇的特征,人们还定义了八个"次要正则元音"(secondary cardinal vowel),与主要正则元音不同之处仅仅是唇位不同。从图4的第四张图上可以看到主要正则元音与次要正则元音两两相对,例如,高元音[i y ɯ u]中[i ɯ]是展唇音,[y u]是圆唇音;半低元音[ɛ œ ʌ ɔ]中,[ʌ ɔ]轻微展唇,[œ ɔ]开口圆唇。另外还有两个次要正则元音,是央高元音 [ɨ](展唇)和[ʉ](圆唇)。次要正则元音有时候用相应的主要正则元音的数字来指称,例如[ø]是"2号次要正则元音",或者围着四边形按逆时针顺序排序,从9[y]到16[ɯ],[ɨ]和[ʉ]的编号分别为17和18。

国际音标表的四边形舌位图是完整的元音音标符号集,除了已经讨论的正则元音符号(都位于四边形的外侧周边),还有中-央元音符号(mid central vowel)和若干中间位置上的元音符号。有一对是不圆唇与圆唇相对应的半高央元音[ə ɵ];另一对是相应的半低央元音[ɜ ɞ]。元音[ə]通常称为 schwa(弱性元音),位于元音四边形的中间,[ɐ]位于半低元音与低元音之间。元音[ɪ ʏ ʊ]分别是[i y u]的半央化元音。

因为元音空间是连续的,语言里某个元音是否跟舌位图中标记的某个参照点完全对等还不一定,严格地说,语言中可能会使用与正则元音相似的参照点,但未必有那么强的周边性(peripheral)。如果语音描写要求精细,大部分元音只能根据参照元音来定位,例如,"央化并偏低的正则元音[e]",这个元音添加附加符号(参见2.8节)描述则可能是[ë]。

2.7 超音段成分

有大量的言语特征倾向于构成超越单一音段的模式，并且/或者不受音段目标限制而独立变化，其中主要有音高（pitch）、响度（loudness）和感知时间（perceived timing）。这些特征称为"超音段特征"（suprasegmental），把这种特征与言语事件的其他部分分开是语音分析过程的一部分。国际音标表提供了一套独立的超音段标音符号，列在音标表的右下角。

例如，音高变化能在整个语段之外传递字面意思之外的意义，这种音高变化称作"语调"（intonation）。所有语言都有语调，只是语调系统的复杂程度随语言不同而有区别罢了。符号［‖］可以用来表示一个语调域的终结点，而［｜］则用来给更小的单位划界。符号［↗↘］也表示语调，分别表示"全上升"（global rise）和"全下降"（global fall）。不过，国际音标表没有提供完整的语调标音所需的符号。

音高变化还作用于词或者音节，这种通过音高变化区别词的方法与处理音段组合差不多。能通过音高变化区分词的语言被称作声调语言（tone languages），占世界语言的大部分。例如泰语，［kha:˥］带降调（用音段后的斜线表示），意思是"服务员"，而［kha:˦］带升调，意思是"腿"。

国际音标表有两套表示声调（tone）的符号集。在一些语言中，词汇主要依靠每个音节的音高变化形成对立，如泰语和汉语的各种方言，这些语言经常使用所谓的声调字符（tone letter）。以泰语为例，这些声调字符是用一条竖线和竖线前面的一条横线来表示前面音节的声调。这条竖线代表说话人音域范围之内的五种可能的音高，横线的位置代表前面音节的音高高度和音高变化（如果存在变化）。声调字符经常用来表示一般的声调变化，例如，如果一种语言中只有一个降调(falling tone),就没有必要特别关注降调的结束点,从最高点标到最低点也没什么不妥。因此,汉语普通话的"骂"标音是[ma˥˩],而实际上大多数说普通话的人不会这么发音,不会把一个降调从最高贯穿到底。声调符号还可以用于某些更精细的标音,例如泰语高调可以标成[˥],但是,高调音节的基频测量显示,这种音节实际上有一个升高和一个降低过程,因此这个声调也可以标记成[˦]。

国际音标表的另一套声调标音系统一般用于主要依靠音节的音高高度(pitch height)形成声调对立(tonal contrast)的语言。一般使用三种附加符号,通常放在带调音段的上面(这里用[e]举例),高调(high tone)是[é],中调(mid tone)是[ē],低调(low tone)是[è]。西非约鲁巴语的短语可以用这三个声调标调:[ó bá]"他/她见面了";[ó bā]"他/她藏起来了";[ó bà]"它歇息了"。注意不要对这些声调符号"望文生义",换句话说,尽管这个"锐重音符号"(acute accent)[´]看似上升,实际上它只表示"高调"。要表示升调(rising tone)的话,需要用低调和高调组合起来,其他曲折调(contour tone)也是如此。因此,[e]的上升调是[ě],下降调是[ê]。另一方面,声调字符,例如[e˥](意思是高调)和[e˩˥](意思是升调),算得上是一种直接的象似性符号。

从国际音标表上看,声调字符[˥]似乎与[″]对等,其实,后者是另一套符号系统的超高调符号,这个系统的其他符号顺序列在下面。这两套音标没有可比性,这样编排仅仅是为了简化音标表的版面。汉语普通话的四个声调常常用符号表示成[ma˥]"妈",[ma˥˩]"骂",[ma˩˥]"麻",[ma˨˩˦]"马"。如果用另一套系统标音,就是[má mâ má mǎ]。

升阶(upstep)[↑]和降阶(downstep)[↓]是用常规声调符号表

示音高的变动(上升或者下降)。举一个升阶的例子,豪萨语升阶出现的原因是,低调之前的一连串高调音节的最后一个音节的音高比其他音节的音高都要高。因此,豪萨语的[túrántʃí]"英语"单念时是三个音高相同的高调。在词组[túránˈtʃí nè]"这是英语"里,高调上升的地方可以用升阶[ꜛ]来表示。加纳的 Akan 语有降阶现象,例如[ɔ̀kɔ́ꜜtɔ́]"螃蟹",最后一个音节是一个降阶高调,这个声调显然是个高调,因为它后面那个词的词首也是高调,二者音高相同。

音节的相对凸显或重读、区分音段长度,以及音节间隔也都可以用符号表示。音节凸显和音节重读的性质在各语言中不尽相同。国际音标表提供了三种程度的凸显(prominence),以[ˌpærəsaɪˈkɒlədʒi] *parapsychology* 为例,最高一级在第四音节上,次高一级在第一音节上,剩余没有标记的音节是非凸显音节(进一步区分可以从元音音质推断,英语中带[ə]的音节凸显度最低)。超强重读(extra strong stress)可以用两个重音标记表示:[əˈˈmeɪzɪŋ] *amazing*!音段的长度(segmental length)可以用由短到长的序列[ĕ e eˑ eː]表示,甚至还有可能存在更长音的现象[eːː]。音节间隔(syllable division)可以用符号表示,表示音节间隔有助于音系分析,它可以用来解释为什么或者在何处音节分界的不同造成了语音的不同,如[naɪ.t̬ɹeɪt] *nitrate* 对应[naɪt.ɹeɪt] *night-rate*。超音段符号的用法在第 3 节进一步讨论。

2.8 附加符号

附加符号(diacritics)是小形的字母形状的符号或者其他标记,可以以多种方式加在元音或辅音符号上,使元音或辅音符号的意义发生变化或者更加精确。一个符号加上附加符号,或者加上多个附加符号后仍被看成单一(复杂)符号。国际语音学会认可的整套附加符号放在音标表左下方的表格里。①

　　有大量附加符号被用来表示不同类型的嗓音发声(phonation)。嗓音值完全相反的两类音可以用附加符号表示对立的形式。例如清颤音和清鼻音，如果不用附加符号的话就没有别的符号来标音，用附加符号可以分别标成[r̥]和[n̥]等(有些符号下半部分较长造成识别不清晰，附加符号就放在音标的上面)。不带嗓音发声的元音也可以用附加符号来标音，例如[e̥]。符号[̬]表示清音转变成浊音，但很少使用。有时它也表示邻接音段浊音的扩展影响(浊音同化)，例如法语[ʃakʒuʁ] *chaque jour*"每天"。[k]和[g]在语音上是否等同，目前尚有争议，[s]和[z]也是如此。[k]和[g]或者[s]和[z]之间的区别还有可能包括除声带振动之外的因素，如发音时的紧张和放松程度，因此用两种方法标记嗓音非常重要；但是无论如何，记录同化的同时保留词的词汇形式还是可行的(例如法语[ʃak] *chaque*"每个")。附加符号[ʰ]用来表示辅音后面的气流释放(a release of air)，最常见的情况出现在清爆发音和元音之间，例如[tʰaɪ] *tie*"绳"。某些语言有两种相互对立的不同发声类型，哑嗓声(creaky voice)和气嗓声(breathy voice)，既可以用于元音也可以用于辅音(参见附加符号表第二栏顶部的例子)。

　　附加符号表第一栏第四行到第九行的附加符号，还有右侧一栏第九行和第十行偏高和偏低的符号，都可以用来改变元音符号的唇形和舌位。因此，[ʉ]表示的元音唇形没有正则元音[u]那么圆(less rounded)(参见上文 2.6 节)。相对于正则元音[e]，[ë]表

___
　　①　译注：附加符号的中文定名相当复杂，尤其是术语和术语简省用法习惯在单用和组合中表现出的差别。读者可以先阅读书后"汉英对照术语表"有关中文定名原则及术语简省用法的说明。

示央化(centralized)，并且舌位偏低。介于[u]和[ʉ]之间的元音可以用符号标为[ʉ̠]，表示比央元音偏后，或者(如果更靠后而不是靠近中央)标为[u̜]，或者标为[ü]，表示相对后元音更偏前。"中央化"(mid-centralized)的附加符号表示向中央元音[ə]方向靠拢的元音音质，因此[ë]相当于[ɛ̈]，[ä]相当于[ä]。

当"偏高"(raised)和"偏低"(lowered)的附加符号应用于辅音符号时，会改变辅音的发音方法类别，因此，[t̞]的发音与龈爆发音类似，但是没有完全闭塞，产生的擦音像爱尔兰英语 *right* 的结尾辅音(但是缺少[s]的槽状舌形)。附加符号"偏前"(advanced)和"偏后"(retracted)普遍用来改变辅音的发音部位。例如，软腭音区前部的清擦音可以用符号表示为[x̟]，一个特殊的龈后鼻音标记为[n̠]。

"卷舌性"(rhoticity)附加符号[˞]表示元音带有一种特殊的听觉效果，听起来像美国标准语[fɑ] *far* 和[fɚ] *fur* 里的元音([ə]和卷舌性附加符号合并常常写成和印刷成[ɚ])。这种听觉效果可能是由咽腔收缩，加上舌前部口腔空间扩展造成的，或者是舌尖向上和向后卷起，或者是舌尖在舌体靠向软腭前部时向后缩等情况下造成的。在某些语言里，舌根的功能不同于元音音质的其他决定因素，它调整咽腔的宽度，在表格的下面右侧有两个附加符号，表示舌根偏前(advanced tongue root)和舌根偏后(retracted tongue root)。"音节性"(syllabic)附加符号用来标记作为音节核心的辅音，"非音节性"(non-syllabic)附加符号用来标记没有起到传统意义上的音节作用的元音。

"齿音化"(dental)附加符号(第三栏)用来修改那些位于"龈音"下的辅音，使齿音发音明确无误。如第2节中提到的，虽然辅音表里只有一个音标符号(擦音行除外)表示齿音/龈音/龈后音，但是它们可以用[n̪ n n̠]来区分（龈后音用"偏后"附加符号表示）。"舌唇性"（linguolabial）附加符号用来标记在其他方面被忽略的辅音类型（很稀少），表示舌尖或舌叶抵住上唇形成的音，这个附加符号被用来改变相关的龈辅音符号。附加符号"舌尖性"（apical）和"舌叶性"（laminal）用来确定所指舌头最前端的部位：舌尖还是舌叶。

　　次要发音（secondary articulation）有收窄声道的性质，收窄的声道比产生辅音的主要发音的声道略窄。"腭化（硬腭化）"（palatalization）、"软腭化"（velarization）和"咽音化"（pharyngealization）这几个术语用于清楚地表明声道狭窄的部位。在某种意义上，次要发音是在辅音之上附加类似高元音的发音，例如，[i]对应于硬腭化，用符号表示就是[tʲ]，[ɯ]对应于软腭化（[tˠ]），[ɑ]对应于咽音化（[tˤ]）。"唇音化"（labialization）严格意义上说表示双唇开口度减小。不过，人们倾向于用它来表示圆唇（撮唇）时伴随着的软腭的收缩。对于这种双唇撮圆软腭化的音，用标在上角的[ʷ]表达最为精确。如果必须区分一个既不撮唇又没有软腭收缩的圆唇度减弱的发音，可以使用一个上标的[ᵛ]（唇齿近音符号）表示。这些在音标符号后面上标的附加符号看起来很像是接着发出的音，但是严格意义上说，这种标音方法的意思是次要发音跟辅音的发音同时进行。这一点不同于送气附加符号（例如[tʰ]），爆发音和送气是相继的发音过程。次要发音的协同发音性（simultaneity）可以从软腭化或咽音化所用的附加符号中清楚地看出来，例如[~]，放置的位置通常是拦腰贯穿辅音符号（常常不利于认读）。尽管名称相似，但鼻音化（nasalization）并非同样意义上的次要发音，而是给语音带来鼻腔共鸣。元音（例如[ẽ]）和辅音（例如[l̃]）都能够被鼻音化。

　　最后，在第三栏里有三个有关除阻的附加符号（nasal release，

"鼻音除阻";lateral release,"边音除阻";no audible release,"无听感除阻")。这三个附加符号表示塞音（stop consonant）除阻但未转变成元音，相反地，气流是通过鼻腔逸出（例如［bʌtⁿn̩］*button*"纽扣"），或者从舌边逸出（例如［bɒtˡɫ］*bottle*），或者气流随着后一个音流出［ɹæɡˀbæɡ］*ragbag*。附加符号的使用在第 3 节还会进一步举例说明。

2.9　其他音标符号

为了描述方便，其他音标符号在国际音标表里单列了出来。这部分包括几种不适合放入主要辅音表发音部位和发音方法表格的辅音符号。在某些情况下，例如会厌音（epiglottal）和龈-腭音（alveolo-palatal），由于这些音较为少见，音类数量不多，国际音标表没有提供相应的发音部位栏目。还有一些其他情况，例如［w］同时涉及两个发音部位，在表格里排列起来不方便。如果为所有有双重发音部位的辅音单独设立表格栏目，那么表格的大小将变得难以处理。大部分涉及多重发音部位的辅音都用一个连接符（tie bar）［͡　］组合两个符号书写，例如［k͡p］表示唇-软腭清爆发音（voiceless labial-velar plosive）。

3　国际音标标音法指南

3.1　符号的实例说明

国际音标表中音标符号的读音列举如下。每个符号都可以看作语音描写的文字记录，是描述一种语言中的对立的语音形式的方法。因此，［m］相当于"双唇浊鼻音"（voiced bilabial nasal），也是描述英语和其他语言中的对立的鼻音音位的一种方法。

人们说某个符号适合描写两种语言的语音，并不意味这两种语言的语音完全相同。因此，［p］适合英语 *pea* 的标音，也适合法

语 *pis* 的标音；同样，[b]适合英语 *bee* 的标音，也适合法语 *bis* 的标音；但是，这两个语音在这两种语言中是不一样的。如果必要，国际音标完全能够区分以上语音差别，第 4 节对此有详细说明；但是在更一般的描写层面上，这些符号可以用来表示其中任意一种语言的语音。

　　所有语言在发音上都会有变异。有时候，某个例证只对一种语言的某些变体有效。例如，英语 *thief* 中读[θ]的例证就不适用于某些方言，这些方言把 th 读作唇齿擦音[f]，或者齿音化塞音（dental stop）[t̪]。举例表示的意思是举例所用的符号至少适合该语言的一种或多种口语变体。以英语举例来说，没有明确指出是哪个方言变体时，就应该假定所用例证至少适用于普通美国英语和标准英国南部英语（参见第 2 节）。

　　音标符号举例按照国际音标表顺序排列；使用的术语采用音标表（横栏和竖列）所列术语。当没有歧义的时候，列举英语（Eng.）和法语（Fr.）的例词。举例用词的文字形式用斜体表示。其他语言词语的英语注释放在引号中。本节的最后列出所有举例涉及的语言清单。

爆发音（plosive）

p	英语 *pea*[pi]；法语 *pis*[pi] "最糟的"	b	英语 *bee*[bi]；法语 *bis*[bis] "加演的节目"
t	英语 *tee*[ti]；法语 *thé*[te] "茶"	d	英语 *deep*[dip]；法语 *dix*[dis] "十"
ʈ	印地语[ʈal] "拖延"	ɖ	印地语 [ɖal] "枝条"
c	匈牙利语 *tyúk*[cuːk] "母鸡"	ɟ	匈牙利语 *gyúr*[ɟuːr] "按摩"
k	英语 *cap*[kæp]；法语 *quand*[kɑ̄] "何时"；凯克奇语[kaʔa] "磨石"	g	英语 *gap*[gæp]；法语 *gant*[gɑ̄] "手套"

25

q 凯克奇语[qa]"我们的" | G 波斯语[ɢar]"岩洞"
ʔ 夏威夷语 *Hawai'i*[hawaiʔi]"（地名）"，*ha'a*[haʔa]"跳舞" |

　　左边一栏的爆发音是清音（voiceless），右边一栏的是浊音（voiced）。语音的浊的程度可能不同。清辅音可能不仅是清音，同时还是送气音；浊辅音可能在整个时间段内都发浊音，也可能只有部分时间发浊音。通常在某种特定的语言里，一对音标符号只表示那对语音的浊的程度不同，例如[p]和[b]。字母变体形式[g]和[ɡ]都可以用来表示软腭浊爆发音（voiced velar plosive）。

鼻音（nasal）

m 英语 *me*[mi]；法语 *mis*[mi]"放"

ɱ 英语 *emphasis*[ɛɱfəsɪs]"强调"

n 英语 *knee*[ni]；法语 *nid*[ni]"鸟巢"

ɳ 马拉亚拉姆语[kɐɳɳi]"链环"

ɲ 法语 *agneau*[aɲo]"羔羊"；马拉亚拉姆语[kɐɲɲi]"米汤"

ŋ 英语 *hang*[hæŋ]"悬挂"

ɴ 因纽特语[saaɴɴi]"他的骨头"

　　注意上面所列音标符号[t，d，n]，以及下面要举例的音标符号[r，ɾ，ɖ，ɽ，ɹ，l]，都表示齿音、龈音或龈后音。如果有必要指定表示其中一项发音，国际音标也能做到，下文再举例说明。

颤音（trill）

ʙ 科勒语[mbʙuen]"水果"

r　西班牙语 *perro*[pero]"狗";芬兰语 *ranta*[rɑntɑ]"海岸"

ʀ　法语 *rat*[ʀa]"老鼠";南部瑞典语 *ras*[ʀas]"饲养"

　　注意:除了过于用力发音的情况,例如在线路不畅的电话上高声讲话,英语、法语、德语和瑞典语的大部分语音形式中都没有颤音。

拍音或者闪音(tap or flap)

ɾ　西班牙语 *pero*[peɾo]"但是";美国英语 *atom*[ˈæɾəm]

ɽ　豪萨语 *shaara*[ʃàːɽa]或者[ʃàːɻa]"扫除"
　　(说豪萨语的人里有的说[ɽ],有的说[ɻ])

擦音(fricative)

　　下表中左边一栏是清擦音,右边一栏是浊擦音。擦音的浊音程度也有差别,但相对没有爆发音的差别那么大。

ɸ　埃维语 *e faa*[é ɸá]"他擦了"	β　埃维语*eβe*[èβè]"母羊"
f　英语 *fee*[fi];法语 *fixe*[fiks];埃维语 *e faa*[é fá]"他冷"	v　英语 *vat*[væt];法语 *vie*[vi]"生命";埃维语*eve*[èvè]"二"
θ　英语 *thief*[θif]	ð　英语 *thee*[ði]
s　英语 *see*[si];法语 *si*[si]"如果"	z　英语 *zeal*[zil];法语 *zéro*[zeʀo]"零"
ʃ　英语 *she*[ʃi];法语 *chic*[ʃik]"时髦"	ʒ　英语 *vision*[vɪʒn];法语 *joue*[ʒu]"脸颊"
ʂ　汉语普通话 *sha*[ʂa]"杀"	ʐ　汉语普通话 *ráng*[ʐaŋ]"让"
ç　德语 *ich*[ɪç]"我"	ɹ　英语 *yeast*[ɹist]里[j]的变体
x　德语 *hoch*[hox]"高"	ɣ　希腊语 *γαλα*[ˈɣala]"牛奶"

χ　希伯来语［maχar］"他卖东西"　　ʁ　法语 *riz*［ʁi］"米"

ħ　希伯来语［ħor］"洞"　　　　　　　ʕ　希伯来语［ʕor］"皮肤"

　　尽管传统上把希伯来语和阿拉伯语的［ħ］和［ʕ］看作擦音对子，但是浊音［ʕ］通常被感知为近音。

h　英语 *he*［hi］　　　　　　　　　　ɦ　英语 *ahead*［əɦɛd］

　　［ɦ］是气嗓声，而不是常规的浊音。

边擦音（lateral fricative）

ɬ　祖鲁语 *hlanza*［ɬânzà］"呕吐"　　ɮ　祖鲁语 *dlala*［ɮálà］"玩"

　　威尔士语 *llan*［ɬan］"教堂"

近音（approximant）

ʋ　印地语［nəʋẽ］"第九"

ɹ　英语 *read*［ɹiɹ］

ɻ　豪萨语 *shaara*［ʃàːɻa］或者［ʃàːɻa］"扫除"

　　（一些说豪萨语的人用［ɹ］，而其他人用［ɻ］）

j　英语 *yes*［jɛs］；法语 *yeux*［jø］"眼睛"

ɰ　土耳其语 *ağa*［aɰa］"（标题）"；韩语［ɰisa］"医生"

边近音（lateral approximant）

l　英语 *leaf*［lif］；法语 *lit*［li］"床"

ɭ　泰米尔语［val］"剑，刀"；瑞典语 *pärla*［pæːɭa］"珍珠"

ʎ　意大利语 *figlio*［fiʎːʎ］"儿子"；西班牙语 *llegar*［ʎe'ɣar］"到达"

ʟ　中部-瓦几语 *aglagle*[aʟaʟe]"眩晕"

非肺部气流辅音

倒吸气音（click）

ʘ　克瓦桑语族!Xóõ 语 [k͡ʘôõ]"梦"

ǀ　科萨语 *ukucola*[ukúk͡ǀola]"磨碎"

ǃ　科萨语 *ukuqoba*[ukúk͡ǃoɓa]"砸破石头"

ǂ　克瓦桑语族!Xóõ 语[k͡ǂàã]"骨头"

ǁ　科萨语 *ukuxhoba*[ukúk͡ǁʰoɓa]"武装自己"

(浊)内爆音（voiced implosive）

ɓ　信德语 [ɓəni]"田地"

ɗ　信德语[ɗɪnu]"节日"

ʄ　信德语[ʄətu]"文盲"

ɠ　信德语[ɠənu]"处理"

ʛ　曼姆语[ʛa]"火"

外挤气音（ejective）

p'　阿姆哈拉语[p'ap'as]"主教"（借词）

t'　阿姆哈拉语[t'il]"战争"

k'　阿姆哈拉语[k'alat]"词"

s'　阿姆哈拉语[s'ahaɪ]"太阳"

元音

　　元音表的音标符号可以看作元音空间的参照点,也可用来表示相应参照点所在区域内的元音音质。极有必要指出的是,这些元音符号可以表示不同语言中略有差异的语音，例如，[i]可用来标英语 *heed* 的元音，或者法语 *lit*（床）的元音，尽管事实上英语的这个元音较之法语的元音可能有轻微的复合元音性质，舌位也没那么高。

由于元音具有参照点性质，有些元音符号很难依据特定语言做合适的说明，中央元音[ɘ，ɵ，ɜ，ɞ]尤其如此。音标[ə]和[ɐ]可以用来描述央-中、较低区域的元音。[a]经常用于中间低元音。[œ]作为前低圆唇元音的参照音质，虽然曾报道在奥地利德语中存在，但实际在语言中却很少见。

下文右边一栏符号所指元音比左边一栏相应元音圆唇度高。

i	英语 *heed*[hid]；法语 *lit*[li]"床"	y	法语 *lu*[ly]"读"； 德语 *Füße*[fysə]"脚"
ɪ	英语 *hid*[hɪd]	ʏ	德语 *Flüsse*[flʏsə]"河" 瑞典语 *nytta*[nʏtta]"使用"(n)
e	苏格兰英语 *hay*[he]； 法语 *les*[le]"定冠词"(pl)	ø	法语 *peu*[pø]"几个"
ɛ	英语 *head*[hɛd]； 法语 *lait*[lɛ]"牛奶"	œ	法语 *peur*[pœʁ]"害怕"
æ	英语 *had*[hæd]		
a	法语 *patte*[pat]"爪"	ɶ	奥地利德语 *Seil*[sɶːl]"绳子"
ɑ	英语 *father*[fɑðə(ɹ)]	ɒ	英国英语 *bother*[bɒðə]
ʌ	越南语[ʌŋ]"赞同"（这个符号有时用于不同元音，如英语 *hut*[hʌt]里的央元音）	ɔ	英国英语 *caught*[kɔt]； 德语 *Gott*[gɔt]"上帝"； 越南语[tɔ]"大"
ɤ	越南语[tɤ]"丝绸"	o	法语 *lot*[lo]"分享"； 越南语[to]"汤碗"
		ʊ	英语 *book*[bʊk]

ɯ 越南语[tɯ]"第四"	u 英语 *school*[skuɫ]； 法语 *loup*[lu]"狼"； 越南语[tu]"喝"
ɨ 韩语 [ɡ̊ɨm]"金子"	ʉ 挪威语 *butt*[bʉt]"钝"

其他音标符号

ʍ 苏格兰英语 *whether*[ʍɛðəɹ]

w 英语 *weather*[wɛðə(ɹ)]；法语 *oui*[wi]"是"

ɥ 法语 *huit*[ɥit]"八"

ʜ 阿瓦尔语[maʜ]"臭味"

ʢ 阿瓦尔语 [maʢ]"指甲"

ʕ 阿古尔语 [jaʕar]"中间"

ɕ 波兰语 *Basia*[baɕa]"Barbara"（昵称）

ɺ 奇恰卡语 [iɺaa]"打扮"

ɧ 某些瑞典方言 *schal*[ɧal]"围巾，披巾"

（注意：有些人的发音里很少有或者没有[ʃ]的摩擦）

塞擦音和双部位发音（affricate and double articulation）

k͡p，t͡ʃ等 英语 *chief*[t͡ʃif]；约鲁巴语 *apa*[ak͡pá]"胳膊"；茨瓦纳语 *tsetse*
[t͡sétsé]"舌蝇，采采蝇"

注意：连接符既可以放在并列的两个符号的上面，也可以放在
下面。

超音段

一般只标一个或者两个重音：

ˈ 用来标超强重音

ˈ 　英语 *phonetics*［fəˈnɛtɪks］

ˌ 　英语 *phonetician*［ˌfoʊnəˈtɪʃən］

音长是对比性的，可用于元音和/或辅音：

ː 　芬兰语 *matto*［mɑtːɔ］"地毯"；*maaton*［mɑːtɔn］"无土地的"；*maatto*［mɑːtːɔ］
　　"电接地"

　　芬兰语 *mato*［mɑtɔ］"虫子"

　　注意：在芬兰语的文字拼写和标音中，长音也可以用双字母来
表示，例如，芬兰语 *maatto*［mɑɑttɔ］"电接地"。

　　爱沙尼亚语有三种形式的音长和音量对比：

ː 　爱沙尼亚语 *saada*［saːda］"得到"

ˑ 　爱沙尼亚语 *saada*［saˑda］"派，送"（祈使式）

　　爱沙尼亚语 *sada*［sada］"（一）百"

　　英语的音长是非对比性的（至少音质上没有伴随的变化），但
是其音位变体的差异可以作为例证说明音长附加符号的用法：

ː 　英语 *bead*［biːd］

ˑ 　英语 *beat*［biˑt］

˘ 　英语 *police*［pəliˑs］

　　词的边界（word boundaries）可以用空格表示。必要时空格可
以表示音节停顿。其他两个边界符号用来标记更大的韵律单位的
界限。还有一个连接符能够用来精确地表示不间断。

. 　英语 *lamb prepared*［ˈlæm.pɹə.ˈpɛəd］，*lamp repaired*［ˈlæmp.ɹə.ˈpɛəd］

| 　英语 *Jack, preparing the way, went on*［ˈdʒæk | pɹəˈpɛəɹɪŋ ðə ˈweɪ | wɛnt
　　ˈɒn ‖］

‖ 法语 *Jacques, préparant le sol, tomba* [ʒak ǀ pʁepaʁɑ̄ lə sɔl ǀ tɔ̄ba ‖]，*Jack, preparing the soil, fell down* "杰克整理土地时摔倒了"

⌣ 法语 *petit ami* [pətitami] "男朋友"

　　上一节已经提到，国际音标表有两套可选的声调标音系统，并列出了这两套系统，它们之间似乎是直接对等的。然而，它们经常以不同的方法使用。

″ 巴利巴语 [něná nā kɔ̀] "我是来的那人"

′ 约鲁巴语 *o bá* [ó bá] "他/她见了面"

– 约鲁巴语 *o ba* [ó bā] "他/她藏起来了"

、 约鲁巴语 *o bà* [ó bà] "它栖歇了"

˷ 特里克语 [ḛ̌ʔ] "苦"

　　这些音标符号也可以组合使用，例如，[ê] 表示元音 [e] 是高调紧接一个低调，即降调。同样，[ě] 表示升调，[e᷄] 和 [e᷅] 分别表示高升调和低升调。

　　有两个符号用来表示后续声调渐降或者渐升的情况。下文依格博语的例子里，渐降形成音位上的对比，而豪萨语的渐升却只表示可预测的音位变体。

↓ 依格博语 *úlǫ anyị* [ó↓lɔ́ ↓ánɪ̄] "我们的房子"

↑ 豪萨语 [túrántʃí nè↑] "这是英语"

　　下面是其他符号的用法说明。

	汉语（普通话）	粤语	泰语
˥	[ma˥]"妈"	[sik˥]"识"	
˦			
˧		[s̩i˧]"试";[s̩it˧]"泄"	
˨		[s̩i˨]"事";[sik˨]"食"	
˩		[si˩]"时"	
˥˩	[ma˥˩]"骂"		[na:˥˩]"脸"
ꜛ		[s̩i꜒]"诗"	
ꜜ		[si꜔]"市"	
˧˥	[ma˧˥]"麻"	[s̩i˧˥]"使"	[na:˧˥]"姨妈/叔叔"
˨˩˦	[ma˨˩˦]"马"		[na:˨˩˦]"厚"
˨˩			[na:˨˩]"稻田"
˧			[na:˧]"（绰号）"

全上升和全下降符号适用于很多语言，用来表示语调。

↗ 英语 *No ?* [↗noʊ]

↘ 英语 *No.*[↘noʊ]，*How did you ever escape?* [↗haʊ dɪd ju ɛvər ɪ↘skeɪp]

附加符号

附加符号加在基本符号上可以表达很多附加的语音类型。很多语言（包括英语）只有在严式语音描写的时候才使用附加符号。

◦ 缅甸语[n̥á]"鼻子"
清音附加符号也可用于特定语言里通常表示浊音的音标上，用来描写在某些情况下读清音的现象，例如英语会话中的 *Please say …*，严式标音为 [pl̥iz̥ se …]。

˯ 浊音附加符号可用于特定语言里通常表示清音的音标上，用来描写在某些情况下读浊音的现象，例如英语会话中的 *back of* 的严式标音为[bæk̬ əv]。

ʰ 印地语 [kʰan]"我的"

　　英语 *pea*、*tea*、*key* 的严式标音 [pʰi, tʰi, kʰi]。

，　　阿萨姆语 [pɔt]"埋藏"

　　在英语的某些变体中，例如标准英国南部英语，有更圆唇的[ɔ̹]，例如 *caught* [kɔ̹t]。

ᶜ　　在英语的很多变体中，例如加利福尼亚的英语，有不够圆唇的[ʊ̜]，*good* [gʊ̜d]。

＋　　英语 *key* [ki̟]里的[k̟]

－　　英语 *tree* [t̠ɹi]里的[t̠]

··　　英语 *well* [wɛ̈t]里的[ɛ̈]

×　　英语 *Novermber* [nŏvɛmbə(ɹ)]里的[ŏ]

ı　　英语 *fiddle* [fɪdl̩]里的[l̩]

˰　　西班牙语 *poeta* [po̯'eta]"诗人"

˞　　美国英语 *bird* [bɚd]里的[ɚ]，这个音也可以写成[ɹ]

··　　印地语 [kʊ̤mar]"陶罐"

~　　马萨特克语 *nda'* [ndæ̃]"臀部"

˗　　坦戈亚语 *tete* [te̱te]"蝴蝶"

ʷ　　英语 *twin* [tʷɪn]里的[t]；粤语[kʷɔk]"(姓氏)"

ʲ　　俄语[matʲ]"母亲"

ˠ　　俄语[lˠisij]"秃顶的"

ˤ　　阿拉伯语[sˤad]"字母名"

~　　英语 *hill* [hɪɫ]里的[ɫ]

˷　　南非英语的某些形式，*dry* [dɹ̝ai]里的[ɹ̝]

˖　　丹麦语 *lade* [læð̞ə]里的[ð̞]"仓库"

˔　　依格博语 *óbì* [ób̙ì]"心脏"

˕　　依格博语 *ùbì* [ùb̘ì]"缺乏能力"

˯　　英语 *width* [wɪt̪θ]里的[t̪]

˼　　埃维语 *e da* [édà]"他扔"

˻　　埃维语 *e da̠* [éd̪à]"他做饭"

~ 法语 *fin*[fɛ̃]"结束"

n 俄语[dⁿno]"底"

ˡ 纳瓦霍语[dˡóóʔ]"牧犬"

˥ 英语 *act*[æk˥t]里的[k˥]

3.2 举例所使用的语言

只有当以下语言从语言名称看不出使用该语言的国家时，才会标出主要使用国的名称。

阿古尔语(Agul)，高加索语系，分布在高加索东北地区。

阿姆哈拉语(Amharic)，亚非语系，分布在埃塞俄比亚。

阿拉伯语(Arabic)，亚非语系，分布在北非和中东多个国家。

阿萨姆语(Assamese)，印欧语系，分布在印度。

阿瓦尔语(Avar)，高加索语系，分布在高加索东北地区。

巴利巴语(Bariba)，尼日尔-刚果语系，分布在尼日利亚。

缅语(Burmese)，汉藏语系，分布在缅甸。

粤语(Cantonese，汉语粤方言)，汉藏语系，分布在中国。

汉语(Chinese，普通话)，汉藏语系。

丹麦语(Danish)，印欧语系。

英语(English)，印欧语系。

埃维语(Ewe)，尼日尔-刚果语系，分布在加纳和多哥。

法西语(Farsi)(伊朗语，波斯语)，印欧语系，分布在伊朗。

芬兰语(Finnish)，芬兰-乌戈尔语族。

法语(French)，印欧语系。

德语(German)，印欧语系。

希腊语(Greek)，印欧语系。

豪萨语(Hausa),亚非语系,分布在尼日利亚。

夏威夷语(Hawaiian),南岛语系。

希伯来语(Hebrew),亚非语系,分布在以色列。

印地语(Hindi),印欧语系,分布在印度。

匈牙利语(Hungarian),芬兰-乌戈尔语族。

依格博语(Igbo),尼日尔-刚果语系,分布在尼日利亚。

因纽特语(Inuit),爱斯基摩-阿留申语系。

意大利语(Italian),印欧语系。

凯克奇语(K'ekchi),玛雅语系,分布在危地马拉。

科勒语(Kele),南岛语系,分布在巴布亚新几内亚。

奇恰卡语(KiChaka),尼日尔-刚果语系,分布在坦桑尼亚。

韩语(Korean),阿尔泰语系。

马拉亚拉姆语(Malayalam),达罗毗荼语系,分布在印度。

曼姆语(Mam),玛雅语系,分布在危地马拉。

马萨特克语(Mazatec),欧托-曼格语系,分布在墨西哥。

中部-瓦几语(Mid-Waghi),巴布亚语族,分布在巴布亚新几内亚。

纳瓦霍语(Navajo),纳-德内语族,分布在美国。

挪威语(Norwegian),印欧语系。

波兰语(Polish),印欧语系。

俄语(Russian),印欧语系。

信德语(Sindhi),印欧语系,分布在巴基斯坦。

西班牙语(Spanish),印欧语系。

瑞典语(Swedish),印欧语系。

泰米尔语(Tamil),达罗毗荼语系,分布在印度。

坦戈亚语(Tangoa),南岛语系,分布在瓦努阿图。

泰语(Thai),台-卡岱语系。

特里克语(Trique)，欧托-曼格语系，分布在墨西哥。

茨瓦纳语(Tswana)，尼日尔-刚果语系，分布在博茨瓦纳。

越南语(Vietnamese)，南亚语系。

威尔士语(Welsh)，印欧语系。

科萨语(Xhosa)，尼日尔-刚果语系，分布在南非。

!Xóõ语(!Xóõ)，科伊桑语系，分布在博茨瓦纳。

约鲁巴语(Yoruba)，尼日尔-刚果语系，分布在尼日利亚。

祖鲁语(Zulu)，尼日尔-刚果语系，分布在南非。

4 音位学原理

国际语音学会成立之初(见附录 4)制定了一个目标，即"每个独立符号对应一个区别性语音；也就是说，在一种语言里，当一个语音为另一个语音所替换，词的意义就会发生变化"。所谓"区别性语音"(distinctive sound)，就是 20 世纪人们广泛认同的"音位"(phoneme)概念，实际上，它的历史还要更早。例如，拼音文字的创制就已经暗含了音位学原理(phonemic principle)。可是，在许多语言的拼写系统中，音位与字母之间的关系已经变得模糊不清，如英语，这就促使人们创制一套大家普遍接受的标音系统。以英语为例，尽管同一音位有多种不同的写法，例如/k/可以写成字母c(*car*)、k(*kettle*)、ck(*back*)、ch(*monarch*)、q(*quick*)等，国际音标表却只提供一个符号/k/，就可以不含歧义地代表这个音位。

每一种语言都可以分析出一套音位系统。语言不同，音位的数量也不相同，大约从十二个到近一百个不等。习惯上，音位符号应该放在双斜线"/ /"之间，如上文举的英语的例子。

通常，音位符号就是国际音标表中不加改动的字母，但也可以把这些字母组合起来创造音位符号(例如英语 *church* 词首和词尾的/tʃ/；必要时，可以用连接符将两个音段连接起来表示一个音位：/t͡ʃ/）。另外，还可以用附加符号创造新的音位符号，这样就无须发明新的字母形式。当音位系统中的一组音位都具有某个相同的语音特征时，使用附加符号尤为便捷，例如，法语的鼻化元音/ɛ̃œ̃ɑ̃ɔ̃/，这些元音单用时分别表示法语的 hein "哼！（叹词）"，un "一（冠词），一个"，an "年"和 on "一（无人称的代词）"。

上文使用"区别性语音"一词意味着还有别的不具有区别意义的语音，替换它们不会改变词的意义。很多完全不同的语音因为不具有区别词义的作用，在语音学上被看成相同的语音，这种认识是音位概念的核心。譬如英语的/k/和/t/（如在/ki/ key 和/ti/ tea 中），英语前元音（如 key 中的/i/）之前的音位/k/与后元音（如 caw 中的/ɔ/）之前的音位/k/相比，发音部位偏前一些。但是，问题的关键在于，在英语里，互换/k/的这两个变体并不会产生两个新词，因此，/k/的这两个变体在英语里不具有区别性。

每个音位都可以看作抽象语言系统中的一个要素，它必须通过发音活动产生的声学信号在物质世界中表现出来。变异就在这个过程中发生。有些变异是发音时受相邻语音的影响而造成的，例如 key 中的/k/，为了更容易地与后面的/i/相拼，它的发音部位就会前移。在其他情况下，变异似乎只是一种语言特定的、无目的的发音习惯。音位的不同的实现形式就是音位变体。

国际音标的目标不仅是提供一套无歧义的音标符号，而且是能表达语音实现的细节。上面的例子可以描写为：[k̟ʰiː] key，[k̠ʰɔː] caw，其中，"下加加号"和"下加减号"分别表示发音部位偏前和偏后（见附录 2 的附加符号名称），这些例子还能反映出语音实现的其他细节——"上标 H"指送气，表示清爆发音后嗓音开始的延迟，位于重读音节起首位置的这种爆发音的特征在许多英语变体中都存在。通常用方括号可以标明某个符号或符号序列是表示语音实现，而非音位。

在提供相应方法来描写一种特定语言的语音实现细节方面，国际音标也有很精细的标音方法，可以比较不同语言的语音细节。例如，音位描写/tru/既适用于英语 *true*，也适用于法语 *trou*，但是，这两个词发音上的区别则需要语音上更详细的描写才能反映出来，例如［t̪ɹu］(*true*)和［t̺ʁu］(*trou*)。显然，/t/在法语中是齿音，在英语中是龈音。这是因为英语中的/t/受它后面龈后音的影响，发音部位后移。法语中的/r/是小舌音，而英语中的/r/是龈后音，当它们位于清爆发音后面时都要清音化。法语中/u/的舌位非常靠后，而英语(大多数的语言变体)中的/u/偏向中央。

5 宽式标音法与严式标音法

用音位描写连续文本称为"音位标音"(phonemic transcription)，或者可称为"宽式标音"(broad transcription)。"宽式"这个术语有时还附加了其他含义，即在标音时，尽量只使用未改动的罗马字母。这样限制能够方便印刷，而当音位标音用作书写系统的基础时，就要审慎考虑一下(是否遵守)这种限制。根据这个定义，英语单词 *hideout* 标成/haidaut/是宽式标音，标成/haɪdaʊt/就不是，因为它导入新符号来表示音位/aɪ/和/aʊ/。这些新符号对于明确地表示英语的音位来说并非绝对必要，只不过可以提醒读者了解这些音位的实际发音。尽管"宽式标音"使用频繁，重点却在音位标音的方法，不重视音位的音标字形。音位标音是一种"系统性"的标音，也就是说，如果我们要对某种语言进行音位标音，就应该事先了解该语言的音系模式或"系统"。

严式标音(narrow transcription)通常指包含音位实现的细节

的标音。在两种情况下可能会使用这种标音。如果是在不知道音系的情况下标音，由于不清楚哪些语音特征重要，就有必要标出所有语音细节。这种标音法只用来解释话语的语音特征。这种严式标音法有时也被称为感性标音法（impressionistic transcription）或者一般语音标音法（general phonetic transcription），它可以用于田野调查的第一阶段，或者标写（病理）紊乱的言语。如果用感性标音标注英语短语 *check the lens well*，可以标成[tʃɛʔkð̞ə̃lɛ̃nzwæɫ]，包含了一个喉音化软腭塞音、一个齿近音（下置附加符号表示闭塞间隙还没闭合到可以产生摩擦的程度）、一个软腭化或咽音化的边音（对于许多说英语的人来说，可能还包括一个小舌音化的次要发音，介于软腭化[lˠ]和咽音化[lˤ]之间），以及在重读音节中的三个不同音质的元音，尽管这些元音在音位学中属于同一音位。

　　另外一种包含语音实现信息的严式标音称为音位变体标音法（allophonic transcription）。如果已熟悉相关的音位系统，就可以设计这种标音法，包括使用大量的附加的符号来表示音位的语音实现，即音位变体（allophonic）。音位变体标音法也被称为系统严式标音法（systematic narrow transcription）。在知道 *check the lens well* 的一种可能的音位分析是/tʃɛkðəlɜnzwɛl/的情况下，令人惊讶的是，其音位变体标音或系统严式标音的一种结果可能是[tʃɛʔkð̞ə̃lɛ̃nzwæɫ]，这个标音与上文的感性标音结果一致，包括了所听到的各种语音细节。不同之处在于，（这种标音法）在规则上可以表达所标的音位变体与音位变体所实现的音位之间的关系。换句话说，有选择性地对待音位变体标音所明确包含的信息是可能的（和习惯性的）。例如，可以这样选择，忽略关于元音高度的信息（*check* 中的元音开口度变小是受它后面软腭音的较高舌位的影响，而 *well* 中的元音开口度变大、舌面后移主要是受它后面边音的次要发音的影响），也忽略关于元音鼻化的信息（当元音位于鼻音前时，鼻音化是一种普遍现象），标音焦点集中在辅音的实现上：[tʃɛʔkðəlɛ̃nzwɛɫ]。如果兴趣只是爆发音的喉音化，变体标音可能是［tʃɛʔʃ˞kðəlɛ̃nzwɛɫ］；如果关注的是含糊的边音，标音是［tʃɛkðəlɛnzwɛɫ］。后两种标音表面上看起来很像音位标音法，但是，它们在原则上是不同的，因为它们包含了一些（尽管少量）明确地描述词语时所不需要的信息。标音是否严格可以看作一个连续统，因此，［tʃɛkðəlɛnzwɛɫ］可以看作一种不严格的严式标音，而［tʃɛʔ˞kðəlɛ̃nzwæɫ］则是严格的严式标音。（在这些标音中，都没有描写词语之间的空格。这在感性标音法中是不可避免的，因为人们还不知道怎样把话语切分成词。在音位标音和音位变体标音中，利用空格来帮助阅读是常见的，但这种做法理论上的有效性还有争议。）

任何标音都是通过一套规则（conventions）与言语事件相联系的。就感性（"一般语音"）标音而言，它的规则就是国际音标表背后所蕴含的规则，例如，[ʔ͡k]的音值是软腭和声门同时闭塞。就音位标音法而言，规则也包含了特定语言的"音系规则"，它决定了音位的实现，例如，对英语的某些变体来说，如果一个词中边音音位/l/后面没有紧跟一个元音或/j/，边音音位/l/就实现为一个伴随的次要发音（secondary articulation）（[ɫ]）。同样，在具体的变体标音中，如果语音实现的信息不明确，那么原则上就依靠规则来标音。

6 用国际音标给语言标音

对同一语言变体可以有多种音位标音系统，这些音位标音系统都要符合国际音标的原则。不同系统之间的差别有时候产生于这样的现象：一个音位可以用多个语音符号表示。例如，在标准英国南部英语中，*get* 的元音音位因语音环境的不同而产生多个音位变体，这些变体大多数位于正则元音[e]和[ɛ]之间，有些接近[e]，有些则接近[ɛ]。因此，可以选择两个正则元音中的任何一个来表示这个音位。

在一些其他情况下，标音法之间的差别源于描写不同语音的音位对立的方法的不同。例如，英语单词 *bead* 和 *bid* 之间的对立在于元音音质和音长方面的系统对立。用音位标音法标音时，为了表明这些对立，会使用符号/iː/和/ɪ/，用字母形状的不同反映元音音质上的区别，用第一个字母上的长音符号反映音长的区别。同样地，用/iː/与/i/也能清晰地表示这些音位（此处音位符号只是明确表示了时长上的区别），或者用/i/与/ɪ/也可毫无歧义地表示这些音位（此处只是明确表示了元音音质）。所有这三对符号都与国际音标的原则相一致（只要将用于这对元音的原则一致地用于该语言的所有元音）。

其他的差别可能并非主要来自上文叙述的相同音位分析的不同描写，而是来自不同的音位分析。例如，英语长元音和复合元音经常被分析成单一音位，如/iː/（如在 *heed* 中）和/aʊ/（如在 *how* 中）。按照这种观点，即使音位符号是由两个音标或者由一个音标加一个附加符号构成的，也不会影响某个语音在分析中作为单一音位的地位。也就是说，我们可以把它分析为短元音和近音的组合——/i/＋/j/和/a/＋/w/，甚至可以（对长元音来说）分析成短元音（以/i/和/u/等表示）和"时位"/ː/的组合：/i/＋/ː/和/u/＋/ː/。而从音位标音也许就不可能推知所使用的特定的分析方法。不过，此处的关键在于，任何由这类分析得到的描写都必须与国际音标蕴含的原则相一致。国际音标并不为特定的语言提供一种音系分析，更不用说提供唯一"正确"的标音，而是提供可以表达任何分析的各种材料，以便其能够广泛地被人们所理解。

7 使用国际音标

人们使用国际音标的过程中会碰到很多实际问题。其中包括如何查阅符号。下文的内容请参阅附录 2,内容包括语音学所用符号的完整列表,除了国际音标中的符号,还有国际语音学会没有推荐但有可能遇到的符号。这个列表还指出了哪些符号不是国际音标用法,或哪些符号曾经被推荐使用但后来却不再建议使用。这个列表是国际语音学会的计算机编码工作组制定的,该机构于1989 年在基尔召开的国际语音学会大会上成立。

7.1 音标符号名称

每个符号都确定一个公认的名称是非常方便的。如果碰到用[ɒ]代替[ɐ]这类问题时,可以这样说:"不是'倒转 A'而是'手写体倒转 A'。"这种说法比试图口头描述相关的符号更容易。尽管国际语音学会从来没有正式认可一套符号名称,但是,许多符号都有一个或多个非正式的名称,并且由于 Pullum & Ladusaw 的《音标符号指南》(第 2 版,1996 年,芝加哥大学出版社)中符号名称的使用,这些名称已经得到了人们的广泛认可。为此,附录 2 的每一个符号都被赋予一个合适的、系统性的名称,其中大多数都是 Pullum & Ladusaw 书中使用过的。

7.2 手写稿中使用国际音标

国际音标表中有手写体形式,但很难确定目前还有多少仍在使用。过去,手工标音是记录言语的唯一方法,手写体可能得到了广泛使用,因此记录速度至关重要。现在,由于手写体难以辨认,大多数人倾向于使用与印刷体非常接近的手写形式。

7.3 打印稿中使用国际音标

印刷字库通常包含了国际音标符号。不过,表面上相似的符号易于混淆(例如[ɵ]与[θ],[ɣ]与[ʁ])。有些出版社把这些不常用的符号放进一个专门的表格里,通过数字和字母索引的方法来识别,但是具体做法却各不相同。因此,附录 2 的音标表给每个符号提供一个唯一识别号,即"国际音标编号"(IPA Number)。它有助于识别符号,也有助于为印刷厂和出版社提供一份表格的复印件。

7.4 计算机与国际音标

多数计算机的运行环境都支持包含大多数或者全部国际音标的字符集。苹果计算机和微软视窗系统都能直接使用大量商业性的和免费的字体库,其他计算机环境则不一定。对那些正在设计国际音标字符集的人来说,真正的难题是缺乏一个能被大家广泛认可的字符标准编码,这妨碍了包含音标在内的数据可交换性。国际语音学会的计算机编码工作组已经和国际标准化组织合作,为所有的字母制定一套通用字符集(universal character set, UCS)。这套得到大家广泛认可的 UCS 16 位编码也包含在附录 2 的列表中。

7.5 国际音标与盲文

多年来,国际音标表的盲文版本也在不断地改进。1932 年,皇家国立盲人学院在伦敦出版了一本《国际音标表盲文标音法:关键词与实例》(*A Braille Notation of the International Phonetic Alphabet with Keywords and Specimen Texts*),作者是 W. Percy Merrick & W. Potthoff。1936 年,E. E. Quick 在学会刊物 *Le Maître Phonétique*(第 51 页)上发表了关于这本书的评论。该书现存于美国国会图书馆及其他地方,它已成为盲文语音符号标准化的基础。加拿大国家盲文学院和其他许多学院使用了多年的一本 1977 年的编码书是《盲文课本编码:格式与技术》(*Code of Braille Textbook Formats and Technique*),由美国盲文印刷社出版(1839

Frankfort Avenue，P.O. Box 6085，Louisville，Kentucky 40206-0085，USA，Tel. 1-800-223-1839）。这本书的第 45 节第 19 条规则讨论了语音标注、语音原则以及语音字母等问题，并且用印刷圆点格式解释了盲文的用法和盲文的对应词。1996 年在美国花 50 美元可以买到该书的印刷本，花 235 美元可以买到盲文本。1998 年 9 月，美国盲文印刷社出版了该书的新版本，书名是《盲文格式：盲文音标的印刷原则 1997》(*Braille Formats：Principles of Print to Braille Transcription 1997*)，它是 300 页的单卷本，有印刷体和盲文两种版本，每种 30 美元。该书的大多数语音符号仍然是合理的，并且在国际音标中使用。还有一些也许不再使用，而国际音标最近新增的符号或许未在该书中出现。

8　国际音标的其他用途

正如第 2 节所指出的那样，国际音标的描写资源主要是针对言语的与语言学相关的方面而开发的。这是因为语音描写的传统一直关注音位系统实现的特征。一种语言的音位系统可以看作该语言使用者共享语音的约定。但是，个人话语的许多方面，如个人音质、对话语的情感修饰、偶然的发音不准、说话结巴以及言语病理等都与音位系统无关。因此，语言学家在研究一种语言的音位系统时往往不把这些方面考虑进来。国际音标也体现了这种倾向，本质上，它是一个描写理想状态的话语的语言学语音特征系统，而非描写特定个人的系统。可是，在许多情况下，描述言语的其他特征是有必要的。

这些特征中有一套重要特征构成了一个超越言语成分的约定俗成的交际系统，也就是我们通常所说的副语言（paralanguage）。其包括使用诸如音质、音高和语速等现象表达说话人的情感状态和对谈话者的态度,表明所传达信息的状况(如机密性),并通过鼓励或阻止其他人说话来调节谈话的过程。例如,研究人员对口语互动进行分析时,就非常需要描写这类言语现象的资料。

在其他情况下,我们关心的可能是那些能够体现音位系统的语音特征,但是,我们还要特别关注那些因为某种原因而不能发出标准音的人的语音特征。最明显的是临床实验和言语病理领域内的研究都需要一套语音标注系统,用来表示那些不在正常使用范围之内的语音和语音的组合。儿童语言习得阶段的话语中也有许多在世界语言中不成系统地出现的语音,这方面的研究也需要一套国际音标之外的标音方案。

当然,这些领域内的研究者也已经设计出了他们各自所需要的标音方案。但显然,对于这些扩展的应用来说,最好有一套与国际音标提供的标准相当的、得到广泛认可的标准规则。基于这个目的,国际语音学会临床语音学和语言学小组已经提出了一套“国际音标扩展表”,可用于非语言学的言语事件以及诸如不正常或病理言语等言语的其他方面的标音。附录3列出了这个扩展表并给出了说明。

9　某些有争议的问题

9.1　语音切分

当我们对一种语言进行感性标音时,如果不清楚它的音位系统,就不能确定该如何把话语切分成音段。对于某些语音序列产生的语音信号,不同的语言可能会把它们解释为由不同数量的音段组成的。这种情况时有发生,例如当次要发音方法附加到主要发音方法上时就是如此。[lɔ]表示的发音序列相对来说没什么争议。在这个序列里,边音位于音节的开头,发音时,舌尖或舌叶在齿龈脊形成闭塞,舌体可以自由地预先移动到发后面的元音所需要的位置上。从语图上看(见图5左半部分频谱图),这个声音信号很明显地分成边音和元音两个部分。但是,如果发边音时舌位比较高,那么在辅音和元音之间就会出现一个类似[i]的过渡音或硬腭近音(见图5的右半部分)。如果只考虑语音本身,那么就不能确定是把这个序列标成三个音段([ljɔ])还是标为两个音段([lʲɔ],上标的"j"不是一个音段,它表示边音的硬腭化)。

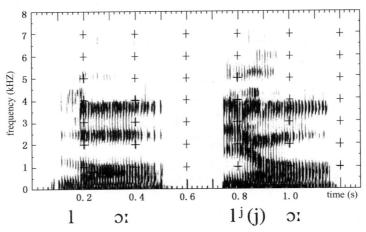

图 5　[lɔ]的频谱图以及歧义音段[lʲ]+[ɔ]或[l]+[j]+[ɔ]的频谱图

不过,我们可以到语音信号中寻找解决问题的线索。例如,如果边音与它前后元音之间有明显的类似[i]的过渡音,那么,很有可能高舌位总是与边音相关联。但是,最终的答案还是要通过研究具体语言的音系模式才能找到。如果该语言中有诸如[jɔ]的语音序列,而硬腭近音独立于另一个辅音出现在这个语音序列里,这就表明硬腭近音可处理为独立的音段（例如[ljɔ]）。但是，从另外的角度来考虑，就会发现辅音之间的对立更多地在于次要发音方面，甚至还能发现近音不太可能出现的位置，例如词尾清擦音之后。因为近音通常与元音核心相邻，所以不太可能产生类似于[asj]和[asw]的序列，这两个序列之间的对立来自辅音，音位标音是/asʲ/和/asʷ/，表示硬腭化和唇-软腭化的次要发音对立。由此可以看出，[lʲɔ]可视为更适合该语言语音模式的分段。

　　举这个例子的目的是为了强调语音描写所要求的音段切分在语音事件中并非总是显而易见、容易为之的。在充分了解具体语言的结构之前，感性标音可以包含未解决的歧义成分，而且这些切分的非确定性往往构成不同的音位解释方案的基础。

　　9.2　标音与言语的一致

　　即使我们已经了解了某种语言的结构，如何使标音与物理言语事件的录音一致有时也还存在问题。这是由于特定音段与其他音段相重叠产生的效应，或者换句话说，组成言语的各种参数（嗓音、鼻音等）既非瞬间的，也非同一时间逐项排列的。对物理言语事件观察得越仔细，从音系结构推导出的分段与物理信号结构所显示的语音切分之间的冲突就越大。

　　例如，英语 *sleeting* 的音位标音是/slitiŋ/，是一个有 6 个音位的序列。如果让某种英语变体（该英语变体中/t/位于词中时，声带不振动）的说话人来发音，这个词的声音信号可以通过图 6 的频谱图来显示。

　　该图显示了超过 6 个的可识别的不同连续形体，频谱图下的竖线表示可能存在的声学切分。严式标音能在一定程度上记录这种声学切分，并且适用于某些应用，例如，在研究言语技术时，就需要准确地注解声学信号。频谱图下面的标音[sl̥litˢʰiŋ]反映了以下

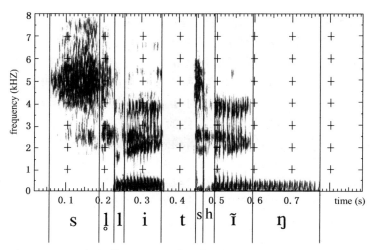

图 6　*sleeting* 的频谱图,显示出声学模式与音位分段之间的复杂关系

一些情况:[s]的清音性持续并影响边音起首部分的发音,因此,不存在一个与"浊边近音"音位对应的单一声学阶段;[t]除阻时,首先是塞擦阶段(齿龈部位有类似[s]的摩擦),然后送气(有类似[h]的摩擦,无部位限制);词尾鼻阻塞的鼻音性已预先附着在前面的元音上。发音时,音位的某些声学特性会分布到其他语音上,形成音征。严式标音把鼻音的音征体现出来了,元音的鼻化就是鼻辅音出现的征兆。但是一个语音上的其他音征的分布情况还不能用国际音标描写下来;例如,发[ĩ]的过程中,舌体从龈音[t]的位置滑移到软腭塞音[ŋ]的位置,这种运动引起了[ĩ]的声学模式的变化,而这种变化模式对两个辅音的发音部位来说就是非常重要的音征。

　　第 2 节一开始,我们就谈到了国际音标的几条理论假设,其中的一条是"言语可以部分地描写为一连串的不连续的语音或者'音段'"。而语音切分的问题以及标音与言语一致的问题向这个理论假设提出了挑战。"部分"一词等于也承认了这样一个理论假设（见第2部分）："除了音段之外，言语中还有大量超音段现象，例如重音和声调都需要单独描述。"但事实证明，即使只是将言语序列明确"切分"为不连续的音段，也比我们预想的要困难。不过，这并不意味着我们要否定音段假设，因为它既是语音分析的基础，同时也是国际音标的基础。上面所谈的真正的意义在于：国际音标的使用者要明白，言语的音段分析一方面会涉及分析假设，另一方面，分析与语料数据之间的矛盾也在不断地产生。

9.3　标谁的音：说话人还是听话人？

词语序列与语音实现之间的关系不是唯一的，而是高度可变的。说话者既可以选择审慎发音，达到较高程度的"语音清晰性"（phonetic explicitness），也可以选择简省发音。简省发音有时也叫语音缩减（phonetic reduction）。语速越快，预先所知道的言语内容越多，那么，就越容易出现缩减的现象。

国际音标标音能把发音的清晰形式和缩减形式之间的多种区别体现出来。例如，用标准英国南部英语来发 *educated*，认真发音时，该词严式标音的结果就是[ɛdjʊkʰeɪtɪd]；如果是用缩减的方法发音，标音的结果就是[ɛdʒəxetəbʒ]，其中，非重读元音都中-央化了，第一个[d]和它的后接硬腭音都同化为龈-腭音，清晰形式中的软腭清爆发音和齿龈清爆发音在此都变成了擦音。

在有些情况下，标音人会遇到缩减造成的一些在理论上有争议的形式。例如，如果认真地说短语 *mad cow*，就可以把它标成[mæd̚kʰaʊ]，如果不是很认真地发音，*mad* 音节末尾的龈音就会很容易地被后接软腭音同化，通常把它标成[mæg̚kʰaʊ]，表明龈音彻底消失。不过，用仪器记录发音过程就会发现，有时候虽然听不到龈音，但是说话人的舌体正在朝着齿龈脊做缩减了的滑移动作。这样，对这段话语的标音就会产生分歧，一个是对听话人来说的正确标音（如上面的[mæɡˈkʰaʊ]），一个是对说话人来说更能反映说话人动作的标音，也许是[mæd̥ˈkʰaʊ]，这个标音表明 *mad* 词尾的龈塞音发音不完整。上述分歧与语音描写中蕴含的假设相冲突，这个假设是无论是对说话人还是听话人来说，标写形式都要一致。

10 国际音标与音系学理论

我们期望国际音标能成为一个大家都认可的工具，人们可以用这个工具分析和描写任何一种语言的语音特征。这种语音分析通常要和音系分析相结合，也就是说，我们要找出语音模式在一种语言中的形式以及语音与语言结构的其他层面相互作用的方式，尤其是与形态层面（构词）相互作用的方式。随着新的理论和相关设备的发展，关于如何更好地进行音系分析的观点也在不断发展。

人们希望国际音标能够提供一种不依赖于理论假设的描写语音事实的方法，这种想法当然是非常理想的。但是，任何超越简单复制（如磁带录音机）的描写法都不可避免地要受到关于被分析的对象的理论假设的影响。历史上，国际音标就以传统的音系学作为基础，在传统的音系学中，音位的概念（作为区别性对立的语音单位）和音位变体的概念（作为音位的不同语音实现）是最重要的；话语被看成是音位实现的线性序列，使用音标就是为了突出言语的这一特征。

前文所谈到的言语的概念有时与物理言语事件不符。近百年来，随着音系学理论的发展，人们对它的理解也发生了变化。区别性特征理论（distinctive feature theory）强调的不是"语音"或"音段"的重要性,而是在不同的语音组合里共现的语音特征的重要性。自主音段音系学(autosegmental phonology)和它之前的弗斯韵律分析法(Firthian prosodic analysis)突破了言语"切片"(slicing)的观念,不把言语看作音位大小的槽(phoneme-sized slots)的单一线性序列,允许某些语音特征有更大的范围(例如音节或词),这一点似乎与语言模式相一致。其他一些进展则强调了结构在话语的语音特征组织上的重要性,这些结构如莫拉(mora)、音节(syllable)、音步(foot)和语音词(phonological word)。

　　理论音系学(theoretical phonology)中的这些发展对国际音标的影响相对较少。1989 年国际音标原则的重新制定(参见附录 1)间接地承认了区别性特征理论;现在的原则 2 包含了以下内容:

> [···]语音的表示是使用一套语音范畴来描写每一个语音是怎样产生的。这些范畴能界定大量的在音系规则和历史音变中起作用的自然音类。国际音标的符号是一种表明这些范畴交点的速记方法。因此,[p]是一种表示清、双唇、爆发等范畴的交点的速记方法;[m]表示浊、双唇以及鼻音范畴的交点;等等。

　　但是,传统音位观中的音段"切片"观念一直没有放宽,国际音标表的基本概念持续了一百多年,只有在语音特征被确认为超音段音位的情况下,以及在涉及"国际音标扩展表"(见附录 3)中的语音特征的情况下,人们才会对这些语音特征进行大于音段的分析。

　　国际音标传统固有的保守性有它的好处。音位分析仍然是一种获得最广泛理解和实践的音系分析形式,至少在理论音系学家之外的人中是这样,而且它的原则对于那些熟悉拼音文字系统的人来说也非常容易理解。这一点有利于普通语音描写的系统,例如与音位观念非常一致的国际音标。其次,国际音标的保守性能使它免遭语音变化所导致的短命厄运,它提供的持久性要素对那些把国际音标作为一种实际的工具的人来说尤其重要。不过,我们也不应该把国际音标甚至包括它的基本假设看作一成不变的,反之,应对它的适当性进行持续的、反复的评价。

第二部分
国际音标应用实例

　　《手册》第二部分收录了 29 个语言实例，这些实例取自 1989 年至 1997 年发表在《国际语音学会学报》（*Journal of the International Phonetic Association*）的文章。每种语言实例都有语音分析，说明怎样用国际音标来描述详尽的语音，怎样给连续的文本标音。

　　这些实例包括口语文本的标音，传统上是寓言故事《北风与太阳》的译文。在本文的所有实例中，只有塔巴语使用不同的文本。下文列出英国英语的文本以供参考。

The North Wind and the Sun were disputing which was the stronger, when a traveller came along wrapped in a warm cloak. They agreed that the one who first succeeded in making the traveller take his cloak off should be considered stronger than the other. Then the North Wind blew as hard as he could，but the more he blew the more closely did the traveller fold his cloak around him；and at last the North Wind gave up the attempt. Then the Sun shone out warmly，and immediately the traveller took off his cloak. And so the North Wind was obliged to confess that the Sun was the stronger of the two.

　　北风与太阳争吵谁的本领大，恰有路人穿着外套经过。他们两个协商，谁能让路人脱去外套谁就是赢家。于是，北风死命刮起风来，但是他越刮得凶，路人把衣服裹得越紧。最终北风只好放弃。接着，太阳热辣辣地照射起来，一会儿路人就脱掉了衣服。最终，北风被迫承认太阳比他本领大。

大部分语言实例中的词语和文本的录音随《手册》一起提供。①

译注:本书例词中出现的缩写符号

n	名词	fem(inine)/f	阴性
v	动词	masc(uline)/m	阳性
adj	形容词	sg	单数
adv	副词	pl	复数
poss	物主代词	1/2/3 sg	第 1/2/3 人称单数
pn	代词	imper	祈使式
gen	所有格	perf	完成体
dat	与格	imp	未完成体
subj	主格	sp	拼写(形式)

---

① 译注:加拿大维多利亚大学语言学系为本书制作了语言实例的音频文件(.wav),实例中的词都有对应的发音,《北风与太阳》的故事也有录音。下载音频文件的网址是:https://www.internationalphoneticassociation.org/content/ipa-handbook-downloads。

美 国 英 语

Peter Ladefoged

Department of Linguistics，*UCLA*，*405 Hilgard Avenue*，
Los Angeles，*CA 90095-1543*，*USA*

在北美有许多不同的英语方言，所以简单地用"美国英语"（American English）指称任何方言都不太合适。本文描写的是美国西部偏远地区和部分中西部地区受过教育的年轻人的言语风格。标音是基于一位 21 岁的发音人的录音，她一直住在加利福尼亚州南部。来自美国其他地方的发音人，如东海岸和中西部的北部城市的发音人有不同的方言，几乎所有人的发音都比较保守，有更多的元音。

辅音

	双唇音	唇齿音	齿音	龈音	龈后音	硬腭音	软腭音	声门音
爆发音	p　b			t　d			k　g	
塞擦音					tʃ　dʒ			
鼻　音	m			n			ŋ	
擦　音		f　v	θ　ð	s　z	ʃ　　ʒ			h
近　音				ɹ		j	w	
边近音				l				

p	pie 馅饼	t	tie 打结	k	kite 风筝
b	buy 买	d	die 死	g	guy 家伙

p　pie　馅饼　　　　t　tie　打结　　　　k　kite　风筝
b　buy　买　　　　　d　die　死　　　　　g　guy　家伙

m	my	我的		n	nigh	近的		ŋ	hang	悬挂
f	fie	呸		θ	thigh	大腿		h	high	高的
v	vie	竞争		ð	thy	你的		tʃ	chin	下巴
				s	sigh	叹息		dʒ	gin	杜松子酒
				z	zoo	动物园		ʃ	shy	害羞的
w	why	为什么		ɹ	rye	黑麦		ʒ	azure	天蓝色
				l	lie	躺		j	you	你

元音

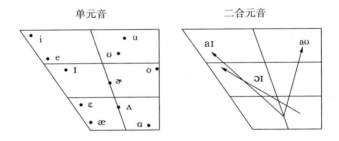

图中元音音质是基于对说以上方言的 9 个发音人的语音的观察。非重读元音［ə］没有列在图中，因为它的音质有相当多的变化。在例词表中，以上元音都列出了 4 个不同的音标形式。第(1)栏中，音质上的差别很明显，音长和元音的其他差别被看作规则问题，可用规则来解释这些特定符号，下文的第一个实例文本使用的是这个标音类型；第(2)栏中，音长差别非常明确，其中的音质差别宜看作可解释的规则；第(3)栏中，既有长度差别，也有音质差别；第(4)栏中，二合元音被看成由音核与趋弱滑音(offglide)构成。如果只给出单一类型的标音，就有必要通过用附加规则来解释这些符号的方式把元音音质的所有这些方面说清楚。如果规则合适，

所有这些（以及其他几个）标音类型完全可看作加利福尼亚英语的国际音标标音。第(1)栏的元音符号类似于1949年《原则》使用的符号，差别是在1949年的版本中，*bad*等词中的元音符号用[a]，*bud*等词中的元音符号用[ə]，*bird*等词中的元音符号用[ɹ]。

(1)	(2)	(3)	(4)		
i	iː	iː	iʲ	bead	珠子
ɪ	i	ɪ	ɪ	bid	出价
e	eː	eː	eʲ	bayed	吠叫
ɛ	e	ɛ	ɛ	bed	床
æ	æ	æ	æ	bad	坏的
ɑ	ɑ	ɑ	ɑ	pod	荚
o	oː	oː	oʷ	bode	预兆
ʊ	u	ʊ	ʊə	good	好的
u	uː	uː	uʷ	booed	发出嘘声
ʌ	ʌ	ʌ	ʌ	bud	芽
ɚ	ɚː	ɚː	ɚ	bird	鸟
aɪ	aɪ	aɪ	aʲ	buy	买
aʊ	aʊ	aʊ	aʷ	bough	树枝
ɔɪ	ɔɪ	ɔɪ	ɔɪ	boy	男孩
ə	ə	ə	ə	a(bove)	在……上方

重音

英语重读与非重读音节的区别性很强，重读音节读得更长，更响亮，并且经常用一个音高动程（pitch excursion）表示。尽管重读位置有些可以预测，也有许多例词说不清重读位置在哪里，例如有些名词与动词构成的对子,比较['ɛksport/ɛk'sport]与[sə'port/sə'port]。长词经常有一个或多个带次重音的音节。重读音用标记"ˈ"(主重音)和"ˌ"(次重音)表示,例如[ˌfonəˈtɪʃən] *phonetician* 。

规则

[p,t,k]在词首位置以及在重读音节起始位置上时读送气音,但在同一个音节的[s]后面时总是读不送气音,例如,*spy*、*sty*、*sky*。除了夹在两个浊音之间时,塞音持阻阶段的[b,d,g]几乎没有浊音性。当[t]处在两个元音之间且在非重读元音之前时读作浊闪音(voiced flap),类似[ɾ],例如在 *city*、*vicinity* 中时。[d,n]在类似的环境中也是闪音。除了在[j]之前,[l]都软腭化。

在发音人所读的例词中,第(1)栏的元音符号都带有元音图所标出的音质。相同音节里,[ŋ]前面的元音会升高,因此 *sing* 的元音更接近 *seen* 的元音,而非 *sin* 的元音,*sang* 的元音接近 *sane* 的元音,*length* 的元音(位置)处在 *sing* 与 *sang* 的元音之间。[ɹ]之前的元音(舌位)会降低、央化,一些对比性会丢失,因此,*merry*、*Mary*、*marry* 和 *Murray* 经常都读成['mɛˌɹi]。[e]和[o]经常出现轻微的双元音化(diphthongized)现象。[u]和[ʊ]不圆唇,[ʊ]经常用展唇形式发音。[u]在[t,d,n,l]之后舌位趋前,这四个辅音在[u]前面的时候,其后面总是伴随一个中高前滑音(glide),例如,*two* 和 *new* 读作[tˈʉ,nˈʉ]。

录音文本的标音

下面给出两种标音,第一种是使用上图中符号的宽式音位标音。这种标音应该根据规则来说明。第二种是严式音位标音,其中包含了相关规则和其他细节。*The* 在以元音起始的词语前经常发成[ðə],但这份录音却没有这样发音。这位发音人的某些词还带[h]音(例如:*he*),其他人则可能省略了这个音。

宽式标音

ðə 'noɹθ ˌwɪnd ən (ð)ə 'sʌn wɚ dɪs'pjutɪŋ 'wɪtʃ wəz ðə 'stɹɑŋɡɚ, wɛn ə 'tɹævələ ˌkem ə'lɑŋ 'ɹæpt ɪn ə 'woɹm 'klok. ðe ə'ɡɹid ðət ðə 'wʌn hu 'fɚst sək'sidəd ɪn 'mekɪŋ ðə 'tɹævələ 'tek ɪz 'klok ˌɑf ʃʊd bi kən'sɪdɚd 'stɹɑŋɡɚ ðən ðɪ 'əðɚ. ðɛn ðə 'noɹθ ˌwɪnd 'blu əz 'hɑɹd əz i 'kʊd, bət ðə 'moɹ hi 'blu ðə 'moɹ 'klosli dɪd ðə'tɹævlɚ 'fold hɪz 'klok ə'ɹaʊnd ɪm; ˌæn ət 'læst ðə 'noɹθ ˌwɪnd ˌɡev ʌp ði ə'tɛmpt. 'ðɛn ðə 'sʌn 'ʃaɪnd ˌaʊt 'woɹmli, ənd ɪ'midiətli ðə 'tɹævlɚ 'tʊk ˌɑf ɪz 'klok. ən 'so ðə 'noɹθ ˌwɪnd wəz ə'blaɪʒ tɪ kən'fɛs ðət ðə 'sʌn wəz ðə 'stɹɑŋɡɚ əv ðə 'tu.

严式标音

ðə 'noɹθ ˌwɪnd ən ə 'sʌn wɚ dɪs'pjurɪŋ 'wɪtʃ wəz ðə 'stɹɑŋɡɚ, wɛn ə 'tɹævlɚ ˌkem ə'lɑŋ 'ɹæpt ɪn ə 'woɹm 'klok. ðe ə'ɡɹid ðət ðə 'wʌn hu 'fɚst sək'sidəd ɪn 'mekɪŋ ðə 'tɹævlɚ 'tek ɪz 'klok ˌɑf ʃʊd bi kən'sɪdɚd 'stɹɑŋɡɚ ðən ðɪ 'ʌðɚ. 'ðɛn ðə 'noɹθ ˌwɪnd 'blu əz 'hɑɹd əz hi 'kʊd, bət ðə 'moɹ hi 'blu ðə 'moɹ 'klosli dɪd ðə'tɹævlɚ 'fold hɪz 'klok ə'ɹaʊnd hɪm; æn ət 'læst ðə 'noɹθ ˌwɪnd ˌɡev ʌp ði ə'tɛmpt. 'ðɛn ðə 'sʌn 'ʃaɪnd ˌaʊt 'woɹmli, ən ɪ'midiətli ðə 'tɹævlɚ ˌtʊk 'ɑf ɪz 'klok. ən 'so ðə 'noɹθ ˌwɪnd wəz ə'blaɪʒ tɪ kən'fɛs ðət ðə 'sʌn wəz ðə 'stɹɑŋɡɚ əv ðə 'tu.

正字法版本(Orthographic version)

The North Wind and the Sun were disputing which was the stronger, when a traveller came along wrapped in a warm cloak. They agreed that the one who first succeeded in making the traveller take his cloak off should be considered stronger than the other. Then the North Wind blew as hard as he could, but the more he blew the more closely did the traveller fold his cloak around him;

and at last the North Wind gave up the attempt. Then the Sun shined out warmly, and immediately the traveller took off his cloak. And so the North Wind was obliged to confess that the Sun was the stronger of the two.

阿 姆 哈 拉 语

KATRINA HAYWARD* AND RICHARD J. HAYWARD**

*Department of South East Asia , **Department of Africa , School of
Oriental and African Studies , Thornhaugh Street , Russell Square ,
London WCIH 0XG , UK

　　阿姆哈拉语属于闪语族,它是埃塞俄比亚的官方语言,使用人数仅次于阿拉伯语。尽管埃塞俄比亚有很多人把阿姆哈拉语当作第二语言,但以它为母语的人主要集中分布在埃塞俄比亚首都亚的斯亚贝巴南面的高原丘陵地带,向北延伸到科勒姆西北偏北一带。这个地区东西部邻接的低地区域使用其他语言。

　　关于阿姆哈拉语的语音和音系都有过很好的描述(参见Armbruster,1908:4～50;Cohen,1970:29～68;Ullendorff,1955;Podolsky,1991)。关于阿姆哈拉语的方言情况还需要系统性的研究。唯一发表的一部著作(Habte Mariam Marcos,1973)对未来的工作很有用,也富有启发性,不过仍属于概述性探索的成果。亚的斯亚贝巴话已逐渐成为标准方言,并广泛通行于所有阿姆哈拉语社区。分歧最大的方言是戈贾姆省的方言,不过Mänz 和 Wällo 方言变体也有明显的自身特征,尤其是在音系上的差别。

辅音

	双唇音	唇齿音	龈音	龈后音	硬腭音	软腭音	声门音	唇化软腭音
爆发音	(p) b		t d			k g		kʷ gʷ
塞擦音				tʃ dʒ				
鼻 音	m		n		ɲ			
擦音		f	s z	ʃ ʒ			h	
拍音/颤音			r					
近 音	w				j			
边近音			l					
外挤气塞音	(p')		t'			k'		kʷ'
外挤气塞擦音				tʃ'				
外挤气擦音			s'					

其他唇化辅音：fʷ，bʷ，mʷ，pʷ'，tʷ'，hʷ

p	posta	寄（邮件）	t	təkkələ	他植树了	k	kəbbəbə	他搂着

p posta 寄（邮件）　　t təkkələ 他植树了　　k kəbbəbə 他搂着
b bəkk'ələ 发芽了　　d dərrəsə 他到了　　g gərrəməɲ 令我惊讶
p' p'app'as 教会创办人　　t' t'ərrəgə 他打扫了　　k' k'əddədə 他撕了东西
m məkkərə 他劝告了　　n nəddəfə 它叮了　　h hakim 医生
f fəllək'ə 它涌出来了　　s səbbərə 他打碎了东西
　　z zəffənə 他唱了
　　s' s'afə 他写了
　　tʃ tʃəlləmə 天黑了

		dʒ	dʒəmmərə	他开始了	
		tʃ'	tʃ'ərrəsə	他完成了	
		r	rəzzəmə	变长了	
		ʃ	ʃərrəbə	他编了辫子	
		ʒ	ʒəmbər	太阳	
		l	ləmmənə	他恳求了	
		ɲ	təɲɲənə	他躺下了	
		j	jəlləm	没有	
w	wat'ə	他吞了东西			kʷ	kʷas	球
pʷ	pʷagʷʊme	第13个月	tʷ'	tʷ'af	蜡烛	kʷ'	kʷ'akʷ'ate	百日咳
bʷ	bʷambʷa	管道				gʷ	gʷaggʷa	他很焦虑
mʷ	mʷammʷa	它溶解了						
fʷ	fʷaffʷa	瀑布流水				hʷ	hʷala	……之后

　　Ato Yalew Kebede 是一名 29 岁的阿姆哈拉男人，我们记录了他的话，并且标了音。他还负责翻译《北风与太阳》。Ato Yalew Kebede 从小生活在贡德尔，该地是"正宗的"阿姆哈拉语区域中心。贡德尔的阿姆哈拉语与亚的斯亚贝巴的标准方言的所有特征都非常接近，不过，根据文本中出现的一两个音可以分辨出说话人来自哪里，例如，"凭自己的意愿"用贡德尔方言说是［bəgəzza fək'adu］，用标准方言说是［bəgəzza fək'adu］。

　　双唇清塞音/p, p', pʷ'/非常少见，只见于外来词。从音系上来说，龈后塞擦音和塞音相配。由于/w/与唇音化辅音关系密切，我们把它放在"唇音"栏。除了/p, pʷ', tʷ', h, hʷ/外，其他所有的辅音都有相应的倍音（重叠音）对子（geminate counterparts）。单个的/ɲ/和倍音/ɲ/在音系上并没有对立,通常认为,倍音变体出现在元音之间,而单个辅音变体则出现在其他地方。当辅音位于鼻音后面时,可能会产生倍音（或增强）现象;文本中的一个有趣的例子是/bət'ɨnkare/"有力地"（见下文）。

元音

i	kis	口袋
ɨ	mɨn	什么?
ɪ	jɪh⁻jɨh	这
e	k'es	牧师
ɛ	jɛmmil	（男）说话人
a	bal	丈夫
ə	kəbt	牛
ɔ	gʷɔrf	洪水
o	s'om	斋戒(n)
ʊ	kʷ'ʊlf	锁
u	t'ut	胸部

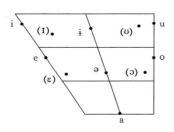

阿姆哈拉语有复合元音[aɪ]、[aʊ]、[əɪ]和[əʊ],但是,根据音位结构模式,它们应该分析成为/a/或/ə/后加/j/或/w/的序列。下文录音文本的标音即采用了后面的这种方法。

这儿所列的元音/ɨ/和/ə/经常分别用符号/ə/和/ä/表示。可能的争论是,/ɨ/是一个增音,在底层表征式中不存在（见 Hetzron,1964;Hayward,1986）。一般来说,在埃塞俄比亚文字中,每个符号表示一个辅音加一个元音,例如,መ＝/mə/, ሜ＝/me/, ሚ＝

/ma/。不过,加/ɨ/的辅音符号也当作独立的辅音用,例如,ᶆ＝/mɨ/或/m/。

[ɪ, ʊ, ɛ, ɔ]不是独立的音位,而是央元音/ɨ/和/ə/的音位变体。当/ɨ/和/ə/位于龈后音和硬腭音(从音系学的观点来看,它们形成了一个"硬腭音"系列)后时,它们经常舌位前移,变成/ɪ/和/ɛ/。当/ɨ/和/ə/位于唇音化辅音和/w/后时,它们的发音是靠后的、圆唇的元音([ʊ]和[ɔ])。拼写因素也应该考虑进来,一个受过良好教育的人,他在拼写的时候是/ɨ/或/ə/,发音时可能就是/ɨ/或/ə/,尤其是在他认真说话的时候(上文提到的变体jɨhˉjɨh也是如此)。在下面的例文中,遇到这种情况,我们写的是[ɪ, ʊ, ɛ, ɔ],而不是更严格的音位/ɨ/和/ə/。

如图所示,[ɪ, ʊ, ɛ, ɔ](央元音的变体)是否真的分别与独立音位/i/、/u/、/e/、/o/有区别,还存在疑问。如果后圆唇元音之前的辅音带有圆唇动作,问题就更复杂了。例如,/ku/中的/k/在发音时是/kʷ/,因此,按照严格的语音模式,很难在/ kʷʊ/(用更严格的音位解释,它等于/ kʷɨ /)和/ku/之间选择。在非韵尾闭音节和以两个辅音结尾的闭音节中,这两个元音系列并不对立,我们把这些条件下出现的元音都解释为音位性的央元音。例如,我们把"力量"写成/gʷʊlbət/而不写成/gulbət/,"昂贵的"写成/wʊdd/而不是/wudd/。我们的发音人的拼写则不同,这些词分别被拼写成"gu-"和"wu-"。

在非韵尾开音节和单个辅音结尾的闭音节中,这两个元音系列都可能存在。在这些情况下,它们之间有潜在的音长对立,/i, u, e, o/都容易延长。原型上,这些长元音与短元音/ɪ, ʊ, ɛ, ɔ/在音长和音质上都有对立,但是这里有一个较不确定的中间状态。

对于动词及其派生词,形态音位方面的考虑经常导致倾向于采用央元音音位。例如,把/kʷʊt'ɨr/"数字"写成/kʷʊ-/(在更严格的音位描写中写成/kʷʼɨ/)是受同源动词/kʷʼʊtt'ərə/"他数了数"的影响,它属于/k'əttʼərə/"他雇了"之类的动词类别,所以应该有相同的词干元音;因此,在标音时,/kʷʼəttʼərə/比/k'ottʼərə/更好。发音人在拼读时也是/kʷʼʊt'ɨr/,与我们一致,词首也有唇音化的软腭音。不过,由于没有可供比较的同源形式,所以很难在/bəkkʷʊl/和/bəkkul/"边,方向"之间选择。根据发音人的拼写"-kkul",我们最终选择了/bəkkʷʊl/。(Ullendorff 对这种情况的复杂性有过充分的描述;参见 Ullendorff,1951:82~83。)

重音

阿姆哈拉语重音不发达,且重音位置经常变化。一方面,重音与语调的关系需要进一步调查;另一方面,重音与倍音的关系也需要进一步调查。

规则

/p,t,tʃ,k,kʷ/都有适度的送气现象。浊塞音在清塞音前会出现前清音化现象,例如/lɨbs/"衣服"发成[lɨb̥s]。/b/位于响音之间时,会发成近音/β/①(例如,/gʷʊlbət/发成[gʷʊlβət])。/l/总是非常清晰,从不含糊。单个的/r/是拍音,重叠的/rr/是颤音。当它们位于元音/i/和/e/的前面,尤其是在/e/的前面时,会有很强的硬腭化趋势,例如/gize/发成[gʲizʲe]"时间"。

---

① 译注:原文描述此音为近音(approximant),音标表中这个音是擦音。

在乡村的发音中，/f/可能会取代/p/。词首的/ʒ/只存在于Mañz话中，在亚的斯亚贝巴话中，它已经被塞擦音/dʒ/取代。/ɲ/只出现在一两个不常用的词的起首位置。/s'/最常见的发音是塞擦音[t͡s']，倾向于跟/t'/合并，尤其是在词首位置。不过，即使复杂的地域和社会语言学因素对词首/s'/有影响，它仍可能保留在一些受过教育的人的词汇里。我们的发音人始终把/s'əhaj/"太阳"开头的[s']发成[t͡s']。

/h/在元音之间会浊音化，会在前接元音和/或后随元音情况下念成气嗓声（例如，/bəzzihɨm/"并且依此条款"发成[bəzzɨːm]）。/h/位于/i/或/ɨ/后面时一般发成硬腭擦音[ç]。因此，在单独发音或者语速很慢的情况下，[bəzzi]"在此"（/bəzzih/）就会发成[bəzziç]。

词首/r/前通常有前增音（prothetic）[ɨ]，如[ɨrəʒʒim]"高"（文本中未出现）。当下一个词以辅音开头时，[ɨ]也可以加在词末的辅音后。我们的发音人在读文本时的发音并不一致，例如，[libsɨ ləbso]中有增音（epenthetic）[ɨ]，而[libs k'adɨmo]却没有，这种情况下的增音/ɨ/在标音时没有标出来。发音人在读文本时的增音[ɨ]还有一种情况，我们在标音中没有标写出来，但是需要提一下，它出现在/bət'inkare/形式中，是[bət'inikkare]。在此，/k/在鼻音后获得强化，并为增音/ɨ/的插入提供条件。其他的情况下，/ɨ/会清音化，因为发音短促而几乎听不到。在我们的文本中，当[ɨ]跟在阴性前缀/t-/（在这些形态音位环境中，变成倍音tt-）后面时有两种形式：[sittidʒɛmmir]"当她开始的时候"和[jemmittɨbalt']"她最了不起"。在第二个例子中，/b/发成[β]确证了该元音的存在。

录音文本标音

s'əhajɪnna kəsəmen jɛmminəfsəw nəfas

s'əhajɪnna kəsəmen bəkkʷʊl jɛmminəfsəw nəfas ine nɛɲ t'ənkarra ine nɛɲ t'ənkarra bəmmil jɪkkərakkəru nəbbər. bəzzi gize and məŋgədəɲɲa jɛbɪrd məkkəlakəja lɪbs ləbso jɪggʷaz nəbbər. kəzjam məŋgədəɲɲəw ləbɪrd məkkəlakəja ləbsot jɛmmihedəw lɪbs k'ədɪmo jaswɔllək'ə bət'ɪnkare jɪbəlt'al bəmmil təsmammu. bəzzihɪm məsərət kəsəmen bəkkʷʊl jɛmminəfsəw nəfas ballə bəlelləw gʷʊlbət bəhajl nəffəsə. honom gɪn bəhajl bənəffəsə kʷ'ʊt'ɪr məŋgədəɲɲəw jɛbasəwnu bələbbəsəw lɪbs jɪddʒəbbɔn jɛmmər. bəmətʃ'ərrəʃam kəsəmen bəkkʷʊl jɛmminəfsəw nəfas bəgənza fək'adu akʷ'omə. s'ahajm bətərawa wətt'atʃɪnna muk'ətwan mawrəd sɪttɪdʒəmmɪr məŋgədəɲɲəw·mɪnɪmm saj kʷ'ɔj wɔdijawnu jɛləbbəsəwl lɪbs awɔllək'ə. bəmətʃ'ərrəʃam kəsəmen bəkkʷʊl jɛmminəfsəw nəfas s'əhaj bət'ɪnkare kəssu jɛmmɪttɪbəlt' məhonwan jaləwʊdd bəgɪdd ammənə.

正字法版本

ፀሐይና ከሰማን በኩል የሚነፍሰው ነፋስ

ፀሐይና ከሰማን በኩል የሚነፍሰው ነፋስ እኔ ነኝ ጠንካራ እኔ ነኝ ጠንካራ በሚል ይከራከሩ ነበር። በዚህ ጊዜ አንድ መንገደኛ የባርድ መከላከያ ልብስ ለብሶ ይጓዝ ነበር። ከዚያም መንገደኛው ለብሶት መካላከያ ለባሶት የሚሄደው ልብስ ቀድሞ ያስወለቀ የጣላል በሚል ተስማሙ። በዚህም መሠረት ከሰማን በኩል የሚነፍሰው ነፋስ በለለለው ጉልበት በሃይል ነፈሰ። ሆኖም ግን በሃይል በነፈሰ ቁጥር መንገደኛው የባሰውን በለበሰው ልብስ ይደበን ጀመር። በመጨረሻም ከሰማን በኩል የሚነፍሰው ነፋስ በገንዛ ፈቃዱ አቀመ። ፀሐይም በተራዋ ወጥታና ሙቀቷን ማውረደ እተጀመር መንገደኛው ምንም ሳይቀይ ወደያወት የለበሰውን ልብስ አወለቀ። በመጨረሻም ከሰማን በኩል የሚነፍሰው ነፋስ ፀሐይ በጥንካሬ ከሱ የምትበልጥ መሆኗን ያለውደ በገድ አመነ።

参考文献

Armbruster, C.H. (1908). *Initia Amharica: An Introduction to Spoken Amharic*. Cambridge: The University Press.

Cohen, M. (1970). *Traité de langue amharique (Abyssinie)*.

Paris: Institut d'ethnologie.

HABTE MARIAM MARCOS (1973). Regional variations in Amharic. *Journal of Ethiopian Studies* 11, 113—29.

HAYWARD, R.J.(1986). The high central vowel in Amharic: New approaches to an old problem. In Fishman, J.A.et al.(editors), *The Fergusonian Impact*, Vol.1: *From Phonology to Society*. Berlin, New York, Amsterdam: Mouton de Gruyter.

HETZRON, R.(1964). La voyelle du sixième ordre en amharique. *Journal of African Languages* 3, 179—90.

PODOLSKY, B.(1991). *Historical Phonetics of Amharic*. University of Tel-Aviv.

ULLENDORFF, E.(1951). The labiovelars in the Ethiopian languages. *Rassegna di Studi Etiopici* 10, 71—84.

ULLENDORFF, E.(1955). *The Semitic Languages of Ethiopia: A Comparative Phonology*. London: Taylor's (Foreign) Press.

阿 拉 伯 语

ROBIN THELWALL* AND M. AKRAM SA'ADEDDIN**

*2121 Ist Avenue NW, Calgary, AB T2N 0B6, Canada
**University of Kuwait, Kuwait City

　　以标准或古典阿拉伯口语形式提出的任何形式的文本都存在许多倾向性问题。对现在的这个录音文本我们不做这类判断,只是指出,发音人出生在巴勒斯坦北部的萨法德,8～15岁在贝鲁特生活并接受教育,其后在大马士革学习和教书,在苏格兰学习语音学,之后定居在苏格兰和科威特。

　　公认的看法是,阿拉伯口语有两个突出的(权威性的)重要方言中心区:一是 Al-Shaam(大叙利亚,从地中海沿岸到肥沃的新月形地带东部边缘),二是埃及(集中在 Al-Azhar 清真寺和开罗的大学里)。这样说并非忽略阿拉伯半岛、伊拉克或其他地区作为语料样本地的地位,只是有些情况还有待充分调查。

辅音

	双唇音	唇齿音	齿音	龈音	龈后音	硬腭音	软腭音	小舌音	咽音	声门音
爆发音	b		t d				k	q		ʔ
鼻　音	m		n							
擦　音		f	θ ð	s z	ʃ		x ɣ		ħ	h
塞擦音					dʒ					
颤　音				r						
近　音						j	w			
边近音				l						

　　咽音化辅音:tˤ, dˤ, sˤ, ðˤ, lˤ, ʔˤ

说明：下面的标音中，/ʕˤ/描写成/ʕ/。

			t	tijn	无花果(pl)	k	kalb	狗	
b	balla	恢复的	d	dijn	宗教	q	qalb	心	
m	malla	感到无聊	n	nadda	释放了	ʔ	saʔala	问了	
f	dafara	发臭	s	saara	走了	x	xilaaf	争论	
θ	daθara	覆盖的	z	zaara	参观了	ɣ	ɣilaaf	覆盖(n)	
ð	haakaða	因此	ʃ	ʃadda	加倍标记	ʕ	saʕala	咳嗽了	
						ħ	ħuruwb	战争(pl)	
			dʒ	dʒadda	祖母				
			r	rawʔa	壮丽	h	huruwb	逃跑(n)	
			l	lawʔa	悲哀	j	jaraqaan	黄疸	
						w	wasˤl	收据	
sˤ	sˤarf	交换	tˤ	xitˤaab	信				
ðˤ	ðˤarf	信封	ɖˤ	xidˤaab	指甲花				
			lˤ	alˤʔaa	上帝				

元音

i	ʕidd	保证！				u	bbuʔ	回来！	
ij	ʕijd	盛宴	a	ʕadd	数了	uw	ʕuwd	琵琶	
aj	ʕajn	眼睛	aa	ʕaadd	回来了	aw	ʕawd	返回	

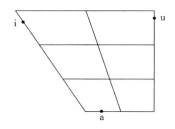

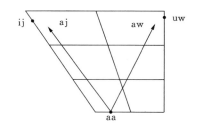

重音

不管是否有后缀,阿拉伯语的重音都落在语素的末尾重音节上。所谓重音节(heavy syllable),指的是有长元音的音节或有(C)VCC结构的音节。在现代标准阿拉伯语口语中,那些没有重音节的词的情况还有待调查,我们先假定根据本文发音人的阿拉伯语口语背景,重音模式(stress pattern)仍然起作用。

划分音节和限定词[al-]

从下文标音可以看到,定冠词辅音受到了其后[+舌面音]音段的同化。如果定冠词前面还有词,定冠词的元音会被前一个词的韵尾元音同化。由于标音中的词的划分是基于正字法规则,在这类情况下,我们就省去了限定词的元音。当然,实际的发音是连续的。

规则

/t,k/是送气音,/tˤ/是不送气音,/tˤ,dˤ,sˤ,ðˤ/是舌根后缩的音(Retracted Tongue Root),同时发生咽音化和程度或大或小的软腭化。对此,在阿拉伯语语音研究中有个合适的术语是"强势音"(emphasis/emphatic)。在特定的词位(lexeme)中,这些(强势)辅音对前后音节中的所有语音都有强烈的协同发音作用,除了/j/外,唇音、唇音化的/ʃ/和/r/都不形成阻塞。/ʕ/是舌根后缩的声门塞音(喉塞音),Gairdner(1925)、Al-Ani(1970)和 Kästner(1981)都支持这个观点,通过对当今(1990)居住在科威特的来自不同地区的人的大量观察也证实了这个现象。我们目前还未发现阿拉伯语里有咽擦音。用阿拉伯语发/x/的时候会伴随小舌颤动。词尾位置的重叠辅音在有前停顿(pre-pausal)的情况下会带上一个以[ə]起始的新音节。例如,/ʕadd/→[ˈʕad.də],这里的[.]表示音节的边界，但在上下文语境中它们没有这个特征。

　　主要的元音变体受到同一词中相邻强势辅音出现或不出现的制约，也受到词末位置非强势辅音环境的制约。/a/有三个主要变体：[ɑ]出现在舌根后缩辅音前，[ɐ]出现在词的边界前，[a]出现在其他位置，将音系上的音长考虑在内。在开音节中，音长会发生中和，/i/和/ij/在舌根后缩辅音前以及咽音前变成/ɨ/，与央高非圆唇元音相比，它的发音部位更加靠后，达到[ɤ]的位置。在当今大多数的方言口语中，[i]和[u]之间已经没有音位的对立（phonological opposition）。/u/和/uw/在舌根后缩辅音和咽音前变成了[ʊ]和[ɤ]。在词末位置，音长的对立也发生了中和。

　　语音系统中要特别注意的几点：

　　1.“dʒim”，此处发成弱的腭-浊塞擦音（Gairdner，1925：23；不过，Kästner 把它描写成擦音，见 Kästner，1981：65）。

　　2.“ðˤaaʔ”，此处发成/ðˤ/“齿浊擦音，发音时舌根后缩，同时发生咽音化和软腭化”。参见 Kästner(1981：62ff)和观点与之相反的 Gairdner(1925：21)。

　　3.“ʕajn”，发成咽音化的声门塞音（也见 Kästner，1981：49；Al-Ani，1970：62～71；Gairdner，1925：28～29）。

　　现代阿拉伯语口语方言以及过去对方言所做的语音描写对以上各种语音现象有不同的反映，但它们与我们此处的讨论无关。

录音文本标音

kaanat rijhu ʃʃamaali tatadʒaadalu wa ʃʃamsa fij ʔajjin minhumaa kaanat ʔaqwaa min alʔuxraa, wa ʔið bi-musaafirin jatˤluʕu mutalaffiʕan biʕabaaʔatin samijka. fa tafaqataa ʕalaa ʕtibaari ssaabiqi fij ʔidʒbaari lmusaafiri ʕalaa xalʕi ʕabaaʔatihi lʔaqwaa. ʕasˤafati rijhu ʃʃamaali biʔaqsˤaa ma statˤaaʕat min quwwa. wa laakin kullumaa zdaada lʕasˤf izdaada lmusaafiru tadaɡɡuran biʕabaaʔatih, ʔilaa ʔan ʔusqitˤa fij jadi rrijh fa taxallat ʕan muħaawalatihaa. baʕdaʔiðin satˤaʕati ʃʃamsu bi-difʔihaa, fa maakaana min almusaafiri ʔillaa ʔan xalaʕa ʕabaaʔatahu ʕalaa ttauw. wa haakaða idˤtˤˤurat rijhu ʃʃamaali ʔilaa liʕtiraafi biʔanna ʃʃamsa kaanat hija lʔaqwaa.

正字法版本

كانت ريح الشمال تتجادل والشمس في أي منهما كانت أقوى من الاخرى. وإذ بمسافر يطلع متلفعا بعباءة سميكة . فاتفقتا على اعتبار السابق في اجبار المسافر على خلع عباءته الاقوى . عصفت ريح الشمال بأقصى ما استطاعت من قوة . ولكن كلما ازداد العصف ازداد المسافر تدثرا بعباءته الى ان أسقط في يد الريح فتخلت عن محاولتها . بعدئذ سطعت الشمس بدفئها فما كان من المسافر الا ان خلع عباءته على التو . وهكذا اضطرت ريح الشمال الى الاعتراف بان الشمس كانت هي الاقوى .

参考文献

AL-ANI, S. H. (1970). *Arabic Phonology: An Acoustical and Physiological Investigation*. The Hague: Mouton.

GAIRDNER, W. H. T. (1925). *The Phonetics of Arabic*. London: Oxford University Press.

KÄSTNER, H. (1981). *Phonetik und Phonologie des modernen Hocharabisch*. Leipzig: Verlag Enzyklopädie.

保 加 利 亚 语

ELMAR TERNES* AND TATJANA VLADIMIROVA-BUHTZ**

*Institut für Phonetik, Allgemeine Sprachwissenschaft und Indogermanistik,
Universität Hamburg, Bogenallee 11, D-20144 Hamburg, Germany
** Aumattenweg 2, D-79117 Freiburg im Breisgau, Germany

本文描写的言语风格是那些具有学院背景的人所说的标准保加利亚语。从历史上来讲，标准保加利亚语含有西部和东部保加利亚语成分。但是，就它目前的形式来说，它并不特指某个地方的语言。

本文的发音人今年33岁，在索菲亚大学工作。保加利亚语例词是从西里尔文字转写的。

辅音

	双唇音	唇齿音	龈音	龈后音	硬腭音	软腭音
爆发音	p　b		t　d			k　g
鼻　音	m		n			
擦音		f　v	s　z	ʃ　ʒ		x
塞擦音			ts　dz	tʃ　dʒ		
颤　音			r			
近　音					j	
边近音			l			

p	*pija*	我喝	t	*tom*	体积	k	*kol*	柱子
b	*bija*	我打	d	*dom*	家	g	*gol*	裸体的
			ts	*tsar*	沙皇	tʃ	*tšar*	魅力
			dz	*dziſt*	焦油	dʒ	*džob*	口袋
m	*most*	桥	n	*nos*	鼻子	x	*halka*	铃声
f	*far*	灯塔	s	*sărna*	狍	ʃ	*šal*	围巾
v	*var*	石灰石	z	*zărna*	玉米(pl)	ʒ	*žal*	怜悯
r	*roza*	玫瑰	l	*lale*	郁金香	j	*jak*	强壮

本文标音的音位分析并没有假定存在（硬）腭化辅音（palatalized consonant），另一种分析则假定存在下列腭化的辅音：/pʲ，bʲ，tʲ，dʲ，kʲ，gʲ，tsʲ，dzʲ，mʲ，nʲ，rʲ，fʲ，vʲ，sʲ，zʲ，xʲ，lʲ/。

保加利亚语腭化的性质与俄语的不同，它的出现有着严格的限制。在前元音和[j]前，腭化的程度不会超过常规协同发音制约的程度；在后元音前，腭化可以明确地表示为C＋[j]。在音节中和词末位置不发生腭化现象。

元音

i		*kit*	鲸
ɛ		*pet*	五
a		*mlad*	年轻的
ɔ		*rod*	亲戚
u		*lud*	疯狂的
ɤ		*păt*	路
[o]（仅非重读音节）[koˈga]		*koga*	何时
[ɐ]（仅非重读音节）[ˈdumɐ]		*duma*	词

[o]是/u/和/ɔ/的中和，[ɐ]是/a/和/ɤ/的中和，两者都只出现在非重读音节里。

重音

重音具有区别性作用：['parɐ]　　*para*　　蒸汽

[pɐ'ra]　　*para*　　硬币

规则

/p，t，k/是不送气音，/b，d，g/是全浊音，/t，d，ts，dz，n，r，s，z，l/是前龈音，/r/是颤音，/x/只有轻微的摩擦，/l/位于/a，ɔ，u，ɤ，o，ɐ/之前或者位于音节和词的末尾位置时软腭化为[ɫ]。

当[o，ɐ]位于重读后的非重读音节时，它们的口腔开口度比元音图显示的要小。

录音文本标音

'severnijɐt 'vjater i 'slʏntsɛto sɛ prɐ'pirɐxɐ 'kɔj ɛ 'pɔsilɛn, ko'gato ɛdin 'pʏtnik, zɐ'vit f 'tɔplɐ 'drɛxɐ, 'minɐ pokrɐj 'tjax. tɛ rɐ'ʃixɐ tʃɐ 'tɔzi, 'kɔjto 'prʏf nɐ'karɐ 'pʏtnikɐ dɐ si svɐ'li 'drɛxɐtɐ, ʃtɛ sɛ 'stʃitɛ 'pɔsilɛn od 'drugijɐ. to'gavɐ 'severnijɐt 'vjater zɐ'pɔtʃnɐ dɐ 'duxɐ s 'fsitʃkɐ 'silɐ, no 'kɔlkoto 'pɔsilno 'vjaterɐt 'duxɐʃɐ, 'tɔlkovɐ 'poplɛtno 'pʏtnikɐt o'vivɐʃɐ 'drɛxɐtɐ okolo 'sɐbɐ si. 'naj 'pɔslɛ 'severnijɐt 'vjater prɐ'krɐsnɐ o'silijɐtɐ si. to'gavɐ 'slʏntsɛto zɐ'pɔtʃnɐ dɐ 'grɛɐ 'silno, i 'pʏtnikɐt vɐd'nagɐ svɐ'li 'drɛxɐtɐ si. i tɐ'ka, 'severnijɐt 'vjater bɐʃɐ pri'nudɛn dɐ pri'znaɐ, tʃɐ 'slʏntsɛto ɛ 'pɔsilno ot 'nɛgo.

正字法版本

Северният вятър и слънцето се препираха, кой е по-силен, когато един пътник, завит в топла дреха, мина покрай тях. Те решиха, че този, който пръв накара пътника да си свали дрехата, ще се считА по-силен от другия. Тогава северният вятър започна да духа с всичка сила, но колкото по-силно вятърът духаше, толкова по-плътно пътникът увиваше дрехата около себе си. Най-после северният вятър прекъсна усилията си. Тогава слънцето започна да грее силно, и пътникът веднага свали дрехата си. И така, северният вятър беше принуден да признае, че слънцето е по-силно от него.

致谢

我们非常感谢 Mohammad-Reza Majidi 帮助我们用计算机程序来准备本文的原稿。

汉语（香港粤语）

ERIC ZEE

Phonetics Laboratory，Department of Chinese，Translation and Linguistics，City University of Hong Kong，83 Tat Chee Avenue，Kowloon，Hong Kong

　　本文描写的是香港受过教育的年轻一代典型的言语风格。发音人是一位 22 岁的男大学生，一直住在香港。

辅音

	双唇音	唇齿音	齿音	龈音	龈后音	硬腭音	软腭音	唇-软腭音	声门音
爆发音	p　pʰ			t　tʰ			k　kʰ	kʷ　kʷʰ	
塞擦音				ts　tsʰ					
鼻　音	m			n			ŋ		
擦　音		f		s					h
近　音						j		w	
边近音			l						

p	paˀ	爸	t	taˀ	打(十二个)	k	kaˀ	加
pʰ	pʰaˀ	趴	tʰ	tʰaˀ	他/她	kʰ	kʰaˀ	卡
m	maˀ	妈	n	pʰanˀ	攀	ŋ	pʰaŋˀ	烹

83

f	fa˥	花	s	sa˥	沙			
			ts	tsa˥	抓			
			tsʰ	tsʰa˥	叉			
w	wa˥	蛙	j	jɐu˥	忧			
			l	lɐu˥	嬲(生气)			
						kʷ	kʷa˥	瓜
						kʷʰ	kʷʰa˥	夸
						h	ha˥	虾

元音

单元音

（1）或者（2）

i	i:	si˥	丝	hip˦	协	him˥	谦
y	y:	sy˥	书	hyt˦	血	syn˥	酸
ɛ	ɛ:	sɛ˥	借	hɛk˦	吃	sɛŋ˥	声
œ	œ:	hœ˥	靴	sœk˦	削	sœŋ˥	伤
a	a:	sa˥	沙	hak˦	客	sam˥	三
ɔ	ɔ:	sɔ˥	梳	hɔk˦	壳	fɔŋ˥	方
u	u:	fu˥	夫	fut˦	阔	fun˥	欢
ɪ	ɪ			sɪk˦	色	sɪŋ˥	星
ɵ	ɵ			sɵt˥	襨(衬衣)	sɵn˥	询
ɐ	ɐ			sɐp˦	湿	sɐm˥	心
ʊ	ʊ			sʊk˦	叔	sʊŋ˥	鬆

84

二合元音

（1）或者（2）

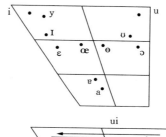

ai	aːi	sai˥	嘥（浪费）
ɐi	ɐi	sɐi˥	西
au	aːu	sau˥	筲（篮子）
ɐu	ɐu	sɐu˥	收
ei	ei	hei˥	稀
ɛu	ɛːu	tɛu˥	掉
ɵy	ɵy	sɵy˥	衰
ɔi	ɔːi	sɔi˥	腮
ui	uːi	fui˥	灰
iu	iːu	siu˥	烧
ou	ou	sou˥	鬚

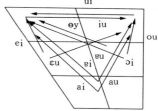

声调

˥	（高，平）	si˥	丝	sɪk˥	色
˧	（中，平）	si˧	试	sit˧	泄
˨	（低-中，平）	si˨	事	sɪk˨	食
˩	（低-中到低，降）	si˩	时		
˩˥	（低-中到高，升）	si˩˥	史		
˩˧	（低-中到中，升）	si˩˧	市		

规则

（a）辅音、元音和二合元音

音节末尾的爆发音[p，t，k]不除阻，例如[p˺，t˺，k˺]。音节起首的[t，tʰ，n]和音节末尾的[t，n]是舌尖-舌叶齿-龈音；音节起首的[s，ts，tsʰ]是舌叶龈音，音节起首的[l]是舌尖齿-龈音（apical denti-alveolar）或是舌尖龈音（apical alveolar）。[n]很少出现在音

85

节起首的位置；音节起首的[ŋ]经常不发音。[i, y, ε, œ, a, ɔ, u]出现在开音节以及爆发音或鼻音结尾的音节中。在开音节中，[i, y, u]大致是正则元音。[ε]＝[ε̆]；[œ]＝[œ̆]；[ɔ]＝[ɔ̆]；[a]＝[ă]；在爆发音或鼻音结尾的音节中，[i, y, u, ε, œ̆, ɔ, ă]舌位稍稍下降。[i, y, ε, œ, a, ɔ, u]在开音节中是长元音，在爆发音或鼻音结尾的音节中是短元音（音长变短三分之一）。只出现在爆发音和鼻音结尾的音节中的[ɪ, ɵ, ɐ, ʊ]属超短音（比开音节中的[i, y, ε, œ, a, ɔ, u]的音长短三分之二）。所有的二合元音都是长音；[ai, au, ɔi, ui, iu, εu]这些二合元音中的第一个音素比第二个音素读音长；[ɐi, ɐu, ei, ɵy, ou]这些二合元音的两个音素音长相似。[au]＝[aʊ]；[ai]＝[aɪ]；[εu]＝[εʊ]。以上元音和二合元音都有两种标音方式，它们的区别在于是否标出了元音的音长差别。

（b）*声调*

[˥, ˧, ˨, ˩, ˩˧, ˩˥]是长调（分别是高调；中调；低-中调；低-中到低调，降调；低-中到高调，升调；低-中到中调，升调）；[˩˩]声调相对要短些。[˥, ˧, ˨]的短调变体或者超短变体出现在闭塞音节。复韵母音节（compound-final syllable）上的[˧, ˨]及其变体和[˩˩]经常被[˩˥]取代。

录音文本标音

jɐu˩ jɐt˩ tsʰi˩˥ ˥ pek˥ fʊŋ˥ tʰʊŋ˩ tʰai˩ jœŋ˨ hei˧ tou˨ au˩ ken˩ pin˩ kɔ˧ lεk˥ ti˥ ‖ kʰɐy˩ tei˧ am˩ am˩ tʰɐi˧ tou˩ jɐu˩ kɔ˧ jɐu˩ haŋ˨ kʷɔ˧ li˩ jɐu˩ tsœk˥ tsy˩ kin˧ tai˧ lɐu˩ ‖ kʰɐy˩ tei˧ tsɐu˩ wa˩ lak˥ ˥ pin˩ kɔ˧ hɔ˩ jiu˩ tsɪŋ˥ tou˩ li˩ kɔ˧ jɐn˩ tsʰɵy˩ tsɔ˩ kin˧ lɐu˩ le˩ ˥ tsɐu˩ syn˩ pin˩ kɔ˧ lεk˥ ti˥ lak˥ ‖ jy˩ si˩ ˥ pek˥ fʊŋ˥ tsɐu˩ pɔk˥ mɐŋ˧ kem˩ tsʰɵy˩ ‖ tim˩ tsi˥ ˥ kʰɐy˩ jyt˥ tsʰɵy˩ tεk˥ lɐi˩ lei˩ ˥ kɔ˧ kɔ˧ jɐn˩ tsɐu˩ jyt˥ hei˧ la˩ sɐt˥ kin˧ lɐu˩ ‖ tsɵy˩ hɐu˩ ˥ pek˥ fʊŋ˥ mou˩ sai˧ fu˩ jiɐu˩ fɔŋ˥ hei˧ ‖ kεn˩ tsy˩ ˥ tʰai˩ jœŋ˨ tsʰɵy˩ lei˩ sai˧ tsɔ˩ ɐt˥ tsɐu˩ ˥ kɔ˧ kɔ˧ jɐn˩ tsɐu˩ tsɪk˥ hak˥ tsʰɵy˩ tsɔ˩ kin˧ lɐu˩ lak˥ ‖ jy˩ si˩ ˥ pek˥ fʊŋ˥ wɐi˩ jɐu˩ jɪŋ˩ sy˩ la˩ ‖

正字法版本(不完全是标准汉字,有方言用字)

　　有一次,北風同太陽嚟度拗緊邊個叻啲。佢哋啱啱睇到有個人行過,哩個人着住件大褸。佢哋就話嘞,邊個可以整到哩個人除咗件褸呢,就算邊個叻啲嘞。於是,北風就搏命咁吹。點知,佢越吹得犀利,嗰個人就越係噇實件褸。最後,北風冇晒符,唯有放棄。跟住,太陽出嚟晒咗一陣,嗰個人就即刻除咗件褸嘞。於是,北風唯有認輸啦。

加泰罗尼亚语

JOAN F.CARBONELL* AND JOAQUIM LLISTERRI**

* *Department of Phonetics and Linguistics, University College, London NW1 2HE, UK*

** *Department de Filologia Espanyola, Facultat de Filosofia i Lletres, Universitat Autònoma de Barcelona, 08193 Bellaterra, Barcelona, Spain*

下面描写的是一位受过教育的加泰罗尼亚中部地区的发音人的言语风格，他是一位 26 岁的男性，其发音代表巴塞罗那地区的语音。

辅音

	双唇音	唇齿音	齿音	龈音	龈后音	硬腭音	软腭音
爆发音	p b		t d				k g
塞擦音					tʃ dʒ		
鼻 音	m			n		ɲ	ŋ
颤 音				r			
拍音或闪音				ɾ			
擦 音		f		s z	ʃ ʒ		
央近音						j	w
边近音				l		ʎ	

/v/不出现在中部加泰罗尼亚语系统中，但是其他方言有（例

如,塔拉戈纳营地的加泰罗尼亚语马略卡方言)。

p	*piga*	斑点	t	*talla*	尺寸	k	*casa*	房子
b	*biga*	横梁	d	*dalla*	长柄大镰刀	g	*gasa*	棉绒
						tʃ	*metxa*	保险丝(n)
						dʒ	*metge*	医生
m	*mama*	妈妈	n	*mana*	他命令	ɲ	*manya*	技能
						ŋ	*sang*	血
			r	*serra*	锯(n)	ɾ	*cera*	蜡
f	*fosc*	黑暗	s	*passar*	通过	ʃ	*eixut*	干燥
			z	*pesar*	称重	ʒ	*ajut*	帮助
			j	*iaia*	祖母	w	*veuen*	他们看见
			l	*pala*	铁铲	ʎ	*palla*	稻草

元音

重读音节中有七个元音:/i/，/e/，/ɛ/，/a/，/o/，/ɔ/，/u/。
如果音节失去重音，那么/e/、/ɛ/、/a/变读为央元音[ə]，而/o/和
/ɔ/变读为[u]。高元音/i/和/u/在非重读位置仍然保留原音质。

重读元音

i	*ric*	我笑
e	*cec*	盲的
ɛ	*sec*	干燥
a	*sac*	麻布袋(n)
ɔ	*soc*	原木(n)
o	*sóc*	我是
u	*suc*	果汁

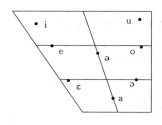

非重读元音

i	*idea*	想法
u	*usar*	使用
ə	*amor*	爱（n）

二合元音总是以一个高元音音素开始或者结束，这可以解释为独立的音位/j/或者/w/，或者可以看成高元音/i/或者/u/的音位变体。第一种假设好像更合理。一方面，[uj]和[wi]都可以出现，因此相对凸显的音素不可能从它们在音节中的位置派生出来。另一方面，[wi]和[iw]都存在的可能性表明它们可以互换。因此，最好把/j/和/w/看作底层的非音节音素，而不是从/i/和/u/派生出的音位变体。

由元音与/j/或/w/共同组成的二合元音或者是升式二合元音（rising diphthong，即后响二合元音），或者是降式二合元音（falling diphthong，即前响二合元音）。参考以下例词。

ej	*rei*	国王		εw	*peu*	脚
uj	*avui*	今天		ow	*pou*	井（n）
ja	*Iaia*	奶奶		wa	*quatre*	四
jε	*veiem*	我们看见		wə	*aigua*	水

重音和重调（accent）

重音可以落在词的最末音节上，[kumbər'sa]"聊天"；也可以落在倒数第二个音节上，[kum'pεndrə]"理解"；或者是落在倒数第三个音节上，['kapsulə]"胶囊"。所有词汇词都有一个重读音节，复合词有规律地保留了各组成成分原有的重音，例如，*parallamps* ['parə'ʎams]"光导体"；同样地，由-*ment* 构成的副词可以有两个重音，*bonament*［ˈbɔnəˈmen］"愿意地"。大部分单音节功能词即使有重音和重调也总是弱读。

尽管元音弱化过程表明重音不具有区别性意义，但的确也存在一些最小对立对子可用重音来区别意义。例如，*surti*［ˈsurti］，"外出"的虚拟语气形式，以及 *sortir*［surˈti］，"外出"的不定式形式。

方言之间的区别

加泰罗尼亚语有两种主要方言：东部加泰罗尼亚语和西部加泰罗尼亚语。每一种方言可以进一步再分出不同的次方言。加泰罗尼亚语的标准发音被认为是受过教育的中部加泰罗尼亚人的语音，属于东部加泰罗尼亚语变体。

两种主要方言最显著的区别在于对非重读元音的不同处理方式：西部加泰罗尼亚语的非重读音节没有表现出元音弱化的过程，而在东部加泰罗尼亚语方言的非重读位置上，元音/e/、/ɛ/、/a/合并为央元音[ə]，/o/和/ɔ/合并为[u]；只有/i/和/u/保留原来的音质。换句话说，大部分东部方言的非重读音节只能保留三个元音音质[i]、[u]或[ə]中的一个。西部方言的[e]、[o]和[a]也作为非重读元音出现。

规则

元音或流音（除了/l/后面的/d/）后起首位置（除了停顿后的）的三个浊爆发音都有读音相近的变体[β]、[ð]、[ɣ]，而在其他位置上时，这些音素读成爆发音。由于受到词尾清音化和浊音化过程的影响，位于词尾的所有阻塞音（obstruents）的清浊对立都被中和（neutralized）了。停顿之前词尾的所有阻塞音都清音化了。还有，浊辅音前的爆发音有浊音变体，但在元音或者清辅音之前是清音变体,擦音的情况与之相似,与爆发音不同的是,擦音在元音之前同化为浊音。这种现象产生了形态音位交替,例如,*pes* [pɛs]"重量"与 *pesar* [pəˈza]"称重(v)"。

清爆发音不送气;浊爆发音的各个浊音变体的整个发音过程都是浊的。在一个词内部重读元音之后,同一音节中的/l/之前的/b/和/g/重叠:*poble* [ˈpɔbblə]"村庄"。在巴塞罗那,重叠浊辅音现在已经清音化,变为[ˈpɔpplə],或者弱化为清塞音[ˈpɔplə],而在其他方言里,塞音变成近音①,例如[ˈpɔβlə]。倍音[nn]和[mm]也出现在比较正式的话语中,例如,*innecessari* [innəsəˈsari]"不必",*immens* [imˈmɛns]"巨大的"。还有一个重叠边音[ll],例如,*illusió* [illuˈzio]"错觉",但在口语中它通常弱化为[l]。倍音[ʎʎ]出现在 *espatlla* [əsˈpaʎʎɐ]"肩膀"这样的词中。/l/在所有的地方都有某种程度的软腭化,但是在停顿或辅音之前,其软腭化程度更高一些。

词尾鼻音或边音与塞音构成的辅音丛会脱落塞音,通常只有添加一个元辅音语素才能够保留这个塞音:比较 *pont* [pɔn]"桥"与 *pontet* [punˈtet]"小桥"。在大部分词中,包括不定式,词界前或复数语素前的词尾/r/都会脱落,只有在元音起始的语素之前/r/才会被保留:比较 *color* [kuˈlo]"颜色"与 *coloraina* [kuluˈrajnə]"彩色"。不过,还是存在很多例外,如 *futur* [fuˈtur]"未来"。

在强调语句和某些方言里,词首的龈后擦音是塞擦音:*ximple* [ˈ(t)ʃimplə]"愚蠢的",*germà* [(d)ʒərˈma]"兄弟"。在中部加泰罗尼亚语里,底层形式/v/实现为/b/;[b]或者[β]出现在元音

---

① 译注:原文描述这些音为近音(appoximants),后面所举例子中的[β]在音标表中为擦音。

前,[w]出现在词尾;[b]或[β]与[w]之间产生交替现象。因此, *blava* ['blaβə]"蓝色的"(阴性)与 *blau* [blaw]"蓝色的"(阳性)对立。

录音文本标音

lə trəmun'tanə j əl sɔl əz ðispu'taβən | sustə'niŋ 'kað u k eʎ 'erə l mes fɔr | kwan də 'soptə | 'bɛwən um biə'dʒe kə s ə'kɔstə mbuli'kat ən unə 'ɣraŋ 'kapə ‖ baŋ kumbə'ni kə l ki pri'me fə'riə kə l βiə'dʒe s trə'ɣes lə 'kapə | sə'riə tiŋ'gup pəl mes fɔr ‖ lə trəmun'tanə s 'pɔz ə βu'fa m 'totə lə 'seβə 'furiə | pə'rɔ kɔm mez βu'faβə | mez əl βiə'dʒe s əβri'ɣaβə m lə 'kapə ‖ ə lə fi | ba də'ʃa 'korə ferli 'trɛwrə ‖ ələ'zɔrəz əl sɔl kumən'sa ðə βri'ʎa | j əl kab d um mu'men | əl βiə'dʒe | ben əskəl'fat | əs trɛw lə 'kapə ‖ ə'fi | lə trəmun'tanə βa 'βɛ ðə kuɱfə'sa kə l sɔl 'erə l mes fɔr ‖

正字法版本

下文发表在 1912 年编撰的《国际语音学会的原则》上,但《原则》后来的抽印本却省略了。它首次出现在 *Le Maître Phonetique* 第 26 卷 7～8(1911)119 页,作者是 Josep M. Arteaga(巴塞罗那, 1846—1913),他是加泰罗尼亚语语音学家,1907 年当选为国际语音学会委员会委员。

La tramuntana i el sol es disputaven, sostenint cada u que ell era el més fort, quan de sobte, veuen un viatger que s'acosta embolicat en una gran capa. Van convenir que el qui primer faria que el viatger es tragués la capa seria tingut pel més fort. La tramuntana es posa a bufar amb tota la seva fúria; però com més bufava, més el viatger s'abrigava amb la capa; a la fi, va deixar còrrer ferli treure. Aleshores el sol comença de brillar, i al cap d'un moment，el viatger，ben escalfat，es treu la capa. Així，la tramuntana va haver de confessar que el sol era el més fort.

致谢
我们想感谢 Carme de la Mota 和 Antonio Ríos 提出的有益评论与建议。

参考文献

ALARCOS，E.(1983). *Estudis de lingüística cataalana*. Barcelona：Ariel.

BADIA I MARGARIT，A.M.(1951). *Gramática histórica catalana*. Barcelona：Noguer. Catalan translation：València，Tres i Quatre，1981.

BADIA I MARGARIT，A.M.(1988). *Sons i fonemes de la llengua catalana*. Barcelona：Publicacions de la Universitat de Barcelona.

BONET，E.-LLORET，M.-R.(1998). *Fonologia catalana*. Barcelona：Ariel.

GILI，J.(1974). *Introductory Catalan Grammar*. Oxford：Dolphin Books.

HUALDE，J.I.(1992). *Catalan*. London：Routledge.

INSTITTUT D'ESTUDIS CATALANS.(1990). *Proposta per a un estàndard oral de la llengua catalana I: Fonètica*. Barcelona：Institut d'Estudis Catalans.

RECASENS，D.(1991). *Fonètica descriptiva del català*. Barcelona：Institut d'Estudis Catalans.

RECASENS, D.(1993). *Fonètica i fonologia*. Barcelona: Enciclopèdia Catalana.

VENY, J.(1985). *Introducció a la dialectologia catalana*. Barcelona: Enciclopèdia Catalana.

WHEELER, M.W.(1979). *Phonology of Catalan*. Oxford: Basil Blackwell.

YATES, A. (1975). *Catalan*. London: Hodder and Stoughton (Teach Yourself Books).

克罗地亚语

ERNESTINA LANDAU

Vučetićev prilaz 5, 10020 Zagreb, Croatia

MIJO LONČARIĆ

Institute of Croatian Language, Strossmayerov trg 2, 10000 Zagreb, Croatia

DAMIR HORGA AND IVO ŠARIĆ

Department of Phonetics, Faculty of Philosophy, University of Zagreb, 10000 Zagreb, Croatia

克罗地亚语属于斯拉夫语。作为克罗地亚的国语,它包括三种主要方言——Štokavian、Kajkavian 和 Čakavian,这些方言是用意为"什么"的疑问代词的不同形式/ʃtô/、/kâj/和/tʃâ/来命名的,其正字法是 *što*、*kaj*、*ča*。标准克罗地亚语是在 18 和 19 世纪形成的。其方言基础是新 Štokavian Jekavian 方言。

本文录音的发音人是一位来自克罗地亚电视网的 57 岁的女性播音员,她是以一种口语风格读的。这种口语风格是克罗地亚共和国很多受过教育的说标准克罗地亚语的人的言语风格。

辅音

	双唇音	唇齿音	齿音	龈音	龈后音	硬腭音	软腭音
爆发音	p　b		t　d				k　g
塞擦音			ts		tʃ　dʒ	tɕ　dʑ	
鼻　音	m			n		ɲ	
擦　音		f	s　z		ʃ　ʒ		x
颤　音				r			
近　音		ʋ				j	
边近音				l		ʎ	

p	pǐ:tɕe	*píće*	饮料(n)	t	tǔ:ga	*túga*	悲伤	
b	bǐ:tɕe	*bíće*	生物	d	dǔga	*dúga*	彩虹	
				ts	tsâr	*cär*	沙皇	
				tʃ	tʃêp	*čěp*	软木	
				dʒ	dʒêp	*džěp*	口袋	
m	môːj	*môj*	我的	n	nôːs	*nôs*	鼻子	
f	fã:za	*fǎza*	阶段	s	sělo	*sèlo*	村庄	
ʋ	ʋǎ:za	*vǎza*	花瓶	z	zǎːjam	*zájam*	借款	
				ʃ	ʃâːl	*šâl*	围巾	
				ʒ	ʒâːl	*žâl*	海滩	

k	kô:st	*kôst*	骨
g	gô:st	*gôst*	客人
tɕ	lě:tɕa	*léća*	小扁豆
dʑ	lě:dʑa	*léda*	背部(n)
ɲ	ɲôːj	*njôj*	她(dat)
x	xǐːr	*nîr*	任性
j	jûg	*júg*	南方
ʎ	ʎêti	*ljëti*	在夏天

r râːd *râd* 工作(n)
l lôːv *lôv* 追赶

元音

　　克罗地亚语的元音系统由五个单元音构成——/i，e，a，o，u/，又分长短对立，还有一个二合元音/ie/，只出现在长音节中。这些元音在重音和非重音位置上音质相对稳定。还有一个音节性颤音（syllabic trill）/r̩/，可以长（颤动四五次），也可以短（颤动一两次）。出现在两个辅音中间时，该元音的发音有时会伴随着非音位的[ə]，即[ər]，例如[vân̩rt] vr̩t "花园"。有些上下文里还会出现短[ə]，例如在读某些字母的名称时。

二合元音/ie/起始于单元音/i/，结束于单元音/e/，也可以读成[ije]，但仍然是一个单音节。

短元音

i	vĭle	*vĭle*	干草叉
e	têk	*têk*	仅仅
a	pâs	*pâs*	狗
o	kôd	*kôd*	在
u	dûga	*dûga*	棍

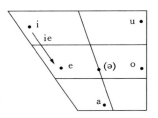

长元音

i:	vĭːle	*vĭle*	精灵
e:	têːk	*têk*	食欲
a:	pâːs	*pâs*	背带
o:	kôːd	*kôd*	号码
u:	dŭga	*dúga*	彩虹

[ə]	[pârst]	*pr̩st*	手指	
ie	biĕlo	*bijélo*	白色(adj)	

规则

当/f, ts, x/出现在浊阻塞音之前时，读作[v, dz, ɣ]：[grôv̯ bi] *grôf bi* "伯爵会……"，[ŏtadz̯ bi] *òtac bi* "父亲会……"，[ŏviɣ̯ bi] *òvih bi* "这些会……"（与此类似的交替还有其他清阻塞音，但是可

以看作一个音位替代了另一个音位；同样，当后面跟着一个清阻塞音的时候，浊阻塞音也与相应的清阻塞音交替）。

当龈后塞擦音/ʃ，ʒ/出现在/tɕ，dʑ/前面时，变读为腭咝音（palatal sibilant）[ɕ，ʑ]：[mîɕ‿tɕe] *mǐš će*"老鼠将……"，[pûʑ‿tɕe] *pûž će* "蜗牛将……"元音/u/前的/ʋ/读作[w]：[wûːk] *vûk* "狼"。/f，ʋ/前的/m/读作[ɱ]：[trǎɱʋaj] *trǎmvaj* "有轨电车"。/k，g/之前的/n/读作[ŋ]：[stâŋka] *stânka* "停顿"。/x/在辅音丛起首位置读[h]：[hmêʎlj] *hmêlj* "单脚跳"。

跨词的元音序列可以用声门塞音分开：[iː ʔônda] *i ônda* "那么"。

重音和重调

除了上文提到的跟元音相关的音长对比以外，克罗地亚语还有上升（[ˇ]）、下降（[ˆ]）音高重调（pitch accents）。传统上认为这两种对立构成了四种方式的词重调（word accent）对比，即长升（ˊ）、短升（ˋ）、长降（ˆ）和短降（ˇ）；（ˉ）代表非重读元音的长度。上面括号内的符号通常书写上不用，只是在特定的语言学著作中用于标记重调。区别性音高移动起始的音节以及移动完结的音节是重读音节。单音节（完整词）词总是带下降重调：/mêtʃ/ *mêč* "（运动）比赛"，/mêːd/ *mêd* "亲爱的"。下降重调也可以出现在双音节词或更长的词的首音节上，例如/mâma/ *mâma* "妈妈"，/fôrma/ *fôrma* "形式（n）"，但是，除了少数感叹词（如/ahâ/ *ahâ* "啊哈！"）和借词（如/ʒelêː/ *želê* "果冻"）外，下降重调不会落在非首音节上。一个词中除了末音节，上升重调可以出现在任何一个音节上，例如，/zȉːma/ *zíma* "冬天"，/terȁsa/ *terȁsa* "阳台"，/ȉzviɲěːɲe/ *izvinjénje* "借口，理由（n）"（首音节/i/带次重调）。

　　有两组词——前附词（proclitics）与后附词（enclitics），分别与后面或前面的重读词构成一个单位。后附词总是非重读的：/ôːn̩ti je tô: rêkao/ *ôn ti je tô rêkao*"他告诉你……"前附词可以是重读的，也可以是非重读的。当后面的词读升调时，前附词不重读，例如，/u̯v̌odi/ *u vǒdi*"在水里"，/pri̯ráːdu/ *pri rádu*"在工作"，但是，当后面的词读降调时，前附词就可以重读，例如，比较/ôko/ *ôko*"眼睛"与/û̯oko/ *ǔ oko*"眼睛里"；/grâːd/ *grâːd*"小镇"与/û̯graːd/ *ǔ grād*"朝小镇（去）"；/ʃûma/ *šǔma*"木头"与/ǔ̯ʃumi/ *ù šumi*"在树林里"。

　　克罗地亚语的重音位置是相对自由的，重读音节前的非重读音节总是很短，而重读音节后的非重读音节可短可长，例如，对比/kûtɕa/ *kǔća*"一座房子"与/kûːtɕaː/ *kûća*"房子（复数）"。非重读音节比相应的重读音节短，大约比长元音的音长短50％，比短元音的音长短30％。

录音文本标音

‖ sjêʋeːɾni: lĕdeni: ʋjêtar i̯sûːntse̯su̯se pr̆epirali o̯sʋǒjoj snǎːzi ‖ stôga ŏdlutʃe: da̯ŏnome ôd̯ɲiːx prĭpadne pôbjeda kǒji: sʋŭːtʃe: ǀ tʃôʋjeka pûːtnika ‖ ʋjêtar zǎpotʃe snâːʒno pŭːxati ǀ a̯bǔduːtɕi da je tʃôʋjek tʃʋr̥ːsto dʒʒao ôdjetɕu ǀ nǎʋali ôːn jôʃ jâtʃe: ‖ tʃôʋjek pâːk jôʃ jâtʃe: ot̯stûdeni prĭtisnuːt ǀ naʋŭːtʃe: nǎ̯sebe jôʃ ʋîʃe: ôdjetɕe: ǀ dôk̯se ʋjêtar ne̯ŭmori: i̯pr̆epusti:̯ga tâda sûːntsu ǀ ŏno: u̯potʃĕːtku zǎsija ŭmjereno ‖ kâd̯je tʃôʋjek skînuo sʋʋĭːʃak ôdjetɕe: ǀ pǒʋi:si ŏno: jôʃ jâtʃe: ʒêgu ǀ dôk̯se tʃôʋjek ǀ u̯nemogǔːtɕnosti da̯ŏdoli sûntʃeʋoːj toplĭni ne̯sʋŭːtʃe: ǀ i̯nĕ̯podze: na̯kǔːpaɲe u̯rijĕːku tekǔːtɕitsu ‖ prî:tʃa pokǎzuje: da̯je̯tʃê:sto uspjĕʃnije: ʋʋjerǎ:ʋa:ɲe ǀ nĕgoli nǎ:si:ʎe ‖

带附加符号的正字法版本

Sjȅvērnī lȅdenī vjȅtar i Sȗnce su se prȅpirali o svòjoj snázi. Stȍga òdlučē da ònome ȍd njȋh prȉpadne pȍbjeda kòjī svúčē čȍvjeka pȗtnika. Vjȅtar zàpoče snȃžno púhati, a bùdūći da je čȍvjek čvȓsto dȓžao ȍdjeću, nàvali ȏn jȍš jȃčē. Čȍvjek pȃk, jȍš jȃčē od stȕdeni prȉtisnȗt, navúčē nà sebe jȍš vȋšē ȍdjećē, dȍk se vjȅtar ne ùmorī i prȅpustī ga tȁda Sȗncu. Ònō u počétku zàsija ùmjereno. Kȁd je čȍvjek skȉnuo suvȉšak ȍdjećē, pòvisi ònō jȍš jȃčē žȇgu dȍk se čȍvjek, u nemogúćnosti da òdoli sùnčevōj toplȉni, ne svúčē i nȅ pođē na kúpanje u rijéku tekȕćicu. Prȋča pokàzujē da je čȇsto uspjèšnijē uvjerávānje nègoli násȋlje.

正字法版本

Sjeverni ledeni vjetar i Sunce su se prepirali o svojoj snazi. Stoga odluče da onome od njih pripadne pobjeda koji svuče čovjeka putnika. Vjetar započe snažno puhati, a budući da je čovjek čvrsto držao odjeću, navali on još jač. Čovjek pak, još jače od studeni pritisnut, navuče na sebe još više odjeće, dok se vjetar ne umori i prepusti ga tada Suncu. Ono u početku zasija umjereno. Kad je čovjek skinuo suvišak odjeće, povisi ono još jače žegu dok se čovjek, u nemogućnosti da odoli sunčevoj toplini, ne svu če i ne pođe na kupanje u rijeku tekućicu. Priča pokazuje da je često uspješnije uvjeravanje negoli nasilje.

捷 克 语

Jana Dankovičová

*Department of Phonetics and Linguistics, University College London,
4 Stephenson Way, London NW1 2HE, UK*

捷克语主要是捷克共和国居民的母语,属于斯拉夫语言的西部语群。在波希米亚和摩拉维亚两个省大约有 1 000 万人说捷克语,在北美也有比较大的说捷克语的社区,在邻近的欧洲国家有一些零星分散的、较小的捷克语社区。

捷克语文字书写传统开始于 13 世纪的晚期,到 16 世纪已经有了可以识别的接近现代的口语和书写标准。在相对稳定的书写标准创制之后,口语获得了持续性发展。从 18 世纪晚期开始,书写形式经历了一个现代化的振兴时期,结果是在书面语和口语之间出现了显著的分歧,这种状态一直持续到今天。

标音文本录自一位说标准捷克语的布拉格本地人。

辅音

	双唇音	唇齿音	龈音	龈后音	硬腭音	软腭音	声门音
爆发音	p b		t d		c ɟ	k g	
鼻 音	m		n		ɲ		
擦 音		f v	s v	ʃ ʒ		x	ɦ
塞擦音			t͡s	t͡ʃ			
颤 音			r r̝				
近 音					j		
边近音			l				

　　所有的爆发音都有浊音与清音对立，一般都不送气。声门塞音不处理为音位，典型的位置是词首或者前缀之后的元音之间。除了声门音和软腭擦音，所有的擦音都有浊、清对立。声门擦音总是浊音；软腭擦音通常是清音，但与之对应的浊音变体[ɣ]有时也会出现。声门音和软腭擦音之间的相互作用涉及同化问题，有关细节请参考下文同化部分。还有两个塞擦音音位，一个是龈清音/t͡s/，一个是龈后清音/t͡ʃ/。它们都有一个相对应的浊音变体，来自浊音同化（见下文）。

　　有两个颤音音位，/r/和/r̝/，例如 *ruka* /ruka/"手"，*řeka* /r̝eka/"河"。第一个音是舌尖龈颤音，颤动 1～3 次，不受浊音同化的影响，可以浊音形式出现在词的任何位置。/r̝/的发音位置基本与/r/相同，可能更倾向于用舌面发音。/r̝/与/r/的主要区别是颤动的次数，/r̝/可能比/r/多一两次，振幅却小一些。同时，口腔通道窄一点，气流速度快一些。该音起始经常是颤音，持续段则转为擦音，也许描述/r̝/的最佳术语就是"龈颤擦音"（alveolar trill fricative）。〔Ladefoged & Maddieson(1996)使用的舌叶附加符号/r̪/无法表述这个特征。〕/r̝/的清音变体出现在噪音同化位置。

　　有三个鼻音音位，/m/、/n/和/ɲ/。由于受到后面所跟随的唇齿擦音在发音位置上的同化作用，可能会产生唇齿鼻音变体。而在软腭塞音前也会产生软腭鼻音变体，并且是强制性的。边音/l/总是读浊音，在标准捷克语里，它在词的任何位置上既可是清晰音质，也可是中和音质。然而，某些捷克语方言的/l/（经常腭化）与含混/ɫ/之间存在音位上的对立。双唇鼻音/m/、边音/l/和颤音/r/可以自成音节，例如，*sedm* /sɛdm̩/"七"；*vlk* /vl̩k/"狼"；*vrba* /vr̩ba/"柳树"。

p	pɛro	*pero*	钢笔		f	fakulta	*fakulta*	技能
b	bota	*bota*	鞋		v	vaːza	*váza*	花瓶
t	tɛnto	*tento*	这个		s	siːla	*síla*	力量
d	duːm	*dům*	房子		z	zɪma	*zima*	冬天
c	cɛlo	*tělo*	身体		ʃ	ʃɛst	*šest*	六
ɟ	ɟɛlo	*dělo*	枪		ʒ	ʒɛna	*žena*	女人
k	kolo	*kolo*	车轮		x	xlɛba	*chleba*	面包
g	galɛrjɛ	*galerie*	画廊		ɦ	ɦora	*hora*	山
m	matka	*matka*	妈妈		r	ruka	*ruka*	手
n	noɦa	*noha*	腿		r̝	r̝ɛka	*řeka*	河流
ɲ	ɲɛtso	*něco*	某事		j	jɛdɛn	*jeden*	一
t͡s	t͡sɛna	*cena*	价格		l	lɛs	*les*	森林
t͡ʃ	t͡ʃɪstiː	*čistý*	干净					

元音

元音系统包括5个短元音/ɪ ɛ a o u/、与这些短元音对应的长元音/iː ɛː aː oː uː/，以及3个二合元音，都是降式二合元音（译注：前响二合元音）：/ou/、/au/和/ɛu/（后两个只出现于借词）。短元音和长元音在所有的位置上都形成对立。

非低短元音跟相应的长元音一般只有很小程度的音质差别。不过，在/ɪ/和/iː/中，短元音明显没那么高，而且比长元音更趋中央位置。这两个元音音质上的差别大于其他元音对子，从不同元音对子所使用的符号就可以看出来。元音/oː/的音位地位仅限于借词（因此在下面的表格里它放在了括号里）。短音/a/的发音通常比长音/aː/更靠前。元音的差别在非重读位置上也得以保留。

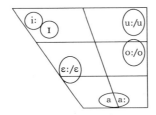

ɪ	mɪlɛ	*mile*	令人满意地	i:	mi:lɛ	*míle*	英里
ɛ	lɛt	*let*	轻轻的	ɛ:	lɛ:t	*lét*	夏天(gen pl)
a	ɾat	*řad*	排,列(gen pl)	a:	ɾa:t	*řád*	顺序
o	voda	*voda*	水	(o:)	go:l	*gól*	目标
u	domu	*domu*	房子(gen sg)	u:	domu:	*domů*	回家(adv)
ou	mouxa	*moucha*	苍蝇(n)				
(au)	auto	*auto*	汽车				
(ɛu)	nɛutra:lɲi	*neutrální*	中立的				

同化

　　捷克语有发音部位和发音方法的同化,也有浊音同化(voicing assimilation)。发音部位和浊音同化一般可以预测。一些发音部位的例证在辅音的讨论中已经提到了。发音方法的同化相对较少;如果出现,通常涉及/t/与/s/、/t/与/ʃ/、/d/与/z/或者/d/与/ʒ/的组合,分别变成塞擦音/t͡s/、/t͡ʃ/、/d͡z/和/d͡ʒ/(例如 *dětský* 可以读成[ɟɛt͡ʃki:]或[ɟɛt͡ski:])。

　　浊音同化会影响大部分辅音。除了与后随辅音相配的浊音以外,它也引起停顿前词尾的清音化。受浊音同化的影响,声门浊擦音/ɦ/和软腭清擦音/x/会构成一对浊音、清音对子,例如,在 *běh*

Prahou 中，*běh* 的/ɦ/读为[x]。

超音段

词汇重音位于词的第一个音节；因此，它没有对比性音位作用，它的功能只不过是标出了词的边界。下文标音文本中，重音标记表示音节重调，"‖"表示大语调韵律段边界，"|"表示小语调韵律段边界。

录音文本标音

'sɛvɛraːk a 'slunt͡sɛ sɛ 'ɦaːdalɪ | gdo 'z ɲɪx jɛ 'sɪlɲɛjʃiː ‖ f tom 'spatr̝ɪlɪ 'pot͡sɛstnɛːɦo | 'ktɛri: 'kraːt͡ʃɛl 'zaɦalɛn 'plaːʃcɛm ‖ 'ujɛdnalɪ tɛdɪ | ʒɛ 'tɛn sɛ maː 'povaʒovat 'za sɪlɲɛjʃiːɦo ‖ gdo 'prvɲiː 'dokaːʒɛ | 'abɪsɪ 'pot͡sɛstni: 'svlɛːkl 'plaːʃc ‖ 'tu zat͡ʃal 'sɛvɛraːk 'foukat 'zɛ fʃiː 'siːlɪ ‖ alɛ 't͡ʃiːm viːt͡s 'foukal ‖ ciːm 'viːt͡s sɛ 'pot͡sɛstni: 'zaɦaloval 'do svɛːɦo 'plaːscɛ ‖ 'konɛt͡ʃɲɛ sɛ 'sɛvɛraːk 'vzdal 'marnɛːɦo 'uːsɪliː ‖ 'pak zat͡ʃalo 'slunt͡sɛ 'sviːcɪt a 'ɦr̝aːt ‖ a 'za ɲɛjakiː 'okamʒɪk 'pot͡sɛstni: | 'ktɛrɛːmu bɪlo 'ɦorko ‖ 'sxoɟɪl 'plaːʃc ‖ 'tak musɛl 'sɛvɛraːk 'uznat | ʒɛ 'slunt͡sɛ jɛ 'sɪlɲɛjʃiː ‖

正字法版本

Severák a Slunce se hádali, kdo z nich je silnější. V tom spatřili pocestného, který kráčel zahalen pláštěm. Ujednali tedy, že ten se má považovat za silnějšího, kdo první dokáže, aby si pocestný svlékl plášť. Tu začal Severák foukat ze vší síly, ale čím víc foukal, tím víc se pocestný zahaloval do svého pláště. Konečně se Severák vzdal marného úsilí. Pak začalo Slunce svítit a hřát a za nějaký okamžik pocestný, kterému bylo horko, shodil plášť. Tak musel Severák uznat, že Slunce je silnější.

致谢

我想感谢 Martin Barry、Francis Nolan、Zdena Palková、Miroslav Ptáček、Přemysl Janota、Marie Svobodová 和 James Naughton,他们为本文提出了宝贵的建议。

参考文献

KUČERA，H.(1961). *The Phonology of Czech*. The Hague：Mouton ℰ Co.

LADEFOGED，P. AND MADDIESON，I.(1996). *The Sounds of the World's Languages*. Oxford：Blackwell.

PALKOVÁ，Z.(1994). *Fonetika a fonologie čeština*. Prague：Karolinum.

ROMPORTL，M.(1973). *Základy fonetiky*. Prague：Státní Pedagogické Nakladatelství.

荷　兰　语

CARLOS GUSSENHOVEN

Vakgroep Engels-Amerikaans, Katholieke Universiteit Nijmegen,
Erasmusplein 1, 6525 HT Nijmegen, The Netherlands

　　除了苏里南共和国和荷属安的列斯群岛的背风群岛、阿鲁巴岛、博内尔岛和库拉索岛把荷兰语作为官方语言,荷兰和比利时西北部约有 2 000 万人说荷兰语。受过教育的欧洲荷兰人的语音变体很丰富,例如,比利时的变体(也称佛兰德语)的元音[e:, ø:, o:]有单元音化趋势,与荷兰的二合高元音相对。一般来说,与/f, s, x/相比较,南部变体倾向于保留全套浊擦音/v, z, ɣ/。可随着向荷兰西部权威方言(Randstad)的靠近,浊擦音系统减少到只有/v, z/或者只有/z/。(带声擦音有很大的变化,西部威望较低的都市变体也可能缺少/z/。)粗略地说,鹿特丹-奈梅亨一线的南部,以莱茵河为界,默兹和瓦尔,/x, ɣ/读软腭音,而在北部,相应的清擦音是软腭后音或者小舌音。在比利时、阿姆斯特丹和荷兰的东北部,音位/r/倾向于读作龈音,但其他地方读小舌音。本文的变体代表西部受过教育的中年人的发音,是严谨的口语风格。更详尽的信息可参考 Collins & Mees(1982)、Mees & Collins(1983)、Booij(1995)。

辅音

	双唇音	唇齿音	龈音	龈后音	硬腭音	软腭音	小舌音	声门音
爆发音	p b		t d	(c)		k		(ʔ)
鼻 音	m		n	(ɲ)		ŋ		
擦 音		f v	s z	(ʃ)(ʒ)			χ	ɦ
拍 音			ɾ					
近 音		ʋ			j			
边近音			l					

p	*pen*	钢笔	t	*tak*	树枝	k	*kat*	猫
b	*ben*	(我)是	d	*dak*	屋顶	χ	*gat*	洞
			([c]	*ketjap*	酱油)			
m	*mens*	人类	n	*nek*	脖子	ŋ	*eng*	狭窄的
			([ɲ]	*oranje*	橘色的,adj)			
f	*fiets*	自行车	s	*sok*	短袜	([ʃ]	*chef*	科长)
v	*oven*	灶,炉	z	*zeep*	肥皂	([ʒ]	*jury*	陪审团)
ʋ	*wang*	脸颊	j	*jas*	大衣	([ʔ]	*beamen*	肯定)
l	*lente*	春天	r	*rat*	老鼠	ɦ	*hoed*	帽子

/p，t，k/是不送气清音,/b，d/是全浊音,龈音(除了/ɾ/)是舌叶音,/s，z/可能只有中-低度的摩擦。[c，ɲ，ʃ]是出现在/j/前面的/t，n，s/的变体。实际上,所有这些音都可以分析为龈音加上/j/的序列;通过类推,[ʒ]可以看作/zj/,因此在上表里用括号括了起来。[c，ɲ，ʃ，ʒ]是前硬腭音,舌尖低放。/v/倾向于只读弱浊音。/ʋ/在词首读作[ʋ],在词尾读作[β]。/ɾ/在词首读作[ɾ],在词尾读作[ɹ];在严谨的言语中,颤音可能出现在词首。[ʔ]在词语中位于/aː，ə/后的元音首音节的前面;因为分布上的可预见性,也被

放在括号里。

浊阻塞音和/ɦ/不出现在词尾；/v/被限制在词间浊音段之间的位置上，边缘音[g]（没有列入表中）出现在少量借词里。

句子音系是通过大量辅音调整来刻画特征的。相同辅音构成的音段序列通过非倍音化（degemination）过程弱化为单辅音。顺向清化（progressive devoicing）会影响塞音后面的擦音，而阻塞音在/b，d/前面可能浊音化。还有，响音后词尾擦音，特别是/s/，在元音之前也可能浊音化。

元音

荷兰语有一套松元音（lax vowel）、一套紧元音（tense vowel）和一个弱化元音（redused vowel）。下表第一栏是松元音和弱化元音/ə/，第二栏是紧元音。第三栏是词首和词尾元音，只出现在新借词里。鼻化元音[ɛ̃:，ɑ̃:，ɔ̃:]（没有列举）也有这种情况。还有3个宽二合元音。

ɪ	*bit*	一点	i	*biet*	甜菜根	i:	*analyse*	分析
y	*hut*	小屋	y	*fuut*	鸊鷉	y:	*centrifuge*	甩干机
ɛ	*bed*	床	e:	*beet*	咬	ɛ:	*serre*	温室
ə	*'t*	定冠词	ø:	*neus*	鼻子	œ:	*oeuvre*	作品
ɑ	*bad*	洗澡	a:	*zaad*	种子			
ɔ	*bot*	骨头	o:	*boot*	船	ɔ:	*zone*	区域
			u	*hoed*	帽子	u:	*cruise*	航行

ɛi	*ei*	鸡蛋
œy	*ui*	洋葱
ʌu	*zout*	盐

　　/i，y，u/在相同重读音步中的/ɾ/之前读长音。除了在同一个词内/ɾ/的前面读作［eᵊ，øᵊ，oᵊ］，/eː，øː，oː/是窄式二合高元音（［ei，øy，ou］）。

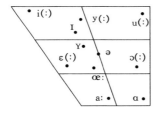
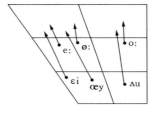

重音和重调

　　如果倒数第二个音节是开音节，重音位于词的倒数第三个音节上，或者倒数第二个音节上，或者尾音节上；如果倒数第二个音节是闭音节，重音就落在倒数第二音节或者最后一个音节上。词首和词尾的长元音只出现在重读音节中。在非重读音节里，长元音［eː，øː，oː，aː］都读短元音。最小对立对子很少，如 *canon*［ˈkaːnɔn］"教规"，*kanon*［kaˈnɔn］"大炮"；*Servisch*［ˈsɛrvis］"塞尔维亚语"，*servies*［sɛrˈvis］"餐具"。

　　由于主要取决于话语焦点，语调音高重调（intonational pitch accent）只出现在某些带重音的词的音节上，标音文本上标记为［ˈ］。这些音高重调的实现会扩展到下一个音高重调或者单竖线符号"|"，该符号划分出小语调韵律段。话语结束边界调可以加在双竖线符号"‖"之前。

录音文本标音

də 'noːrdəʊɪnt ɛn də 'zɔn | ɦɑdə ən dɪs'kʏsi oːvər də 'fraːχ | 'ʋi fɑn ɦʏn 'tʋeːə də 'stɛrəkstə ʋɑs | tun ər 'jœyst imɑnt foːr'bɛi kʋɑm | di ən 'dɪkə 'ʋɑrmə 'jɑs aːnɦɑt ‖ zə spraːkə 'ɑf | dɑt ʋi də foːrbɛiχɑŋər dərtu zʌu 'krɛiχə zəɲ 'jɑs œy tə trɛkə | də 'stɛrəkstə zʌu zɛin ‖ də 'noːrdəʊɪnt bəχɔn œyt 'ɑlə mɑχ tə 'blaːzə ‖ maːr u 'ɦɑrdər i 'blis | dɛs tə 'dɪχtər də foːrbɛiχɑŋər zəɲ jɑz ɔm zɪχ 'ɦeːn trɔk ‖ tən'slɔtə χɑf tə noːrdəʊɪnt ət maːr 'ɔp ‖ fər'fɔlχənz bəχɔn də 'zɔn | 'krɑχtəχ tə 'straːlə | ɛn ɔ'mɪdələk daːrɔp | trɔk tə foːrbɛiχɑŋər zəɲ 'jɑz œyt ‖ də 'noːrdəʊɪnt kɔn tun slɛχs bə'ʔaːmə | dɑtə 'zɔn də 'stɛrəkstə ʋɑs.

正字法版本

De noordenwind en de zon hadden een discussie over de vraag wie van hun tweeën de sterkste was, toen er juist iemand voorbij kwam die een dikke, warme jas aanhad. Ze spraken af dat wie de voorbijganger ertoe zou krijgen zijn jas uit te trekken de sterkste zou zijn. De noordenwind begon uit alle macht te blazen, maar hoe harder hij blies, des te dichter de voorbijganger zijn jas om zich heen trok. Tenslotte gaf de noordenwind het maar op. Vervolgens begon de zon krachtig te stralen, en onmiddellijk daarop trok de voorbijganger zijn jas uit. De noordenwind kon toen slechts beamen dat de zon de sterkste was.

参考文献

BOOIJ, E.E.(1995). *The Phonology of Dutch*. Oxford University Press.

COLLINS, B. AND MEES, I. (1982). A phonetic description of the consonant system of Standard Dutch. *Journal of the Interna-*

tional Phonetic Association 12, 2—12.

MEES, I. AND COLLINS, B. (1983). A phonetic description of the vowel system of Standard Dutch. *Journal of the International Phonetic Association* 13, 64—75.

法　　语

CÉCILE FOUGERON* AND CAROLINE L. SMITH**

Phonetics Laboratorty, UCLA, 405 Hilgard Avenue, Los Angeles,
CA 90095-1543, USA and
* *Institut de Phonétique, CNRS URA 1027, Université Paris Ⅲ, France*
** *Eloquent Technology Inc, Ithaca, NY, USA*

以下对法语的描写基于一位巴黎的年轻女性发音人的言语。法语各变体语音面貌基本一致，主要差异在于某些对立的保留或消失。

元音

口元音（oral vowel）。法语元音都是单音性的，一般用四个值描写高度，两个或可能三个（前、央、后）值描写前后。所有的后元音都是圆唇元音；前元音既有圆唇的，也有非圆唇的。

中-高和中-低元音在分布上略有重叠，但不能看成是变体。[e]和[ɛ]在开音节词尾有对立〔例如，[se] *ses*（第三人称复数所有格）与[sɛ] *sait* "知道"，[pwaɲɛ] *poignet* "腕"与[pwaɲe] *poignée* "一把"〕。其他位置上，[e]出现在开音节中，[ɛ]出现在闭音节中：比较[se.vir] *sévir* "愤怒"与[sɛʁ.viʁ] *servir* "服务"。对于其他中元音对子，中-高和中-低元音的对立仅限于大部分单音节性闭音节。在其他环境中，中-低元音[œ]和[ɔ]出现在闭音节里，中-高元音[ø]和[o]出现在开音节里。不过，除了这项普遍规则外，音节末辅音的性质也起作用：中-高元音[ø]和[o]出现在以[z]结尾的音节中,[o]甚至不出现在以[ʁ]、[ɲ]和[g]结尾的单音节里(Delattre,1966;Léon,1992)。显然,我们的发音人经常把[ɔ]说成一个显著央化的变体,尤其是在[ʁ]的前面,这一元音在以下标音文本中写作[ɔ̈]。有些发音人的两个低元音[a]和[ɑ]也对立;我们的发音人只有一个低元音[a],舌位在中间。弱性元音[ə]也是一个中元音,略圆唇。

i	si	*si*	如果		u	su	*sous*	在……下面
e	se	*ses*	他/她的(pl)		o	so	*sot*	傻的
ɛ	sɛ	*sait*	知道		ɔ	sɔʁ	*sort*	命运
	sɛʁ	*serre*	温室					
y	sy	*su*	已知的					
ø	sø	*ceux*	这些					
œ	sœʁ	*soeur*	姐姐					
ə	sə	*ce*	这					
a	sa	*sa*	他/她(f)					

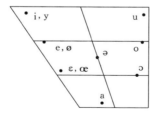

某些发音人在少数词里保留了长元音和短元音的对立,但是大部分发音人不再保留任何音长对立。

鼻化元音(nasalized vowel)。传统上讲,法语有 4 个区别明显的鼻化元音:[ɛ̃]、[ɑ̃]、[ɔ̃]和[œ̃]。不过,本文发音人说[ɛ̃]而不说[œ̃],其他许多人也是如此。

元音[ɛ̃]的发音在舌位和唇位上与相应的口元音[ɛ]很相似;不过,有几项调音研究(例如,Zerling,1984;Lonchamp,1988)认为[ɑ̃]和[ɔ̃]在音质上就不同于口元音[ɑ]和[ɔ]。[ɑ̃]和[ɔ̃]的舌位相近,主要的调音区别在于[ɔ̃]的圆唇度更大。这些作者还认为用别的符号可能更适合这两个元音的标音,但是我们保留了传统的用法,因为该项提议尚未获得广泛的认同。

ɑ̃	sɑ̃	*sans*	没有
ɔ̃	sɔ̃	*son*	他/她的(m, sg)
ɛ̃	sɛ̃	*saint*	圣人

辅音

	双唇音	唇齿音	齿音	腭-龈音	硬腭音	软腭音	小舌音
爆发音	p　b		t　d			k　g	
鼻　音	m		n		ɲ	(ŋ)	
擦　音		f　v	s　z	ʃ　ʒ			ʁ
边近音			l				

	硬腭音	唇-腭音	唇-软腭音
中近音	j	ɥ	w

p	pu	*pou*	虱子		f	fu	*fou*	疯狂的
b	bu	*boue*	泥		v	vu	*vous*	你们(pl)

t	tu	*tout*	所有		s	su	*sous*	在……下面
d	du	*doux*	甜的		z	zo	*zoo*	动物园
k	ku	*cou*	脖子		ʃ	ʃu	*chou*	甘蓝
g	gu	*goût*	味道		ʒ	ʒu	*joue*	脸颊
					ʁ	ʁu	*roue*	车轮
m	mu	*mou*	软的		l	lu	*loup*	狼
n	nu	*nous*	我们（主、宾格）					
ɲ	aɲo	*agneau*	羔羊		w	swɛ̃	*soin*	关心
ŋ	paʁking	*parking*	停车场		j	sjɛ̃	*sien*	他/她的
					ɥ	sɥɛ̃	*suint*	羊毛脂

　　法语的浊塞音是典型的全浊音；清塞音不送气。在高元音前，塞音后面经常有短暂的送气和/或摩擦。软腭鼻音只出现在借词（通常是英语）的词尾位置上。

　　法语有一个 r 类音（rhotic），其发音在不同的人和不同的语音环境中有很大差异。本文发音人使用的是小舌擦音[ʁ]，它有时弱化为近音[ʁ̞]，尤其是在词尾位置时；它也可以是清音（见标音文本的例子），在某些词尾位置弱化脱落。其他人读小舌颤音[ʀ]的情况也相当普遍，某些方言里还出现舌尖颤音[r]。元音在这种音段前常常变长。

　　近音[w]、[ɥ]和[j]分别对应于高元音[u]、[y]和[i]。有少量近音与相应元音对立的最小对立对子，但是也有很多情况下它们是自由变体。[j]和[i]的对立主要出现在词尾位置，例如，[abej] *abeille*"蜜蜂"与[abei] *abbaye*"修道院"。

　　词尾辅音一般要除阻，而且为了与普遍的开音节偏好一致，当后面跟着元音起首词（*enchaînement*）的时候，它们通常会重复音节作为起始。辅音前不发音的潜在词尾辅音只有在同一韵律段的元音前时才发音，这一过程被称为连读增音（liaison），也作用于典型的开音节模式（open-syllable pattern）。

韵律

尽管法语经常被描写为重音在词尾音节，但是在连续话语中，这一点被一组词的末音节的重调（意群或者调群，讨论见Vaissière，1992）所取代。

录音文本标音

本文采用的标音方式相对来说是严式标音，反映录音片段所使用的特定发音。

la biz e lə sɔlɛ^j sə dispytɛ ‖ ʃakɛ̃ asyʁɑ̃ kilɛtɛ lə ply fɔʁ ‖ kɑ̃t ilzɔ̃ vy ɛ̃ vwajaʒœ ki savɑ̃sɛ ‖ ɑ̃vlope dɑ̃ sɔ̃ mɑ̃to ‖ iː sɔ̃ tɔ̃be dakɔ̃ʁ kə səlɥi ki aʁivʁɛ ləpʁəmje a lə lɥi fɛʁote ‖ səʁə ʁəgaʁde kɔm lə ply fɔʁ ‖ alɔ̃ʁ la biz sɛ miz a sufle də tut se fɔʁs ‖ mɛ ply ɛl suflɛ ply lə vwajaʒœʁ sɛʁɛ sɔ̃ mɑ̃totuʁ də lɥi ‖ finalmɑ̃ ɛl ʁənɔ̃sa lə lɥi fɛʁote ‖ alɔ̃ʁ lə sɔlɛ^j kɔmɑ̃sa bʁije ‖ e o bu dɛ̃ mɔmɑ̃ lə vwajaʒœ ʁeʃofe ota sɔ̃ mɑ̃to ‖ ɛ̃si la biz dy ʁəkɔnɛt kə lə sɔlɛ^j ɛtɛ lə ply fɔʁ.

正字法版本

La bise et le soleil se disputaient, chacun assurant qu'il était le plus fort. Quand ils ont vu un voyageur qui s'avançait, enveloppé dans son manteau, ils sont tombés d'accord que celui qui arriverait le premier à le lui faire ôter serait regardé comme le plus fort. Alors, la bise s'est mise à souffler de toutes ses forces, mais plus elle soufflait, plus le voyageur serrait son manteau autour de lui. Finalement, elle renonça à le lui faire ôter. Alors, le soleil commença à briller et au bout d'un moment le voyageur, réchauffé, ôta son manteau. Ainsi, la bise dut reconnaître que le soleil était le plus fort.

致谢

第一作者得到了 *Allocation de recherché M.R.T.*给予 *D.E.A. de phonétique de Paris* 的资助。

参考文献

DELATTRE, P.(1966). *Studies in French and Comparative Phonetics*. The Hague: Monton.

LÉON, P. (1992). *Phonétisme et prononciations du français*. Paris: Nathan.

LONCHAMP, F.(1988). *Étude sur la production et la perception de la parole, les indices acoustiques de la nasalité vocalique, la modification du timbre par la fréquence fondamentale.* Thèse de Doctorat d'État, Université de Nancy II.

VAISSIÈRE, J.(1992). Rhythm, accentuation and final lengthening in French. In Sundberg, J., Nord, L. and Carlson, R.(editors), *Music, Language, Speech and Brain* (Stockholm: Wenner-Gren International Symposium Series 59), 108—20.

ZERLING, J-P.(1984). Phénomènes de nasalité et de nasalisation vocaliques: étude cinéradiographique pour deux locuteurs. *Travaux de l'Institut de Phonétique de Strasbourg* 16, 241—66.

加利西亚语

XOSÉ L. REGUGEIRA

Instituto da Lingua Galega and Dept. de Filoloxía Galega
University of Santiago de Compostela，15703 Santiago，Spain

　　加利西亚语属于罗曼斯语族,与葡萄牙语关系密切。该语言分布在伊比利亚半岛西北部边远地区。由于历史的原因,自中世纪末开始,西班牙人对该地区施加了很强的政治和文化影响,直至今日,在加利西亚省依然有少数有地位的市民使用西班牙语,而其余的人仍以加利西亚语作为他们的母语。该语言正处在变迁过程中,口语里有大量的西班牙语借词。不过,近几十年来,加利西亚语与西班牙语一起被确认为加利西亚省的官方语言,经历了语言规范化和社会复苏的进程。

　　这里描写的语言变体是加利西亚语的口语,发音人是一位中年男子,他的发音可代表受过教育的城市居民所讲的非正式变体。

辅音

	双唇音	唇齿音	齿音	龈音	龈后音	硬腭音	软腭音
爆发音	p　b		t　d			ɟ	k　g
塞擦音					t͡ʃ		
鼻　音	m			n		ɲ	ŋ
颤　音				r			
拍　音				ɾ			
擦　音		f	θ	s̺	ʃ		
近　音						j	w
边近音				l			

该语言的一些变体显示出两种对立的边音（特别在年纪稍大的人中），一种是龈边音[l]，另一种是硬腭边音[ʎ]。不过，大多数说话人中，特别是城市居民和年轻人中，硬腭边音[ʎ]被硬腭浊爆发音[ɟ]替代，参见上表。

在西部加利西亚语方言中，仅有一个舌叶-龈清擦音[s]，而没有/θ/和/ʂ/。这种现象被称为 *seseo*（Fernandez Rei，1991：189～215）。另外一种方言特征被称为 *gheada*，主要分布在加利西亚语地区的西半部；这种方言特征的构成中缺乏软腭清爆发音/g/，取而代之的是一组清擦音变体，包括咽音[ħ]、小舌音[χ]、软腭音[x]和声门音[h]。标准加利西亚语，包括这里描写的各种语音，都没有这些变体。

p	'papo	*papo*	颌	ʃ	'ʃa	*xa*	已经
b	'bimbjo	*vimbio*	柳条	m	'mĩmo	*mimo*	拥抱(n)
t	'tin̪ta	*tinta*	墨水	n	'nẽno	*neno*	小孩
d	'don̪do	*dondo*	软的	ɲ	'aɲo	*año*	羊羔
ɟ	'aɟo	*allo*	大蒜	ŋ	'uŋa	*unha*	一，一个
k	'kuko	*cuco*	布谷鸟	r	koˈrer	*correr*	跑(v)
g	'gaŋga	*ganga*	讨价还价	ɾ	'owɾo	*ouro*	黄金
t͡ʃ	't͡ʃut͡ʃo	*chucho*	吻	l	'liŋgwa	*lingua*	语言
f	'fɔfo	*fofo*	松弛的	j	'baja	*vaia*	走(subj)
θ	'θin̪θa	*cinza*	灰	w	'bow	*vou*	我走
ʂ	'ʂiʂo	*siso*	机智				

近音[j]和[w]可出现在元音的后面形成序列，例如[ew]、[ow]、[ej]、[oj]等。虽然在加利西亚语的大部分语音描写中这些

音被称为复合元音，但是本文认为它们是元音加辅音的序列，而不是两个元音的序列。

元音

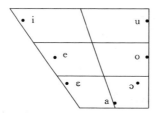

元音的鼻化并不形成对立音位，但任何与鼻音相连的元音都可能完全地或部分地鼻音化。当元音出现在两个鼻音之间时，该元音受到的鼻音化影响最大。在本文的例词中，这种语音序列的鼻音化是一种系统性现象。（记音材料中标出了发音人所有的鼻化元音，即不光只标出 NVN 情况下的鼻化元音。）

i	ˈbiɾ	*vir*	来	ɔ	ˈnɔş	*nós*	我们
e	ˈteɾ	*ter*	有	o	ˈkoro	*corro*	我跑
ɛ	ˈbɛro	*berro*	呼喊(n)	u	ˈduɾo	*duro*	坚硬的
a	ˈpa	*pa*	铁铲				

重音

　　加利西亚语的重音可以落在一个词最后三个音节中的任何一个上。如果该词是以闭音节收尾，通常情况下，重音就位于该音节上，例如：*final* [fiˈnal]"结束"，*roncón* [ronˈkoŋ]"风笛的笛管"，*armar* [aɾˈmaɾ]"武装"。某些借词和书面词的重音位于倒数第二个音节上，例如：*revólver* ［re'βolβer］"左轮手枪"，*dolmen* ［'dɔlmẽŋ］"史前墓石牌坊"，*útil* ［'util］"有用的"。如果以开音节收尾，重音正常情况下位于倒数第二个音节上，例如：*casa* ［'kaṣa］"房子"，*home* ［'ɔme］"男人"，*carballo* ［kar'βaɟo］"橡树"，*edificio* ［eði'fiθjo］"建筑物"。不过，其中有些词是以重读元音结尾的，例如：*avó* ［a'βo］"祖父"，*alá* ［a'la］"那儿"。所有动词第三人称单数的将来时态都符合这个规律：*cantará* ［kaṇta'ra］"将演唱"，*lerá* ［le'ra］"将阅读"，*virá* ［bi'ra］"将来到"。因此该语言系统中有一些重音位置对立的最小对子，例如：*revólver* ［re'βolβer］"左轮手枪"与 *revolver* ［reβol'βer］"混合"；*cantara* ［kaṇ'tara］"演唱了（主格）"与 *cantará* ［kaṇta'ra］"将演唱"。

　　以两个开音节结尾的词，重音位于倒数第三个音节上，例如：*cóbado* ［'koβaðo］"肘"，*lóstrego* ［'loṣtreɰo］"闪电"，*médico* ［'meðiko］"医生"，*lóxico* ［'loʃiko］"合理的"，*cálculo* ［'kaʈkulo］"计算"。

规则

　　上述辅音表中的辅音/b d g/只有在停顿之后或鼻音之后（也包括边音后的［d］）读为爆发音，在其他位置它们分别读为近音变体［β ð ɰ］。因此，其在 *veciño* ［be'θiɲo］"邻居"、［um be'θiɲo］"一位邻居"中发的是爆发音，而在 *o veciño* ［o βe'θiɲo］"那位邻居"、*mal veciño* ［malβe'θiɲo］"坏邻居"以及 *ter veciño* ［terβe'θiɲoṣ］"有邻居"中发的却是近音。

　　音节末鼻音的发音部位没有对立，并被后一音节的首辅音同化，例如：*inferno* ［iɱ'fɛrno］"地狱"，*enredar* ［enre'ðar］"卷入"，*ancho* ［'anʲt͡ʃo］"宽，广"，*nunca* ［'nũŋka］"从不"；在停顿之前或在

元音起首的词之前的总是软腭鼻音[ŋ]，例如：*non* [nõŋ]"不，不是"，*son un home* [ˈs̺oŋ ũŋ ˈɔme]"我是男人"。在少数词中，软腭鼻音也可以出现在元音之间，例如，*unha* [ˈuŋa]"一，一个"，*algunha* [aɫˈɰuŋa]"一些"（阴性），*ningunha* [nĩŋˈguŋa]"不，没有"，此处，发音部位是区别性的：*unha* [ˈuŋa]"一，一个"与 *una* [ˈuna]"参加"（主格）、*uña* [ˈuɲa]"钉子"（Álvarez，Regueira & Monteagudo，1995：33）。不过，某些研究者的加利西亚语音位表中不包括[ŋ]，他们认为软腭音的出现是由音节停顿的位置决定的：[ˈuŋ.a]与[ˈu.na]（Veiga，1976：105～107；Castro，1989：144～155）。本文的描写倾向于把/ŋ/作为一个独立的音位。

与鼻音相似，音节末尾的边近音的发音部位也受后随的齿音、硬腭音或软腭音的影响，例如：*alto* [ˈal̪to]"高"，*colcha* [ˈkol̺ʲt͡ʃa]"床罩"，*algo* [ˈaɫɰo]"某事，某物"。在其他情况下，边近音的发音为[l]。

处于音节末尾的擦音/θ/和/s̺/在浊辅音前会部分浊音化或完全浊音化，例如：*dez meses* [ˈdɛθ̬ˈmes̺es̺]˜[ˈdɛð ˈmes̺es̺]"十个月"，*tres meses* [ˈtɾez̺ ˈmes̺es̺]"三个月"；它们在其他情况下则为清音。央低元音/a/与软腭辅音相邻时，实际为后低元音[ɑ]。

录音文本标音

o ˈβ̞e̞n̺to ð̞o ˈn̺ɔɾte ɛ majlo ˈs̺ol | porfiˈaβ̞ãŋ s̺oβ̞ɾe kaḻ ˈdeles̺ ˈɛɾa o majs̺ ˈfɔɾte | kã̠n̺do kaˈð̞ɾow ð̞e paˈs̺aɾ ūm biaˈʃejɾo mˈbɔl̺to nū̃ŋa ˈãmpla ˈkɑpa ‖ kõmbiˈɲeɾoŋ ẽŋ ke o ke ˈan̺tes̺ kõŋs̺eˈɰiʃe faˈθeɾʃe kiˈtala ˈkɑpa ɔ β̞iaˈʃejɾo s̺eˈɾia kõŋs̺ið̞eɾað̞o̞ː majs̺ ˈfɔɾte ‖ o ˈβ̞e̞n̺to ð̞o ˈn̺ɔɾte s̺oˈpɾow kõŋ grãm ˈfuɾʃa | ɛ ˈkɑn̺to majs̺ s̺oˈpɾaβ̞a majs̺ s̺e mbol̺ˈβ̞i ɔ β̞iaˈʃejɾo na ˈs̺ua ˈkɑpa ‖ finalˈmẽn̺te | o ˈβ̞e̞n̺to ð̞o ˈn̺ɔɾte aβ̞an̺doˈnow o ˈs̺ew ẽmˈpeɲo ‖ en̺toŋ o ˈs̺ol ken̺ˈtow kõm ˈfoɾθa | ɛ ĩ̠ɲmeð̞jataˈmẽn̺te o β̞iaˈʃejɾo s̺aˈkow a ˈkɑpa ‖ ɛ ð̞aˈkela | o ˈβ̞e̞n̺to ð̞o ˈn̺ɔɾte ˈtiβ̞o ke rekoɲeˈθela s̺uperjoɾiˈð̞að̞e ð̞o ˈs̺ol ‖

正字法版本

O vento do norte e mailo sol porfiaban sobre cál deles era o máis forte，cando cadrou de pasar un viaxeiro envolto nunha ampla capa. Convi ñeron en que o que antes conseguise facerlle quita-la capa ó viaxeiro sería considerado o máis forte. O vento do norte soprou con gran furia，e canto máis sopraba máis se envolvía o viaxeiro na súa capa；finalmente o vento do norte abandonou o seu empeño. Entón o sol quentou con forza e inmediatamente o viaxeiro sacou a capa. E daquela o vento do norte tivo que recoñece-la superioridade do sol.

致谢

我要感谢 Xose Ramón Varela 倡导撰写本文，以及他对本文写作提供的帮助和建议，还要感谢他以及 John Barlow 翻译了本文。

参考文献

ÁLVAREZ，R.，REGUEIRA，X. L. AND MONTEAGUDO，H.(1995). *Gramática galega*，6th edition. Vigo：Galaxia.

CASTRO，O.(1989). *Aproximación a la fonología y morfología gallegas*. Dissertation，Georgetown University. Ann Arbor：University Microfilms International，1991.

FERNÁNDEZ REI，F.(1991). *Dialectoloxía da lingua galega*，2nd edtion. Vigo：Xerais.

VEIGA，A.(1976). *Fonología gallega*. Valencia：Bello.

德　　语

KLAUS KOHLER

Institut für Phonetik, Olshausenstraße 40, D -2300 Kiel, Germany

　　本文描写的言语风格代表德国北部许多受过教育的德国人的语音。语音资料是一位 62 岁发音人的口语风格的录音。

辅音

	双唇音	唇齿音	齿音	龈音	龈后音	硬腭音	软腭音	小舌音	声门音
爆发音	p　b			t　d			k　g		ʔ
鼻　音	m			n			ŋ		
擦　音		f　v	s　z	ʃ　ʒ	ç		χ　ʁ	h
近　音						j			
边近音				l					

　　辅音表所列音位中，[ç]、[χ]和[ʔ]可以排除。如果语素的边界有标记，这几个语音的分布可以从上下文推断出来（参见下文规则一节）。例如，*Frauchen*"小女人"与 *rauchen*"吸烟"之间的区别在于：前者为[ˈfʁauçən]，而后者为[ˈʁauχən]。这是因为前者中的[ç]是小称后缀-*chen* 的起始辅音，而后者中的[χ]是词干语素*rauch*-中后元音之后的尾辅音。所以基于不同的分布位置和环境，可以说[ç]和[χ]是音位/x/的变体。不过，国际音标标音常见的情况是缺少这类语素信息，这样辅音音段之间的差别就必须用符号

来表示。同样地，[fɐˈʔaɪzən] *vereisen* "冰冻"和[fɐˈʁaɪzən] *verreisen* "旅行"展现了[ʔ]和[ʁ]在相同音段环境下词形变化上的对立。如果把前缀 *ver-* 之后的词干 *-eis-* 与 *reis-* 的语素结构考虑在内的话，才可能自动推断[ʔ]的出现；否则，需要标出[ʔ]音。

p	*passe*	跳跃(1 sg)	t	*Tasse*	杯子	k	*Kasse*	收银台
b	*Baß*	低音	d	*das*	那个	g	*Gasse*	小路
m	*Masse*	大量	n	*nasse*	潮湿的	ŋ	*lange*	长的
f	*fasse*	捕获(1 sg)	s	*reiße*	撕开(1 sg)	ʃ	*rasche*	快的
v	*Wasser*	水	z	*reise*	旅行(1 sg)	ʒ	*Garage*	车库
ç	*dich*	你	χ	*Dach*	屋顶	h	*hasse*	恨(1 sg)
j	*ja*	是	ʁ	*Rasse*	种族	l	*lasse*	让(1 sg)

元音

单元音 二合元音

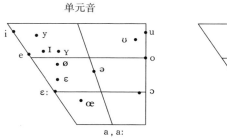 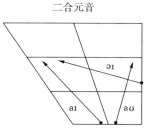

i	*bieten*	提供	y	*hüten*	守卫	u	*sputen*	赶紧
ɪ	*bitten*	请求	Y	*Hütten*	小屋(pl)	ʊ	*Butten*	黄油
e	*beten*	祈祷	ø	*Goethe*	歌德(名字)	o	*boten*	提供了(1 pl)
ɛ	*Betten*	床(pl)	œ	*Götter*	神(pl)	ɔ	*Botten*	木底鞋(pl)

ɛː	*bäten*	如果他们请求							
			a	*hatten*	有了（l pl）				
			aː	*baten*	请求了（l pl）				
			ə	*Beute̲*	战利品（sg）				
aɪ	*beiden*	两个,两者（l pl）	ɔɪ	*Beuten*	战利品（pl）		aʊ	*bauten*	修建了

重音

在 复 合 词 中，"ˈ"表 示 重 音，"ˌ"表 示 次 重 音，例 如：
[ˈʃɔɛnʃtainˌfeɐ] *Schornsteinfeger* "扫烟囱的工人"。

规则

在同一个词中，当/p, t，k/前不是擦音（如［ˈʃtat］ *Stadt* "城镇"），或后面不是音节性鼻音（如［ˈlaitn̩］ *leiten* "引导"）时，/p, t, k/读作送气音；在重读元音前为强送气音,在非重读语法词中为弱送气音。

/ʁ/处在元音之间时为近音（例如，*Herren* "绅士"）；在清爆发音和清擦音之后,特别是处在同一个词中时，发生清音化（例如，在 *trat* "踢了"中是完全的清音［χ］）；夹在元音和辅音或词尾间的/ʁ/读作［ɐ］，形成二合元音（例如，［ˈhaɐt］ *hart* "硬的"，［ˈoɐ］ *Ohr* "耳朵"，见下面的元音图示）；词尾 -*er* 读作［ɐ］（例如，［ˈbʊtɐ］ *Butter* "黄油"）；辅音的发音部位从小舌（例如，*rot* "红"）到软腭（例如，*treten* "踢"）各不相同,取决于后元音或前元音环境。

除了非重读语法词之外，词和词干首元音的前面带声门塞音（例如，［ɛɐˈʔaɐbaitn̩］ *erarbeiten* "通过工作实现"）。

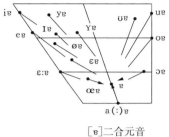

[ɐ]二合元音

　　在同一语素中，[ç]出现在前元音和辅音之后，也出现在语素起首位置（例如，[çe'mi] *Chemie* "化学"，[çən] -*chen*＝小称后缀）。[χ]出现在后低元音之后（例如，['baχ] *Bach* "小溪"，['dɔχ] *doch* "然而"）；后高和后半高紧元音之后用[x]而不用[χ]（例如，['bux] *Buch* "书"，['hox] *hoch* "高的"）。

　　在高/低元音对子中，在相同的重读和上下文条件下，元音越高读音越长一些；在非重读位置，高元音变短，以保持它们的高元音音质，例如，[mo'ʁaːl] *Moral* "道德的"，[fy'zik] *Physik* "物理学"，但后一个规则并不适用于非重读语法词（例如，[ybɐ] *über* "在……上方"）。

录音文本标音

aɪns 'ʃtʁɪtn zɪç 'nɔɐtvɪnt ʊn 'zɔnə, veɐ fən im 'baɪdn vol dɐ 'ʃteɐkəʁɐ veɐə, als aɪn 'vandəʁɐ, deɐ ɪn aɪn 'vaɐm 'mantl gə,hʏlt vaɐ, dəs 'vegəs da'heɐkaːm. zɪ vʊɐdn 'aɪnɪç, das 'deɐjenɪgə fʏɐ dən 'ʃteɐkəʁən ,geltn zɔltə, deɐ dən 'vandəʁɐ tsvɪŋŋ vʁɐdə, zaɪm 'mantl 'aptsu,nemm. deɐ 'nɔɐtvɪn 'blis mɪt 'alɐ 'maχt, abɐ je 'meɐ ɛɐ 'blis, desto 'festə 'hʏltə zɪç dɐ 'vandəʁɐ ɪn zaɪm 'mantl aɪn. 'ɛntlɪç gaːp dɐ 'nɔɐtvɪn dən 'kampf 'aʊf. nun ɛɐ'vɐɐmtə dɪ 'zɔnə dɪ 'lʊfp mɪt iɐn 'fʁɔɪntlɪçn 'ʃtʁaːln, ʊn ʃonaχ 'venɪgŋ 'aʊgŋ,blɪkŋ tsok dɐ 'vandəʁɐ zaɪm 'mantl aʊs. da mʊstə dɐ 'nɔɐtvɪn 'tsugebm, das dɪ 'zɔnə fən im 'baɪdn dɐ 'ʃteɐkəʁɐ vaɐ.

正字法版本

Einst stritten sich Nordwind und Sonne, wer von ihnen beiden wohl der Stärkere wäre, als ein Wanderer, der in einen warmen Mantel gehüllt war, des Weges daherkam. Sie wurden einig, daß derjenige für den Stärkeren gelten sollte, der den Wanderer zwingen würde, seinen Mantel abzunehmen. Der Nordwind blies mit aller Macht, aber je mehr er blies, desto fester hüllte sich der Wanderer in seinen Mantel ein. Endlich gab der Nordwind den Kampf auf. Nun erwärmte die Sonne die Luft mit ihren freundlichen Strahlen, und schon nach wenigen Augenblicken zog der Wanderer seinen Mantel aus. Da mußte der Nordwind zugeben, daß die Sonne von ihnen beiden der Stärkere war.

豪 萨 语

RUSSELL G. SCHUH AND LAWAN D. YALWA

Department of Linguistics, UCLA, 405 Hilgard Avenue, Los Angeles,
CA 90095-1543, USA

　　本文描写的豪萨语是以尼日利亚卡诺地区的语言变体为基础的。标音文本转写自一个生活在卡诺当地的将近 40 岁的男性的录音。这种语言变体被认为是"标准"豪萨语。尽管卡诺市是一个非常大的都市中心,且在语音方面存在着一些内部差别,但是市区和周围地区的语音系统相对较为一致。在国家和地区的无线电和电视广播的用语方面,卡诺豪萨语是使用最多的语言变体,还有很多如国际广播电台 BBC、德国之声、莫斯科广播电台以及美国之音也使用该变体。因此,在尼日利亚豪萨语区以及尼日尔、加纳和尼日利亚北部之外的地区,卡诺豪萨语都为人们所熟悉。豪萨语有一个标准的正字法,从 1930 年代开始使用,并以卡诺方言为基础。所有说豪萨语的有读写能力的人都熟悉这套罗马化的正字法。(许多豪萨人也使用阿拉伯语正字法,曾用这种变体书写豪萨语达几个世纪。用于豪萨语的阿拉伯语正字法不及罗马正字法标准,几乎没有正式出版的文献。)

元音

　　从音系上看,豪萨语有 10 个元音,即 5 个长元音和 5 个短元音,长元音和短元音对立。5 个长元音大致可用 5 个正则元音 [i, e, a, o, u] 表示。不考虑语境的话,长元音的发音相对比较稳

131

定,并且在时长上总是比相应的短元音要长一些。5个短元音之后有停顿时,也大致相当于相应的正则元音,但是处于词中位置(如果后面没有停顿,那么是处于词中和词尾位置)时,它们会受到周围语音环境的强烈影响,包括前、后的辅音和邻接音节中的元音。短元音/i/可能的变化范围是[i˜ɪ˜ɨ],而短元音/u/可能的变化范围是[u˜ʊ˜ʉ]。在正常会话中,词中位置的短高元音常常中和为央化的高元音,至于圆唇与否,则取决于语音环境。下文元音表中,短高元音是多种发音的折中形式。短元音/a/是相对低的央元音,舌位前后或圆唇与否都取决于语境。在下面的标音文本中,短/a/总是记为[ə],但是应当理解为它代表了从低到中间区域的一系列发音部位。词中位置的短/e/和短/o/与短/a/中和了。因此,[zoːbèː]"戒指"和[reːʃèː]"分支"的复数形式(延长第二个辅音,并把词末元音变为[aː])分别是[zə̀bbaː]和[râssaː]。关于豪萨语元音可变性的讨论参见 Parsons(1970)。关于声调的标记参见下文实例文本的注释部分。正字法形式用斜体字表示:

iː	kʲiːɽà	*ƙira*	锻造(n)
eː	kʲeːɽà	*ƙera*	锻造(v)
aː	kʼaːɽà	*ƙara*	增加(v)
oː	kʷoːɽà	*kora*	追赶(v)
uː	kʷʼùːɽà	*ƙura*	灰尘
i	kʲiɽà	*kira*	呼唤
e	tàːɽe	*tare*	一起
a	kaɽà	*kara*	茎,柄
o	gʷoːrò	*goro*	可乐果
u	kʷʼuɽà	*ƙura*	凝视(v)

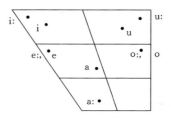

辅音

	双唇音	龈音	龈后音	硬腭音	腭化软腭音	软腭音	唇化软腭音	声门音
爆发音 &塞擦音	b	t　d	tʃ　dʒ		kʲ　gʲ	k　g	kʷ　gʷ	ʔ
内爆音 &外挤气塞音 & 塞擦音	ɓ	ts'　ɗ	(tʃ')	ʄ	kʲ'	k'	kʷ'	
鼻音	m	n						
擦音	ɸ	s　z	ʃ					h
拍音/颤音		r ɽ						
近音	w			j				
边近音		l						

　　爆发音和塞擦音：词首清爆发音和清塞擦音适度送气。我们手头没有相应浊音词的嗓音起始时间数据。各类软腭音中，常规软腭音/腭化软腭音/唇化软腭音的对立在圆唇元音之前消失，都中和为唇化软腭音，例如，[kʷoːɽaː] kora "癣"，但是没有对立的 *[koːɽaː]或者*[kʲoːɽaː]。常规软腭音/腭化软腭音的对立在前元音之前中和为腭化软腭音，例如，[kʲiːʃiː] kishi "嫉妒"，但是没有对立的 *[kiːʃiː]。唇化软腭音在前元音之前与常规软腭音/腭化软腭音形成对立，例如，[kʷiːɓiː]"身体侧面"。声门塞音与其他辅音在词中形成对立。在标准正字法中，以元音开头的词的前面都带有声门塞音，例如，[ʔaːjàː] aya "《古兰经》诗句"，并且也可以作为停

顿前的短元音的中止音，例如，[gʷoːròʔ] *goro* "可乐果"。关于这些的讨论和其他声门音音位的讨论参见 Carnochan(1952)。

			t	taːɽàː	集合(v)	k	kaːɽàː	用幕隔开(v)

（此处为多列音标对照表，按阅读顺序整理如下）

符号	示例	释义		符号	示例	释义		符号	示例	释义
				t	taːɽàː	集合(v)		k	kaːɽàː	用幕隔开(v)
b	bàːɽa	去年		d	daːɽàː	笑(v)		g	gaːɽa	结婚礼物
				tsʼ	tsʼaːɽàː	安排(v)		kʼ	kʼaːɽàː	增加(v)
ɓ	ɓaːɽà	剥(v)		ɗ	ɗaːnàː	测量(v)				
m	maːɽàː	腹部		n	naːmàː	肉				
ɸ	ɸaːɽàː	开始(v)		s	saːɽàː	挖掘(v)				
				z	zaːnàː	拉(v)				
				r	raːɽàː	鞭打(v)				
				ɽ	ɽaːna	太阳				
				l	laːkaː	泥				
				tʃ	tʃaːɽa	啼叫		kʲ	kʲaːwù	仁慈
				dʒ	dʒaːrì	资产(pl)		gʲ	gʲaːɽà	修理(v)
				(tʃ	tʃàːda	昂贵的)		kʲʼ	kʲʼaːɽa	草
				ʃ	ʃàːɽa	扫除				
w	waːɽàː	选出(v)		j	jàːɽa	孩子们				
				jʼ	jʼaːjʼa	后代				
								kʷ	kwaːɽàː	倾注(v)
								gʷ	gʷàːno	臭蚁
								kʷʼ	kʷʼaːɽàː	乳木果(pl)
								ʔ	saːʔàː	时间
								h	haːdʒàː	货物

内爆音、外挤气塞音和塞擦音：发/ɓ，ɗ/时声门处有震动。Ladeforged(1968:16)把这两个音素分别记录为[ʔb，ʔd](译注：原

文"dʔ"应为"ʔd"），并做了说明："这两个音素在一定场合下伴随内爆破；但是它们总是通过咽音化与相对应的浊爆发音相区别。"我们尚未发表的实验研究表明这些辅音有稳定而强烈的内爆破。其中一项是这类辅音的产生取决于说话者个人以及可能的语流速度。上述的[tsʼ]的范围从带有清晰的爆破成分的外挤气龈塞擦音到外挤气擦音[sʼ]——在卡诺方言中，该音趋向于读作塞擦音。有些方言（不包括卡诺方言）有龈后外挤气塞擦音[tʃʼ]，与龈塞擦音或擦音形成对立。至于软腭外挤气音[kʼ, kʲʼ, kʷʼ]在分布上受其后面的元音影响的情况，与上文讨论过的肺部气流软腭音受元音影响的情况相同。最后，大多数方言（包括卡诺方言）都有腭化声门塞音[ʔʲ]。这表明[ʔʲ]是历史上[ɗij]紧缩的结果，有些方言目前仍然保留了最初的发音形式，例如，索科托方言 [ɗijaː]"女儿"，卡诺方言 [jʼaː]（书面文字分别是ɗiya 和ʼya）。

　　鼻音：豪萨语仅有两个对立的鼻音，即/m, n/。在语音层面上，豪萨语中还有[ɲ, ŋ]。硬腭鼻音[ɲ]的正字法形式是ny，代表了正确的语音分析，举个例子，hanya"路"，其音位音节界限位于n和y之间（复数形式为hanyoyi，只有y是重复的；如果ny代表的是一个音位单位的话，那么在这个复数形式里重复的应该是ny）。在软腭音、声门音以及唇-软腭近音[w]之前，/n/读作软腭鼻音[ŋ]，例如，[səŋkʼoː]"秃顶"，[səŋhòː]是一种篮子，[kəŋwaː]"碳酸钾"（正字法形式分别是sanƙo、sanho、kanwa）。当位于停顿之前时，软腭鼻音也是一种常见的变体（对一些人来说或许比较普遍），例如，[wənnə̀ŋ]"这个"，[mùtũŋ]"人"（正字法形式分别是wannan、mutum）。

　　擦音：在卡诺和其他许多方言里，清唇音音位只有一个双唇擦音[ɸ]，在正字法中用 f 表示。尽管如此，这个音位的发音有很多方言的和个体的变体。一些人倾向于把它发为双唇爆发音[p]。也有人读作擦音[f]的唇齿音变体，以及收缩程度不等的双唇变体。在某些方言，特别是北部和西部方言里，完全没有清唇音，取而代之的是常态的声门擦音和唇音化的声门擦音[hʷ]，前者的条件是位于前元音之前，例如：[hi]"超越(v)"（卡诺方言为：[ɸi, fi, pi]）；后者的条件是除上述条件之外的其他环境，例如：[hʷaːɽàː]"开始(v)"（卡诺方言的案例见上文）。

　　拍音/颤音：大部分豪萨人都能区别出齿龈部位的两个拍音，即[r, ɽ]。第一个是"典型颤音 r"，世界很多语言都有。如果是形态学目的的倍音，这个拍音最少也会有一次轻拍(tap)，但经常是多次反复轻拍，特别在词首或词尾位置，以及在强制性的情况下。[ɽ]是卷舌闪音，发音原理是舌尖在齿龈脊附近轻弹。Newman(1980)就此做了极其广泛的讨论，即有关豪萨语中这些音的地位、分布以及历史渊源。Ladefoged(1968:30)是第一个从实验语音学层面上对这些音进行研究的人，尽管他注意到发音的差别，他说："我确实不能找到这两个音在声学层面上的差别。"尽管这两个音不是单一的最小对立语音单位，但是它们是明显对立的，例如，[bərà ː]"请求"和[bəɽàː]"仆人"（二者的正字法形式都是 bara），但是只用一个对立对子(上例)解释轻拍一次的模式(one tap mode)，它们之间的差别是很难区分的。不过，当它们通过某种形态学方法来延长自身属性时，长音变体几乎就没有调音的或声学的相似性。这里有个对子，[ja: rərrəbkeː ʃi]"他鞭打他"与[ʃàːɽɽ ɽͅ ː]"打扫"（正字法形式分别是 ya rarrabke shi 与 shararre），其中长[rr]是一个龈颤音，而长[ɽɽ]是一个延长了的卷舌近音〔见 Ladefoged & Maddieson (1996)的实验数据和讨论〕。应该说明的是，在下文的实例中，这两个 r 之间的差别没有标出来。发音人的发音属于豪萨语中的少数,他的发音里只有一个单独的[r]音。

录音文本标音

　　本实例采用的标音形式是相对严式的标音,反映了标音材料独特的发音。下文标音特征说明:**(1)声调**:豪萨语有两个区别意义的声调,高调和低调。高调不标注,低调加在带调音节的元音上方,用钝音符"ˋ"表示。还有一种语音降调,只出现在重音节(CV:或 CVC)中,大多数豪萨语专家把它分析为高调,后随带低调的单音节。该降调加在带调音节的元音上方,用抑扬音符号"ˆ"表示。除了这些常规的高、低调之外,有些词类,特别是感叹词和意声词(ideophone),有超高声调现象,位于上述常规音高标准音域之上,用锐音符"ˊ"表示。豪萨语还有一种逐渐下降的语调模式,例如,在高—低—高—低序列中,后一个高调总是比前一高调在音高值上要低一些,这一规律同样也适用于低调,但是下降斜率没有高调那么明显。**(2)标点符号**:标音文本中,"|"表示较大句法段边界有意义的停顿,但在停顿之后,伴随有逐渐下降的语调。","也表示较大句法段边界有意义的停顿,但在停顿之后,会在语调层重启一个更高的语调。"."表示句子层面的边界,在它之后又开始一个新的语调。**(3)声门塞音**:上面辅音章节已做说明,[ʔ]在元音之间时与其他辅音形成对立,在标准正字法中,它总是随词首元音出现在词首位置;另外,在停顿前它出现在词尾带短元音的词里。在标音文本中,词首和词中的声门塞音都书写出来了。词尾的声门塞音只有在停顿的地方或者能清楚地听得见[ʔ]的时候,才书写出来。**(4)短元音**:如上文所述,短元音的发音深受辅音环境和邻近音节的影响,文本中短元音的标音大致属于语音性变体。

ʔɪskàː də̀ raːnaː

wətə raːnaː, də̀ ʔɪskə̀r hʊ̀ntuːrùː tə ʔərèːwə? | də̀ raːnaː sʊkə̀ ji gə̀rdəmàː ʔə̀ kə̂n koːwàːtʃeːtʃè: də̀gə̀ tʃíkɪnsù tə ɸi kʼərɸiː. tò sʊnàː tʃíkɪn wənnə̀ŋ gə̀rdəmàː | səj gàː wənɨ mətə̀fɪjiː, jaː zoː sə̀ɲɛ? də̀ r̀ːgər sə̀ɲiː. tò ʃiːkèːnən, səj ʔɪskə̀r hʊ̀ntuːrùː də̀ raːnaː sʊkə̀ ji jə̀rdʒeːdʒeːr̀ìjaː, ʔə̀ kə̂n jə̂w, zaːʔə̀ ji kʷʼ'ʊre?, dɔn ʔə̀ gə koː wàː zɔ̂j ʔijə̀ sâː mətə̀fɪjɪ̀n jə̀ tuːɓèː r̀ːgərsə̀? ʔə̀ kə̂n tiːlə̀s. tò ʃiːkèːnən, səj ʔɪskə̀r hʊ̀ntuːrùː tə buːsoː sə̀ɲɪntə̀?, də̀ kʼərɸiː | ʔijə̀ jɪntə̀ | ə̀mmaː ɪ̀nâː. səj tə kaːsə̀ sâː ʃiː wənnə̀m mətə̀fɪjiː | jə̀ kʷə̂ɓèː r̀ːgərsə̀?, dɔn kʷʊ̀wa, jaː də̀ndə̀nneː r̀ːgə̂r gə́mgə́m ʔə̀ ʝ̃ɪkɪnsə̀?. tò də̀gə̀ kʼə̀rʃeː dəj, səj ʔɪskàː tə sə̀llə̀maː, də̀gə̀ nən nèː kʷʊma, ʔɪtə raːnaː | tə ʃɪgə naːtə̀ ʔajkɪ̀ŋ. ʔaj kòː raːnaː | səj tə buːɗoː həskʲ̩ə̀ntə̀ də̀ zaːfɪntə̀ wə̀rwə́r. hə́bə̀ː | kə̂n kə̀ tʃêː mèː, səj gàː ʃi wənnə̀m mùtʊ̃m | mətə̀fɪjiː | jaː kʷə̂ɓèː r̀ːgərsàː, bâː gʲɪrmaː də̀ ʔə̀rzɨ̀kiː. gənɨŋ həkə̀ kʷʊ̀wa | səj ʔɪskàː dóːlè tə ʔəmɪ̀ntʃeː ʔə̀ kə̂n tʃêːwaː, ləlleː | raːnaː taː fiː tə̀ kʼərɸiː.

正字法版本

Iska da Rama

Wata rana, da iskar hunturu ta arewa da rana suka yi gardama a kan kowace ce daga cikinsu ta fi ƙarfi. To, suna cikin wannan gardama, sai ga wani matafiyi ya zo sanye da rigar sanyi. To, shi ke nan, sai iskar hunturu da rana suka yi yarjejeniya a kan yau, za'a yi ƙure don a ga ko wa zai iya sa matafiyin ya tuɓe rigarsa a kan tilas. To, shi ke nan, sai iskar hunturu ta buso sanyinta da ƙarfi iya yinta, amma ina?! Sai ta kasa sa shi wannan matafiyi ya kwaɓe rigarsa, don kuwa ya dandanne rigar gamgam a jikinsa. To daga ƙarshe dai, sai iska ta sallama, daga nan ne kuma, ita rana ta shiga nata aikin. Ai ko, rana sai ta buɗo haskenta da zafinta warwar. Haba! Kan ka ce me, sai ga shi wannan mutum, matafiyi, ya kwaɓe rigarsa, ba girma da arziki. Ganin haka kuwa, sai iska dole ta amince a kan cewa, lalle rana ta fi ta ƙarfi.

参考文献

CARNOCHAN, J.(1952). Glottalization in Hausa. *Transactions of the Philogical Society* 78—109. London.

LADEFOGED, P.(1968). *A Phonetic Study of West African Languages*, 2nd edtion. Cambridge University Press.

LADEFOGED, P. AND MADDIESON, I.(1996). *The Sounds of the World's Languages*. Oxford: Blackwells.

NEWMAN, P.(1980). The two R's in Hausa. *African Language Studies* 17, 77—87.

PARSONS, F.W.(1970). Is Hausa really a Chadic language? Some problems of comparative phonology. *African Language Studies* 11, 272—88.

希 伯 来 语

ASHER LAUFER

The Phonetics Laboratory，*Hebrew Language Department*，*The Hebrew University*，*Mount Scopus*，*Jerusalem 91905*，*Israel*

以色列本地的现代希伯来语主要有两种发音：东方的（Oriental）和非东方的（Non-Oriental）。使用东方发音的人一般具有近东血统，他们自己或者父母的背景中有着阿拉伯人或者阿拉姆人的一些特征。这些人可能出生在以色列，现在他们中的大多数人并不懂阿拉伯语或阿拉姆语。其余的人使用的是非东方的发音。应该指出，由于各种原因，一些"东方的以色列人"使用非东方的发音，而另外一些"非东方人"使用东方的发音。

东方的发音被"Va' ad Hallashon"（希伯来语学院之前的委员会）选为以色列的代表性的和有声望的语音。这种发音被优先用于官方的广播服务。不过，目前人们并非总是遵守这项决定。

本次录音的发音人是两位出生在以色列的人，他们接受的是希伯来语教育。使用东方发音的是一位 61 岁的女性，她的父母也出生在以色列。使用非东方发音的是一位 49 岁的男性，他的父母具有东欧血统；他们家里使用希伯来语和意第绪语。

这两种发音之间的主要区别在于辅音：东方的发音有两个咽音音位，而在非东方的发音中没有这两个音位。在非东方的发音中，/ʕ/与/ʔ/合并，/ħ/与/χ/合并。

辅音

	双唇音	唇齿音	龈音	龈后音	硬腭音	软腭音	小舌音	咽音	声门音
爆发音	p　b		t　d			k　g			ʔ
鼻　音	m		n						
颤　音			r				χ		
擦　音		f　v	s　z	ʃ　ʒ				ħ	h
近　音					j			ʕ	
边　音			l						

音位/ħ/和/ʕ/只出现在东方的发音中。

p	par	公牛	t	tar	旅行	k	kar	冷的
b	bar	野生的	d	dar	居住	g	gar	住,住了
						ʔ	ʔor	光
m	gam	也	n	gan	花园			
f	tsaf	漂浮	s	sar	部长	ʃ	ʃar	唱,唱了
			χ	maˈχar	卖了	h	har	山
v	tsav	海龟	z	zar	陌生人	ʒ	ʒaˈket	夹克
r	ram	高的	l	gal	波浪	j	jam	大海

以下是只出现在东方的发音中的音位：

ħ	maˈħar	明天	ʕ	ʕor	皮肤

　　塞擦音可看作音位单位,但也可以处理为塞音加同部位擦音组成的音段:/tsar/"狭窄的"中的/ts/；/tʃips/"碎片(pl)"中的

/tʃ/；/dʒip/"吉普车"中的/dʒ/。

元音

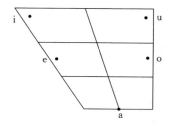

i	ħil	恐惧
e	ħel	大批
a	ħal	发生了
o	ħol	沙子，日常的
u	ħul	在国外

　　二合元音可处理为元音序列。如果该序列中的一个元音是/i/，可以解释为/j/。因此，[ei]可以理解为/ej/。

重音

　　重音有区别意义的作用。例如：/ˈbereχ/"膝盖"

　　　　　　　　　　　　　/beˈreχ/"他祝福了"

东方与非东方发音之间的差别

　　东方的发音有两个咽音——/ħ, ʕ/。一些使用东方发音的人，特别是在做礼拜阅读经文时，也会有一些咽音形式——[sˤ, tˤ, kˤ]。他们中大部分人使用长辅音，尤其是在小心且缓慢地发音时（/ˈdanu/"他们讨论了"与/ˈdannu/"我们讨论了"）。与非东方的发音相比，东方的发音还保留了传统的"易变弱性元音"（mobile schwa）。东方希伯来语的使用者经常把音位/r/读作龈颤音（或拍音[ɾ]），而在非东方的发音中，该音位经常被读作小舌近音[ʁ]（当然，有些使用非东方发音的人仍将其读作颤音）。使用非东方发音的人还把半高前元音[e]读作二合元音[ei]，但是大部分使用东方发音的人仍然读为单元音[e]。多年前这种差别是区分两种发音的标志:虽然非东方的发音区分[mo're 'dereχ]"向导"与[mo'rei 'dereχ]"向导(pl)",而东方的发音都读为[mo're 'dereχ]。有材料表明这种差别正在逐渐消失,越来越多的东方发音的使用者接受了特定词中的二合元音[ei]。

规则

　　/k/是送气音,/p, t/是轻微送气音。/b, d, g/是全浊音。在正常话语中,/ʕ/是咽近音。/ʔ/可以省略,特别是在非重读音节中。东方方言的/r/通常是龈颤音[r],但非东方方言中的/r/通常是小舌近音[ʁ]。/χ/通常是小舌清擦颤音。/n/在软腭爆发音前通常是[ŋ],在/j/前是[ɲ]。尤其在非重读音节中,声门塞音、声门擦音和咽近音/ʔ, h, ʕ/可以省略(尽管它们的出现与否通常取决于说话者的个性、风格和语流速度)。/h/在元音之间浊音化为[ɦ]。元音和辅音在重读音节中读长音,在意群收尾处读得更长。非重读音节的元音会央化并读短音。

录音文本标音

　　1. 东方希伯来语

'ruah hattsa'fon, vehaʃ'ʃemeʃ, hitvake'hu bene'hem, 'mi me'hem ħa'zak jo'ter. game'ru, ki ʔet hannitsa'hon, jin'hal, 'mi ʃejjats'lijaħ lif'ʃot me'ʕal ʃo'ver 'ʔoraħ ʔet bega'dav. pa'taħ 'ruah hattsa'fon vena'ʃav beħoz'ka. hid'dek haʔa'dam ʔet bega'dav ʔel gu'fo. ʔaz, hista'ʕer ʕa'lav ha'ruah, be'jeter 'ʕoz, 'ʔaχ haʔa'dam, miʃʃeho'sif hak'kor leʕanno'to, la'vaʃ me'ʕil ʃel'jon ʕal bega'dav. no'ʔaʃ mim'mennu ha'ruah, umesa'ro bi'de haʃ'ʃemeʃ. teħil'la, za'raħ ʕa'lav haʃ'ʃemeʃ berak'kut. vehaʔa'dam he'sir ʔet big'do haʃel'jon me'ʕa'lav. hig'bir haʃ'ʃemeʃ ʔet ħum'mo, 'ʕad ʃel'lo ja'χol haʔa'dam laʕa'mod bif'ne haʃʃa'rav, ufa'ʃat ʔet bega'dav, veniχ'nas le'toχ hanna'har, ʃeha'ja bekir'vat ma'kom, ke'dei lir'ħots bemei'mav.

2. 非东方希伯来语

'ruaχ hatsa'fon, veha'ʃemeʃ, hitvak'χu beine'hem, 'mi me'hem χa'zak jo'ter. gam'ru, ki ʔet hanitsa'χon, jin'χal, 'mi ʃejats'liaχ lif'ʃot me'ʔal ʔo'ver 'ʔoraχ ʔet bega'dav. pa'taχ 'ruaχ hatsa'fon, vena'ʃav beχoz'ka. hi'dek haʔa'dam ʔet bega'dav ʔel gu'fo. 'ʔaz, hista'ʔer ʔa'lav ha'ruaχ, be'jeter 'ʔoz, 'ʔaχ haʔa'dam, miʃeho'sif ha'kor leʔano'to, la'vaʃ me'ʔil ʔel'jon ʔal bega'dav. no'ʔaʃ mi'menu ha'ruaχ, umsa'ro bij'dei ha'ʃemeʃ. teχi'la, za'raχ ʔa'lav ha'ʃemeʃ bera'kut, vehaʔa'dam he'sir ʔet big'do haʔel'jon meʔa'lav. hig'bir ha'ʃemeʃ ʔet χu'mo, 'ʔad ʃe'lo ja'χol haʔa'dam laʔa'mod bif'nei haʃa'rav, ufa'ʃat 'ʔet bega'dav, veniχ'nas le'toχ hana'har, ʃeha'ja bekir'vat ma'kom, kedei lir'χots bemei'mav.

正字法版本

רוּחַ-הַצָּפוֹן וְהַשֶּׁמֶשׁ הִתְוַכְּחוּ בֵּינֵיהֶם מִי מֵהֶם חָזָק יוֹתֵר. גָּמְרוּ, כִּי אֶת הַנִּצָּחוֹן יִנְחַל מִי שֶׁיַּצְלִיחַ לִפְשֹׁט מֵעַל עוֹבֵר-אֹרַח אֶת בְּגָדָיו. פָּתַח רוּחַ-הַצָּפוֹן וְנָשַׁב בְּחָזְקָה. הִדֵּק הָאָדָם אֶת בְּגָדָיו אֶל גּוּפוֹ. אָז הִסְתָּעֵר עָלָיו הָרוּחַ בְּיֶתֶר עוֹז, אַךְ הָאָדָם, מִשֶּׁהוֹסִיף הַקֹּר לְעַנּוֹתוֹ, לָבַשׁ מְעִיל עֶלְיוֹן עַל בְּגָדָיו. נוֹאַשׁ מִמֶּנּוּ הָרוּחַ וּמְסָרוֹ בִּידֵי הַשֶּׁמֶשׁ. תְּחִלָּה זָרַח עָלָיו הַשֶּׁמֶשׁ בְּרַכּוּת, וְהָאָדָם הֵסִיר אֶת בִּגְדוֹ הָעֶלְיוֹן מֵעָלָיו. הִגְבִּיר הַשֶּׁמֶשׁ אֶת חֻמּוֹ, עַד שֶׁלֹּא יָכֹל הָאָדָם לַעֲמֹד בִּפְנֵי הַשָּׁרָב, וּפָשַׁט אֶת בְּגָדָיו וְנִכְנַס לְתוֹךְ הַנָּהָר, שֶׁהָיָה בְּקִרְבַת מָקוֹם, כְּדֵי לִרְחֹץ בְּמֵימָיו.

印 地 语

MANJARI OHALA

Department of Linguistics and Language Development and Department of English, San Jose State University, San Jose, CA 95192, USA

　　本文描写的变体属于标准印地语,是瓦拉纳西、勒克瑙、德里等城市里受过教育的人的日常口语。尽管这些城市的居民的发音有一些差别,差别却不大。本文录音的发音人是一名女性,她是第三代标准印地语使用者,移居到德里之前,她大部分时间生活于北方邦。有关印地语音段的详细分析参见 Dixit (1963) 和 Ohala (1983)。

辅音

	双唇音	唇齿音	齿音	龈音	龈后音	卷舌音	硬腭音	软腭音	声门音
爆发音	p　b pʰ　bʱ		t̪　d̪ t̪ʰ　d̪ʱ			ʈ　ɖ ʈʰ　ɖʱ		k　g kʰ　gʱ	
塞擦音					tʃ　dʒ tʃʰ　dʒʱ				
鼻　音	m			n				ŋ	
拍音或闪　音				ɾ		ɽ ɽʱ			
擦　音		f		s　z	ʃ				h
近　音		ʋ					j		
边近音				l					

p	pal	养育	ʈ	ʈal	节拍(n)	k	kal	时域
b	bal	头发	ɖ	ɖal	小扁豆	g	gal	脸颊
pʰ	pʰal	刀片	ʈʰ	ʈʰal	大浅盘	kʰ	kʰal	皮肤(n)
bɦ	bɦal	额头	ɖɦ	ɖɦɑɾ	刀刃	gɦ	gɦan	捆
m	mal	货物	n	nala	下水道(n)	ŋ	ʋɑŋməj	文学
f	fɑrsi	波斯人	s	sal	年	h	hal	条件
ʋ	ʋɑla	关于	z	zəmin	地面	j	jɑɾ	伙伴
			ɾ	ɾal	(树种)			
			l	lal	红的			
			tʃ	tʃal	步法	t	t̪al	推迟
			dʒ	dʒal	网	ɖ	ɖal	树枝
			tʃʰ	tʃʰal	树皮	tʰ	t̪ʰal	木材店
			dʒɦ	dʒɦəl	闪烁	ɖɦ	ɖɦal	盾
			ʃ	ʃal	(树种)			
						ɽ	bəɽa	大的
						ɽɦ	bəɽɦa	增加(imp)

　　[f，z，ʃ]只出现在借词中(如波斯-阿拉伯语、英语或者梵语)。不过，它们较好地融入了现代标准印地语。有些作者还吸收了只出现在少量梵语借词中的[ɽ̃]，在非正式口语中通常会被[n]替代。有些语音，例如[x，ɣ，q]等，未出现在本文描写的变体中，不过，在一些乌尔都语变体中却可以发现，乌尔都语是巴基斯坦的官方语言，也有很多印度穆斯林使用者。(译注：乌尔都语是用阿拉伯字母书写的一种印地语)本文在分析的过程中，把[lɦ，rɦ，mɦ，nɦ]分析为由流音或鼻音与[ɦ](译注：原文为[h]，似应改为[ɦ])组成的辅音丛。

倍音

　　除[bʱ，ɽ，ɽʱ，h]之外，所有辅音都有长音（即"倍音"）与短音的对立。倍音只出现在词中位置，并且前面总是有[ɪ，ə，ʊ]这类非周边性元音。尽管正字法在词尾位置保留了少量倍音，但在绝大多数正式话语中，倍音都被读作单音。除了[ʃː]，所有倍音只出现在单语素词中，[ʃː]只出现在少量梵语借词中，语素的边界位置可以介于此处：[nɪʃːil]"不知羞耻" < /nɪʃ＋ʃil/。倍音与单音的长度比例大约是 2：1。下面给出了一些倍音与非倍音对立的例词。

ʈ	pəʈɑ	地址(n)	tʃ	bətʃɑ	救
ʈː	pəʈːɑ	叶子	tʃː	bətʃːɑ	孩子
ʈʰ	kəʈʰɑ	叙述性的	t	pətɑ	使某人同意
ʈʰː	kəʈʰːɑ	红色树皮粉末	tː	pətːɑ	布包
ɖ	gəɖɑ	狼牙棒(武器)	k	pəkɑ	烹调(v)
ɖː	gəɖːɑ	床垫	kː	pəkːɑ	公司

元音

　　印地语有 11 个口元音，见下面元音图。元音[æ]只出现在英语借词中。除[æ]之外，所有元音都有与之对立的鼻化元音对应项。印地语也有[əi]和[əu]的元音序列，但未将其单独列出来，因为可以把它们分析成元音丛，而不分析为复合元音。

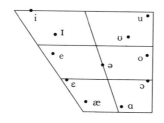

i	mil	英里				u	kul	岸
ɪ	mɪl	遇见				ʊ	kʊl	血统
e	mel	和谐	ə	məl	摩擦(imper)	o	bol	说话
ɛ	mɛl	泥土				ɔ	kɔl	(名字)
æ	bæt	板球棒	ɑ	mɑl	货物			
i	sikʰ	课程	ɑ	sɑs	岳母, 婆婆	u	bʱukʰ	饥饿
ĩ	sĩk	嫩枝	ɑ̃	sɑ̃s	呼吸	ũ	bʱũk	狗吠声
ĩ	sĩtʃ	浇灌				ō	kōʋər	王子
ē	mē	在……之内（第一人称单数代词）	ə	həs	笑(imp)	õ	jõ	如此
ɛ̃	mɛ̃					ɔ̃	bʱã ɔ̃	眉毛

重音

印地语的重音不区别意义。印地语到底是否存在语音上的词重音，而非用于强调的对比重音，这个问题还有争议。详情参见 Ohala(1991)。

规则

除了少量梵语借词（例如"文学"的借词，见上面引例）之外，软腭鼻音大体上只出现在同部位的辅音之前。尽管硬腭鼻音和卷舌鼻音也受语音制约只出现在同部位的辅音之前，并且被一些研究者列入音位表中，但本文未把它们处理为音位（因此辅音表中没有列入）。[ʋ]是/v/(也可读作[w])的自由变体。[ɾ]可以与[r]变读。倍音[ɽ]总是读作龈颤音[r]。词尾位置的塞音不除阻。

鼻辅音之前的元音是鼻音化元音。弱性元音经常读作与英语 *cut* 中的元音相同的音值，即习惯上标为[ʌ]。不过，这个元音的舌位在中间，而不靠后，也许更合适的 IPA 音标符号应该是[ɐ]。正如许多其他语言一样,印地语的元音音长会随着后面辅音的浊、清功能而变化,在浊音之前,至少是在塞音之前,元音会变长。(见 Ohala & Ohala,1993)。

录音文本标音

下面的翻译是《北风与太阳》的修订版,原文曾发表在 1949 年版的《国际语音学会的原则》中。

ʊʈːəri həʋa ɔr suɾədʒ ɪs baʈ pər dʒⁿəgəɽ rəhe ʈʰe ki həm ḍonõ mẽ zjaḍa bəlʋan kɔn hɛ. ɪʈne mẽ gərəm tʃoga pɛhne ek mʊsafɪr ʊdⁿər a nɪkla. həʋa ɔr suɾədʒ ḍonõ ɪs baʈ pər ɾazi ho gəje ki ḍonõ mẽ se dʒo pɛhle mʊsafɪr ka tʃoga ʊʈəɾʋa dega ʋəhi zjaḍa bəlʋan səmdʒⁿa dʒajega. ɪs pər ʊʈːəri həʋa əpna pura zor ləgakəɽ tʃəlne ləgi lekɪn ʋo dʒɛse dʒɛse əpna zor bəɽⁿaʈi gəji ʋɛse ʋɛse mʊsafɪr əpne bəḍən pər tʃoge ko ɔr bⁿi zjaḍa kəs kər ləpɛʈʈa gəja. ənʈ mẽ həʋa ne əpni koʃɪʃ bənḍ kər ḍi. pʰɪr suɾədʒ ʈezi ke saʈʰ nɪkla ɔr mʊsafɪr ne ʈuɾənʈ əpna tʃoga ʊʈ̪ər ḍɪja. ɪs lɪje həʋa ko manna pəɽa ki ʊn ḍonõ mẽ suɾədʒ hi zjaḍa bəlʋan hɛ.

正字法版本

उत्तरी हवा और सूरज इस बात पर झगड़ रहे थे कि हम दोनों में ज्यादा बलवान कौन हैं । इतने में गरम चोगा पहने एक मुसाफ़िर उधर आ निकला । हवा और सूरज दोनों इस बात पर राजी हो गये कि दोनों में से जो पहले मुसाफ़िर का चोगा उतरवा देगा वही ज्यादा बलवान समझा जायेगा । इस पर उत्तरी हवा अपना पूरा ज़ोर लगाकर चलने लगी लेकिन वह जैसे जैसे अपना ज़ोर बढ़ाती गई वैसे वैसे मुसाफ़िर अपने बदन पर चोगे को और भी कस कर लपेटता गया । अन्त में हवा ने अपनी कोशिश बन्द कर दी । फिर सूरज तेज़ी के साथ निकला और मुसाफ़िर ने तुरन्त अपना चोगा उतार दिया । इस लिये हवा को मानना पड़ा कि उन दोनों में सूरज ही ज्यादा बलवान है

致谢

我想感谢 John Ohala 帮助我实现了 IPA 音标软件;也感谢

Usha Jain 的建议以及为我提供梵文软件。

参考文献

DIXIT，R.P.(1963). *The Segmental Phonemes of Contemporary Hindi*. M.A. thesis，University of Texas，Austin.

OHALA，M.(1983). *Aspects of Hindi Phonology*. Delhi：Motilal Banarsidass.

OHALA，M. (1991). Phonological areal features of some Indo-Aryan languages. *Languages Science* 13，107—24.

OHALA，M. AND OHALA，J.J.(1993). Phonetic universals and Hindi segment durations. *Proceedings of the Second International Conference on Spoken Language Processing*，831—4. Edmontun：University of Alberta.

匈 牙 利 语

TAMÁS SZENDE

Institute of Linguistics，Hungarian Academy of Sciences，
P.O.Box 19，H-1250 Budapest，Hungary

　　本文描写的是 1990 年代在布达佩斯受过教育的人的匈牙利语口语。历史上，标准匈牙利语是在东部方言基础上形成的，18 世纪期间，东部方言逐渐成为超越方言的权威变体。本文的录音来自一位具有大学教育背景的 50 多岁的男性，他使用的是一种正式的交际情景中的比较高级的口语风格。

辅音

	双唇音	唇齿音	齿音	龈后音	硬腭音	软腭音	声门音
爆发音	p　b		t　d			k　ɡ	
塞擦音			ts　dz	tʃ　dʒ	cç　ɟʝ		
鼻　音	m		n		ɲ		
擦　音		f　v	s　z	ʃ　ʒ			h
颤　音			r				
近　音					j		
边近音			l				

p　pipa　*pipa*　管子　　　　t　tol:　*toll*　羽毛
b　bot　*bot*　存货　　　　　d　dob　*dob*　投掷

k　ke:p　*kép*　图画
ɡ　ge:p　*gép*　机器

m	mɑ	*ma*	今天	n	nɛm	*nem*	不	ɲ	ɲaːr	*nyár*	夏天
f	fɑ	*fa*	树	s	soː	*szó*	词	ʃ	ʃoː	*só*	盐
v	vaːg	*vág*	切	z	zøld	*zöld*	绿色的	ʒ	ʒɛb	*zseb*	口袋
ts	tseːl	*cél*	目标（希腊字母表的第六个字母)	tʃ	tʃɑk	*csak*	仅仅	cç	cçuːk	*tyúk*	母鸡
dz	dzeːtɑ	*dzéta*		dʒ	dʒɛs:	*dzsessz*	爵士乐	ɟj	ɟjaːr	*gyár*	工厂
l	loː	*ló*	马	r	roː	*ró*	雕刻				
h	hoː	*hó*	雪	j	joː	*jó*	好的				

匈牙利语的辅音音长有区别意义的作用，比较 *hal*"他/她/它快要死了"与 *hall*"他/她/它听见"；*hal*"鱼"与 *hall*"大厅"。长短对立涉及（至少是有限数量的)有词形区别功能的整个辅音系统。因此，整个系统是由这种模式的所有位置上的短辅音与长辅音对立的对子构成的。不过，这些长辅音一般情况下被分析为相同辅音所组成的辅音丛。这种音位分析方法在本文的辅音表中有所反映。

元音

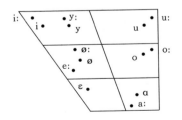

i	vis	*visz*	携带	i:	vi:z	*víz*	水
y	yt	*üt*	击打	y:	ty:z	*tűz*	火
u	u	*ujj*	手指	u:	u:t	*út*	路
ε	εz	*ez*	这	e:	e:l	*él*	生活
ø	øl	*öl*	杀	ø:	lø:	*lő*	射击
o	ok	*ok*	原因	o:	to:	*tó*	湖
ɑ	hɑt	*hat*	六	a:	va:r	*vár*	城堡

　　这 7 类基本元音音质体现为长、短特征的对立。除了低元音对子之外,短元音与各自相应的长元音相比舌位较低,并稍微有些央化;每一对相应的长元音和短元音都可以利用相同的音标符号来记音。不过,与相应的长/a:/对应的短元音舌位更高、更靠后一些。为了显示这种差别,长元音标音为[ɑ];其实这个元音有点圆唇特征,应当标音为[ɒ]。至于[e:/ε]对子,前半高非圆唇长元音[e:]比与之对应的前半低非圆唇短元音[ε]高一点、更具周边性一点。

　　上述 7 类基本元音对子之外,还有下述 3 个音长或音质的组合有音位上的差别,只是对立对子较少,例如:/a:/ A“字母 A”与/ɑ/ *a*(定冠词)之间对立。匈牙利语语音模式中长[ɑ:]和短[a]之间这种非主要音的存在,为/ɑ/与/a:/在标音上的不同提供了更进一步的理据。第三个非主要元音/ε:/与短元音/ε/变长后的形式相似。

(ε:)	ε:	*E*	(字母 E 的名称)
(a)	pas:	*passz*	“无牌”(桥牌用语)
(a:)	a:	*A*	(字母 A 的名称)

　　匈牙利语有两个共存的元音系统,其中一个元音系统不区分

前半高非圆唇短元音的两个不同的舌位高度。不过,大部分(大约50%)说匈牙利语的人使用的系统区分/e/与/ɛ/。在标准匈牙利语地区,正字法形式 *mentek*——即布达佩斯的标准形式[mɛntɛk]——可以代表四个不同的词:[mɛntek]"去(第二人称复数,现在时)",[mɛntɛk]"去(第三人称复数,过去时)",[mentɛk]"救(第一人称单数,现在时)",以及[mɛntɛk]"被免除(第三人称复数,现在时)"。

重音

词层面的重音不区别意义,重音固定在语素的第一个音节上。

规则

/p, t, k/是不送气音,/b, d, g/是全浊音。/t, d, n, l, r/是舌叶齿音,/s, z, ts, dz/是舌叶龈音,/ʃ, ʒ/是舌叶龈后音,/tʃ, dʒ/是舌面前音和龈后音,/tɕ, dʑ/是舌面中音和硬腭音。在正式语体中,/cç, ɟ/大多数时候读硬腭塞音,即[c]和[ɟ]。

/r/是颤音。/h/在元音之间读浊音[ɦ]。[ç]出现在音节末尾位置的前元音之后,[x]出现在词尾位置圆唇后元音之后;词尾的/h/经常被省略。

非重读位置上的短元音会有一定程度的弱化(松元音);而相应的长元音则体现为满音(紧元音)。长元音,特别是长的高元音,在音节末尾为辅音的非重读音节中音长缩短,导致该元音的长度为原来长元音的一半,或者与短元音的长度相等。元音之后的/n/后面还有辅音,特别是连续音(当后面的辅音是鼻音时,这个过程可以看作两个鼻音的融合)的时候,/n/通常会鼻音化它前面的元音,而自身脱落。

录音文本标音

ˌɛtsːɛr ɑz 'eːsɑki 'seːl eˑʃ ɑ ˌnɑp 'vɛteˑlkɛtːɛk hoɟɟ 'mɛjikyk ɑz 'ɛrøːʃɛbː ‖ 'eˑpː ɑːrɑ jøtː ɛɟɟ 'vɑ̃ːdor ˌvɑʃtɑk ˌkøpøɲɛgbɛ burkoloˑdzvɑ ‖ ɑz ˌeːsɑki ˌseːl eˑʃ ɑ ˌnɑp 'ɲombɑ̃ˑ 'mɛgɛɟɟːɛstɛk hoɟɟ 'ɑz lɛsː ɑ 'ɟɟøːstɛʃ ɑki 'fiɑmɑrɑb ˌrɑːbiˑrjɑ ɑ ˌvɑ̃ːdort hoɟɟ 'lɛvɛɟɟɛ ɑ 'køpøɲɛgeˑt ‖ ɑkːor ɑz ˌeːsɑki ˌseˑl ˌɛːkɛzdɛt 'ʃyvølteni ˌɑfiotʃːɑk 'biːrt ‖ dɛ ɑ ˌvɑ̃ːdor 'ɑnːaˑl 'soroʃɑbːɑm võtɑ ˌmɑgɑ køreˑ ɑ ˌkøpɛɲt ˌmineˑl 'ɛrøˑʃɛbːɛm ˌfujt ‖ ˌiːɟɟ ɑstɑˑn ɑz ˌeːsɑki seˑl ˌɛl iʃ 'vɛsitɛtːɛ ɑ ˌverʃɛɲt ‖ ɑ ˌnɑp mɛg ˌɛːkɛstɛ 'õtɑni 'tyːzøˑ ʃugɑrɑit ˌmire ɑ ˌvɑ̃ːdor 'ɛtsːɛribē 'kibujt ɑ ˌkøpøɲɛgeˑbøl ‖ ɑz ˌeːsɑki ˌseːl 'keˑɲtɛlē vot 'mɛgɑdni hoɟɟ ˌbizoɲ ɑ 'nɑp ɑz ˌɛrøːʃɛbː

正字法版本

Egyszer az északi szél és a nap vetélkedtek, hogy melyikük az erősebb. Épp arra jött egy vándor, vastag köpönyegbe burkolódzva. Az északi szél és a nap nyomban megegyeztek, hogy az lesz a győztes, aki hamarabb rábírja a vándort, hogy levegye a köpönyegét. Akkor az északi szél elkezdett süvölteni, ahogy csak bírt. De a vándor annál szorosabban vonta maga köré a köpenyt, minél erősebben fújt. Így aztán az északi szél el is veszítette a versenyt. A nap meg elkezdte ontani tűző sugarait, mire a vándor egyszeriben kibújt a köpönyegéből. Az északi szél kénytelen volt megadni, hogy bizony a nap az erősebb.

依 格 博 语

CLARA I.IKEKEONWU

Department of Linguisitics and Nigerian Languages, University of Nigeria, Nsukka, Enugu State, Nigeria

本文描写的是许多受过教育的讲标准依格博语的人的言语风格。标准依格博语可以看作中部依格博语与奥尼查依格博语的融合。标准依格博语这种形式并不存在于依格博人居住地的任何特定地区或区域(Ikekeonwu,1985)。

辅音

	双唇音	唇齿音	齿音	龈音	龈后音	硬腭音	软腭音	唇化软腭音	声门音	唇-软腭音
爆发音	p b		t d				k g	kʷ gʷ		k͡p g͡b
鼻 音	m			n		ɲ	ŋ	ŋʷ		
擦 音		f		s z	ʃ		ɣ		ɦ	
塞擦音					tʃ dʒ					
近 音					ɹ	j				w
边近音					l					

p	àpà	*àpà*	疤痕		ɲ	ɲú̦	*nyú̦*	澄清
b	ùbá	*ùbá*	财富		ŋ	ŋú̦	*ǹú̦*	喝
t	tá	*tá*	咀嚼		ŋʷ	ŋʷú̦	*nɯú̦*	死
d	dà	*dà*	落下		f	fé	*fé*	飞
tʃ	tʃá	*chá*	使成熟		s	sá	*sá*	洗
dʒ	áˈdʒá	*ájā*	沙		z	zá	*zá*	膨胀，肿胀
k	ká	*ká*	更老,更多		ʃ	áʃà	*áshà*	织巢鸟
g	gá	*gá*	去		ɣ	áɣá	*ághá*	战争
kʷ	àkʷà	*àkɯà*	床		ɦ	áɦà	*áhà*	名字
gʷ	àgʷà	*àgɯà*	行为		w	wá	*ɯá*	裂开
k͡p	àk͡pà	*àkpà*	袋子		ɹ	ɹí	*rí*	吃
g͡b	àg͡bà	*àgbà*	名声		j	jí	*yí*	类似
m	mú̦	*mú̦*	我(宾格)		l	lì	*lì*	埋葬
n	nú̦	*nú̦*	听见					

元音

i	ísí	*ísí*	头
i̦	íbò̦	*íbò̦*	解剖
u̦	úmù̦	*úmù̦*	孩子(pl)
u	émù	*émù*	嘲笑
o	ékò	*ékò*	(鸟的)砂囊
e	ùkó	*ùkó*	椽,屋顶
o̦	ò̦mì	*ò̦mì*	骨髓
a	ákú̦	*ákú̦*	(坚果或子粒的)仁,核

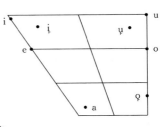

规则

　　依格博语中有齿爆发音和龈爆发音，即[t̪, d̪]和[t, d]。龈爆发音的音位变体大部分出现在/u/和/ʊ/的语音环境下。龈后浊近音[ɹ]在元音之间时读为闪音[ɾ]，例如：*árá* [árá]"疯狂"。

　　唇-软腭爆发音/k͡p, g͡b/涉及协同发音方法；软腭与唇部同时阻塞和除阻，其使用的气流是从肺部呼出的。不过，有些方言中，如埃努古-奥尼查依格博语中，双唇-软腭浊爆发音/g͡b/可能读作双唇内爆音/ɓ/，而在奥韦里方言中，/k͡p/可能读作清化双唇内爆音[ɓ̥]。标准依格博语中没有送气的和鼻音化的辅音。不过，在某些依格博语方言里，送气和鼻音化区别意义，例如乌穆阿希亚方言和奥韦里方言，这两种方言属于内陆东部依格博语（Inland East Igbo，融合了早期论著中称为中部依格博语的语言）。唇齿浊擦音[v]出现在一些依格博语方言中，但不出现在标准依格博语中；乌穆阿希亚方言中，"指甲"的发音为[ṇ̩vó]，而标准依格博语读[m̩bó]。

　　依格博语有元音和谐现象。8个元音可以根据咽腔大小（即扩张的咽腔和没有扩张的咽腔）分成两组（Lindau，1975）。分组情况见下文。不同组的元音在正常情况下不会出现在同一个词中。这种特征经常用术语 ATR（Advanced Tongue Root）参数来描述，因为舌根前移引起咽腔扩张。用变音符号[̟]或[̠]可以区分这两组元音。在此实例中，咽腔不扩张组(-ATR)是有标记的，除了使用独立字母标/e/和/a/的情况，因为/e/和/a/这一对子没有必要再用变音符号来区分。过去使用符号来表示元音的听觉高度差异（auditory height differences）的传统，如元音在所附的元音图表上的位置所示，可以作为一种选择。建议使用的符号如下：

$$[+\text{Exp}]/[+\text{ATR}] \qquad\qquad [-\text{Exp}]/[-\text{ATR}]$$

i	u	ɪ	ʊ
e	o	a	ɔ

依格博语有两个区别性的声调；除此之外，还有第三个声调，即"降阶高调"（downstepped high）。这三个声调可以用以下符号表示：

[ˊ]＝高调　[ˋ]＝低调　[ˀˊ]＝降阶高调

在我们的实例文本中，低调不标调。不过在正字法中，降阶高调用长音符[ˉ]在相应音段上表示。在O̩nwu̩正字法（依格博语现行正字法）中，所有的声调都有标记。

依格博语还有声调下移现象，即每一个后继的高调都比前面的高调低一些，特别是插入低调的时候。在 H—L—H 调位组合序列里，第二个高调比第一个高调要低。低调也受到声调下移现象的影响。当然，这种现象没有音位学意义。

录音文本标音

ikuku úgu̩ɹu̩ na áˀŋwú naaɹúɹ̩tá úˀkà óɲé ˀká ìbe já íké mgbe fiá fiu̩ɹu̩ ótu óɲé ídʒe ka ó ji uwé úgu̩ɹu̩ já náabi̩á. fiá kweko̩ɹita̩ɹa na oɲé ˀbu̩ɹu úzo̩ méé ka óɲé ídʒe áfiu̩ jípu̩ uwé ˀja ka á ga éwe di̩ ka oɲé ka ìbe já íké. ikuku úgu̩ɹu̩ wéé mali̩té féé, féé, féé, otu íké ˀjá fia; ma ka o̩ na efé ka óɲé ídʒe áfiu̩ na edʒídésí ˀúwé ˀjá ˀíké na afiu̩ ˀjá. já fékatá fiápu̩. mgbe áfiu̩ aˀŋwú wéé tʃápu̩tá, tʃásiˀké méé ka ebe níiˀlé kpoɹó o̩ˀku̩ náˀátufuyi óge oɲé ídʒe áfiu̩ jipu̩ɹu̩ uwé ˀjké a meɹe ikuku u̩gu̩ɹu̩ kweɹe na aˀŋwu̩ ka já íké.

正字法版本

Ìkùkù úgừrừ nà Ánwū̱ nà-arú̱rį̄tá ú̱kà ónyé kā ībè yá íké m̀gbè há hừrừ ótù ónyé íjè kà ó yì ùwé úgừrừ yá nà-àbį̄á. Há kwèkò̱rį̀tàrà nà ónyé būrū ú̱zò̱ méé kà ónyé íjè áhù̱ yípù̱ ùwé yā kà á gà-éwè dị̄kà ónyé ka íbè yá íké. Ìkùkù úgừrừ wéé màlíté féé, féé, ò̱tù íké yā hà; mà kà ó̱ nà-èfé kà ónyé íjè áhù̱ nà-èjídésí ūwē yā īkē nà àhú yā. Yá fékàtá hápù̱. M̀gbè áhù̱ Ánwū̱ wéé cháphù̱tá, chásíkē, méé kà ébé níílē kpòró ó̱kū̱; ná-ātừfūghì ógè ónyé íjè áhù̱ yìpù̱rừ ùwé yā. Ǹké à mèrè ìkùkù úgừrừ kwèrè nà Ánwū̱ kà yá íké.

参考文献

IKEKEONWU, C. I. (1985). Aspects of Igbo dialectology. *Journal of West African Languages 15*, 93—109.

LINDAU, M. (1978). Vowel features. *Language* 54, 541—63.

爱 尔 兰 语

AILBHE NÍ CHASAIDE

Centre for Languange and Communication Studies, Trinity College, Dublin 2, Ireland

爱尔兰语，或者盖尔语(Gaeilge)，是凯尔特语的一种，该语言是爱尔兰某些地区(爱尔兰语地区，Gaeltacht regions)居民的母语。该语言与苏格兰盖尔语、(英国)马恩岛语的关系非常密切，与布列塔尼语、威尔士语以及康沃尔语关系较远。爱尔兰语有三种主要方言，尽管没有统一的标准语音，但共有一种正字法形式。盖尔语的书写记录可以上溯到公元 8 世纪，手写本的文学传统一直持续到 19 世纪中叶，此时出版图书才成为普遍现象。拼写系统相对来说也一直持续到 12 世纪中叶政府改革文字之前未做改变，但即使如此，正字法的形式(orthographic forms)还是相当古老。总体而言，字母与语音之间缺乏相互的对应，这可以从下文文本的正字法版本中得到证实。不过，语音上的不透明性带来了语素音位透明的好处，并有助于书面形式在现代方言之间架起桥梁，与口语形式相对等距(equidistant)。本文的描写和实例文本是以一位 Na Doirí Beaga, Gaoth Dobhair(在爱尔兰西北部的多尼戈尔郡，爱尔兰语地区之一)的本地人的语音为基础的。她是一位 30 多岁的女教师，在都柏林工作。

辅音

	唇音	齿音	龈音	龈-腭音	硬腭音	软腭音	声门音
爆发音	pˠ bˠ pʲ bʲ	t̪ˠ d̪ˠ		t̪ʲ d̪ʲ	c ɟ	k g	
擦音/近音	fˠ w fʲ vʲ		sˠ	ɕ	ç j	x ɣ	h
鼻 音	mˠ mʲ	n̪ˠ	n	n̪ʲ	ɲ	ŋ	
拍 音			ɾˠ ɾʲ				
边近音		l̪ˠ	l	l̪ʲ			

辅音音质:辅音系统最显著的特征是有两套互相对立的辅音——硬腭化辅音与软腭化辅音。在辅音表中,通过再次细分把这种差别体现在行的对立中,并且把软腭化辅音放在硬腭化辅音之上,这样处理之后的对立是和谐的。那些不存在这种对立的辅音,比如说[h],则把它放在单元格的中部。硬腭化与软腭化的对立不仅可以用于区分词汇,而且还表现在特定的语法功能中,譬如名词的格范畴与数范畴,例如,[ɔlˠ]*ól*"饮料"(主格,单数),[ɔlʲ]*óil*"饮料"(属格,单数);[bˠæd̪ˠ]*bád*"船"(主格,单数),[bˠæd̪ʲ]*báid*"船"(属格,单数,在一些方言中是属格,复数)。从词的内部特征看,辅音丛中的辅音在音质方面通常是一致的。尽管这种次要发音可能比术语软腭化(velarization)所隐含的发音部位更靠后(在小舌或咽腔上部),但一般还是使用习惯术语软腭化。

比起次要硬腭化和软腭化(secondary palatalization and velarization)来说,硬腭化和软腭化辅音对子之间的语音差异可能涉及更多现象。在唇辅音情况下，软腭化音素附加了唇音化。例如 /t̪ʲ，t̪ˠ/ 对子，主要的和次要的特征都涉及了。前者是硬腭化的舌叶-龈后音，在此将其称为龈腭音（alveolopalatal）；后者是软腭化的舌尖-齿音（接触扩展到齿龈脊）。在硬腭和软腭情况下，例如 /c，k/，在描述其音系的系列音（phonological series）时，其主要发音部位与次要发音部位一致，音标只标写主要发音之间的差别。

pˠ	pˠiɾˠah	*Paorach*	姓	pʲ	pʲinʲ	*píghin*	便士
bˠ	bˠi	*buí*	黄色的	bʲ	bʲi	*bí*	是(imp)
t̪ˠ	t̪ˠid̪ʲə	*taoide*	海潮	t̪ʲ	t̪ʲi	*(ar) tí*	将要
d̪ˠ	d̪ˠinʲi	*daoine*	人民	d̪ʲ	d̪ʲi	*dí*	饮料(gen)
k	kiḻˠ	*caol*	瘦的(masc)	c	ciaḻˠ	*ciall*	感觉
g	giḻˠ	*gaol*	亲戚	ɟ	ɟiaḻˠ	*giall*	抵押品
fˠ	fˠi	*faoi*	在……下面	fʲ	fʲi	*fí*	编织的
w	wi	*mhaoigh*	自夸的	vʲ	vʲi	*bhí*	be 的过去式
sˠ	sˠi	*suí*	坐	ç	çi	***sí***	她是
x	xiḻˠ	*chaol*	瘦的(fem)	ç	çiaḻˠ	*(mo) chiall*	(我的)感觉
ɣ	ɣiḻˠ	*(mo) ghaol*	(我的)亲戚	j	jiaḻˠ	*(mo) ghiall*	(我的)抵押品
h	hiḻˠ	*(le) haol*	(用)石灰				
mˠ	mˠi	*maoigh*	自夸(imp)	mʲ	mʲi	*mí*	月,月份
n̪ˠ	n̪ˠi	*naoi*	九	n̪ʲ	n̪ʲih	*nigh*	洗(imp)
	l̪ʲenˠ	*léann*	教育		l̪ʲenʲ	*léinn*	教育(gen)
				n	en	*éan*	鸟
ŋ	ŋiḻˠ	*(a)ngaol*	(他们的)亲戚	ɲ	ɲiaḻˠ	*(a) ngiall*	(他们的)抵押品
l̪ˠ	l̪ˠe	*lae*	白天(gen)	lʲ	lʲej	*léigh*	读(imp)

gaḷˠ	*Gall*	外国人		kalʲ	*caill*	丢(imp)
			l	lej	*leí*	与她
				gɪl	(*ag*) *gail*	沸腾的
rˠ	mˠærˠah ʼ*márach*	明天	rʲ	kærʲah *cáireach*	肮脏的

　　有了以上软腭化和硬腭化的一般性说明之后，除了上述提到的软腭音和硬腭音(主要特征与次要特征一致)，以及/ɕ/和/w/(次要发音隐含在符号之中)，可以看出辅音表中的符号过于细致。在音位学术语中，只要为两套对立音位中的一套标注符号(传统上标注硬腭化这一套)就足够了，不过，这种过于细致的标音在非硬腭化系列音中会使软腭化特征在听觉上更加显著，软腭化辅音与邻接前元音之间的强滑音和弱滑音一般都易于发现。

　　在这个方言里，龈边音、鼻音以及声门擦音是一个有潜在问题的区域，在这种语音条件下，早先的硬腭化音和软腭化音对立可能已经丢失，或至少处在丢失的过程中。本文发音人的这些语音已具有一定程度中和音质的性质，呈现出邻接语音的色彩。有关鼻音和边音的这种情况下文还有更多论述。

　　在某些音系学论述中，清鼻音和清流音都被假定为不同的系列音。由于这些语音只出现在一定的语法形态中，它们最好被处理为鼻音(或流音)与/h/组成的序列，这种分析参见 Sommerfelt (1964)。

　　爆发音：清音有很强的后送气特征，浊音则普遍清音化，特别是在非元音之间的语音环境下会发生清音化。清音具有轻微的前送气特征。清爆发音前后的鼻音和流音会清音化。龈腭爆发音/tʲ̥，d̥ʲ/有塞擦音特征，有点像硬腭爆发音/c，ɟ/，但是程度较轻。

　　擦音：/vʲ，w，j，ɣ/可以理解为近音或擦音。因为擦音和近音

的阻塞性质相同,可以归为一类。爱尔兰语中的词首塞音与擦音/近音之间有一个很重要的语素形态交替关系,能表达特定的语法功能,例如现在时与过去时的对立,形容词的性别标记,特定名词短语的格标记。在 Gaoth Dobhair 方言中,软腭清擦音/x/倾向于只出现在词首位置。在其他方言中,该辅音出现在非词首位置,而Gaoth Dobhair 方言中的非词首位置上通常用/h/。

边音和鼻音:历史上,从齿到龈腭区域,边音和鼻音之间有四种方式的对立。这个对立系统在阿尔斯特方言的文学作品中曾广泛提及(例如:Quiggin,1906;Sommerfelt,1922;Ó Searcaigh,1925),与软腭化齿音以及硬腭化龈腭音对比起来,似乎还涉及硬腭化龈音与软腭化龈音之间的对立。不过,现在的情况(特别是在 Gaoth Dobhair 方言区的年轻一代)是,龈音中的一个对立项或多或少地消失了,剩余三种对立特征。而对某些人来说,还有一个边际的(marginal)第四种音位的可能性。根据这个发音人的情况,倒是没有第四种音位。就边音而言,软腭化龈音已经倾向于与软腭化齿音[lˠ]合并(参见 Ní Chasaide,1977,1979)。就鼻音而言,情况更不固定:硬腭化龈音倾向于与硬腭化龈腭鼻音/nʲ/合并。在保留(原)龈音的词汇项中,似乎与(原)软腭化龈音不形成对立。

其余单个龈边音和鼻辅音音质是中性的,或者说不太清晰,趋向于与邻接音自由地协同发音(见 Ní Chasaide,1977)。在停顿之前,龈边音和鼻音倾向于清音化,并且倾向于省略前面的短元音使其过短(over-short)。由于龈鼻音不出现在词首位置,词尾位置的齿鼻音、龈鼻音、龈腭鼻音以及边音都列入了辅音词表。

卷舌音:在 Gaoth Dobhair 方言中,包括卷舌特征在内的早期四种对立已经简化为两种对立。在词首位置,/rˠ,rʲ/已经中和为龈后浊近音[ɹ],带有其后面的元音的特征。在非词首位置,软腭化音既可以看作[ɾˠ]，也可以看作[ɹˠ]。历史上的硬腭化音/ɾʲ/（在大多数其他方言是硬腭化拍音或舌尖-龈后擦音）也出现在 Gaoth Dobhair 方言中，不过表现为非词首位置的硬腭浊擦音[ʝ]。硬腭化拍音和软腭化拍音的闭塞通常不完全，伴有相当多的摩擦。

元音

　　元音可以分为长、短两套，正字法中长元音(/i, e, æ, ɔ, o, u/)一般带锐音符。由于元音长、短对子是音质上的对立，就不需要明确标出音长。长元音在非重读音节和/h/之前读短音，这种短音是长元音的音位变体。弱性元音只出现在非重读位置。圆唇高元音的圆唇程度不高。

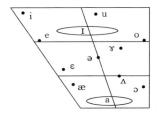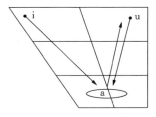

　　音位变体的实现：图中标注的元音位置是相当抽象的，这是因为辅音音质对相邻元音的音质有很大的影响。对于所有的元音而言，听感上的后滑音和前滑音都相当清晰，这是辅音的次要发音引起的。因此，前元音前面的软腭化辅音会产生一个很强的软腭源复合元音的滑音(diphthongal glide of velar origin)；相反，在硬腭化辅音与其后面的后元音之间会产生一个很强的硬腭流音。短/ɪ/和/a/的稳态实现(steady state realizations)范围很广，用大椭圆来表示。

i	bˠiɫˠah	*baolach*	害怕		ɪ	ɪlə	*uile*	所有
e	eɫˠi	*éalaigh*	逃跑(imp)		ɛ	ɛlə	*eile*	另外
æ	æɫʲɪnʲ	*álainn*	美丽的		a	aɫˠah	*eallach*	牛
ɔ	ɔɫˠən̪ˠ	*ólann*	(他)喝		ʌ	ʌɫˠə	*ola*	油
o	orˠan	*amhrán*	歌		ɤ	ɤɫˠu	*Uladh*	阿尔斯特(地名)
u	uɫʲi	*úllaí*	苹果(pl)					
					ia	iaɫˠahə	*iallacha*	鞋带
					ua	uaɫˠah	*ualach*	负担
					au	auwɪnʲ	*Eamhain*	(地名)

超音段

词汇的重音位于大多数词的第一个音节上。音标中的重音符号表示发音人重读的音节。‖ 和 | 分别表示大语调韵律段和小语调韵律段的结束位置。

录音文本标音

vʲi ən ˈɣi əˈdˠuaj ɪsˠ ən ˈjrʲian əɟ ˈarˠagal lə çɛlə lə fˠal əˈmˠah ˈcaku dˠən ˈvʲɛrʲtʲ əbˠə ˈçrʲɛçə | n̪ˠərˠə hanɪɟ ˈtˠˠactʲaɫˠi ən ˈbʲaɫˠah | əgəsˠ ˈkɫˠɔkə ˈtʲeh a xaçu ɛɟə ‖ ˈdˠenˠtˠi çədˠ gərˠ ən dˠɪnʲə bˠə ˈçrʲɛçə | ən dˠɪnʲə bˠə ˈ ɫˠuaçə ə ˈhorˠhu ərˠ ən ˈtˠactʲaɫˠi ə ˈxɫˠɔkə wˠɪ nʲtʲ ˈdˠɔ ‖ ɪnˈçɪn ˈhedʲ ən ˈyi əˈdˠuaj xɤh ˈtʲrʲenˠ ɪsˠ ə ˈhɤku leçə | ah a ˈvʲedʲ çi | ça bˠə ˈɫˠuçə ə ˈhanˠ an ˈtˠactʲaɫˠi ə ˈxɫˠɔkə ˈharˠtˠ fˠa ˈdˠu dˠʌ ‖ əgəsˠ sˠə ˈdʲɛrʲu ˈdʲirʲi ən ˈɤʲi əˈdˠuaj əsˠ ən ˈiarˠarˠtˠ ‖ ɪnˈçɪn ˈ ɤrnˠrˠi ən ˈjrʲian gə ˈtʲeh | əgəsˠ wˠɪnʲ ən ˈtˠactʲaɫˠi ˈdˠɔ ə ˈxɫˠɔkə ˈ ˠæhrʲah ˈbˠɤnˠ ‖ əgəsˠ ərˠ ə ˈdˠɔj çɪn | bʲɛ ən dˠən ˈyi əˈdˠuaj ə ˈadˠwal | gɤrˠəbʲ i n ˈjrʲian ə bˠə ˈ ˠædʲrʲə dˠən ˈvʲɛrʲtʲ ‖

正字法版本

Bhí an ghaoth aduaidh ’s an ghrian ag aragáil le chéile le fáil

167

amach cé acu den bheirt a ba threise nuair a tháinig taistealaí an bealach agus clóca te á chaitheamh aige. D'aontaigh siad gur an duine 'ba threise an duine 'ba luaithe a thabhairfeadh ar an taistealaí a chlóca a bhaint dó. Ansin shéid an ghaoth aduaidh comh tréan is a thiocfadh léithe, ach dá mhéid a shéid sí 'sea ba dhlúithe a theann an taistealaí a chlóca thart fá dtaobh dó, agus sa deireadh d'éirigh an ghaoth aduaidh as an iarracht. Ansin lonnraigh an ghrian go te agus bhain an taistealaí dó a chlóca láithreach bonn. Agus ar a' dóigh sin b'éigean don ghaoth aduaidh a admháil gurbh í 'n ghrian a ba láidre den bheirt.

致谢

我非常感谢 Cathair Ó Dochartaigh 和 Prionnsias Ó Nualláin 两位先生给我的建议和帮助。

参考文献

Ní CHASAIDE, A.(1997). *The Laterals of Donegal Irish and Hiberno-English : An Acoustic Study*. M.A. thesis, University of Wales, Bangor.

Ní CHASAIDE, A.(1997). The laterals of Donegal Irish and Hiberno-English. In Ó Baoill, D.P.(editor), *Papers in Celtic Phonology*. Coleraine: New University of Ulster.

Ó SEARCAIGH, S.(1925). *Foghraidheacht Ghaedhilge an Tuaiscirt*. Béal Feirste(Belfast): Brún & Ó Nualláin.

QUIGGIN, E.C.(1906). *A Dialect of Donegal*. Cambridge University Press.

SOMMERFELT, A. (1922). *The Dialect of Torr, Co. Donegal*. Cristiania(Oslo): Jacob Dybwad.

SOMMERFELT, A. (1964). Consonant clusters of single phonemes in Northern Irish? In Abercrombie, D., Fry, D.B., MacCarthy, P.A.D., Scott, N.C. and Trim, J.L.M. (editors), *In Honour of Daniel Jones: Papers Contributed on the Occasion of his Eightieth Birthday 12 September 1961*, 368—73. London: Longmans.

日　　语

Hideo Okada

6-29-22 Sakuradai，Nerima-ku，Tokyo 176-0002，Japan

本文描写的是受过教育的日本人的言语风格，他们在东京或者在音高重调系统与东京相似的其他地区长大。标音是基于一名25岁的学生的录音，他的口语是这种背景下该年龄段人群口语的典型代表。

辅音

	双唇音	唇齿音	齿音	龈音	龈后音	硬腭音	软腭音	小舌音	声门音
爆发音	p　b		t　d				k　ɡ		
塞擦音				tˢ					
鼻　音	m		n					N	
闪　音					ɾ				
擦　音				s　z					h
近　音						j	w		

p	pán	面包	t	táijo:	太阳	k	kaze	风
b	bán	轮到（某人）	d	daNdaN	逐渐地	ɡ	ɡaito:	外套
			tˢ	tˢu:tˢi	通知		íɡaku	医学
m	mázu	首先	n	náni	什么	N	zéni	善意
			ɾ	ɾáN	兰花		（又见/b, p, d, ɾ/）	

s	suːsi	数词	h	hana	鼻子
z	zátʊ̈uzi	杂事			
j	jamá	山	w	wa	（助词）
	mjakú	脉搏			

元音

i	ími	意义
e	éme	微笑！(古语祈使语气)
a	áma	女性潜水者(为了鲍鱼)
o	ómo	（表）面(古语)
u	úmu	化脓

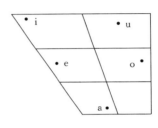

元音音长

ozisántatˢi	叔叔(pl)	oziːsántatˢi	祖父(pl)
hodo	程度,范围	hodoː	人行道

音高重调

hási	筷子	hási o nuʈu	给筷子刷漆
hasí	桥	hasí o nuʈu	给桥刷漆
hasi	边缘	hasi o nuʈu	给边缘刷漆

规则

　　/p，t，tˢ，k/轻微送气。这些音以及其他清阻塞音的音节末尾(莫拉的)形式会作为倍音的首音出现,例如:/happoː/"开火",/jatto/"最后",/gakkoː/"学校",/hossa/"(疾病)发作"。/tˢ/的倍音形式是/ttˢ/,例如:/kuttˢukemásita/"贴上的,附上的"。/b/正常情况下为[b],但在快速的语流中,可能会变为[v̥]或[β]。元音

171

之间的/g/倾向于发[ɣ]。年纪较大的人或其他较为保守的人在所有的词中位置都会使用[ŋ]，主要除了数字名称中的/gó/"五"字外，例如在/nízju:gó/[ɲízu:gó]"二十五"这个词里时。与罗马字母"r"相对应的/ɽ/是龈后音，而非卷舌音，通常出现在词中位置。在词首和/ɴ/之后，该辅音是一个典型的塞擦音[dɽ̝]，有短暂的摩擦。龈后音[l]可能出现在任何位置。近音[ɹ]可能会偶然出现在某些语音环境中。/tˢ/一般情况下读[ts]，但在/i/之前会读[tɕ]。/i/前面的/n/读前硬腭音[ɲ]，而在/u/前面时，一些人可能把它读成龈音。/i/前的辅音通常都有很强的硬腭化趋向，例如/mi/[mʲi]"身体"。/ɴ/代表一个莫拉的鼻音，发音非常多变。词尾后有停顿时，它是一个典型的小舌鼻音，舌位松弛，或者是半闭的鼻化元音。这种鼻化元音在元音或近音前，或者在/h/、/s/之前都有体现，例如，/zéni/[ᵈzéĩ]"善意"，/honjaku/[hoĩjaku]"翻译"（名词），/zenhan/[ᵈzeɣ̃han]"上半场"。在其他辅音前，它与后面的辅音发音部位相同，例如/sínpo/[ɕímpo]"进步"，/sínni/[ɕínɲi]"真的"，/sínɽi/[ɕíndɽ̝i]"真理"。/i/前的/s/和/z/读为[ɕ]和[ʑ]。词首或/ɴ/后的/z/倾向于读[ᵈz]（在/i/之前读[ᵈʑ]）。/h/在/i/和/u/之前分别倾向于读[ç]和[ɸ]。/hh/读[çç]、[xx]或[ɸɸ]，发音取决于（一般是相同的）周围的元音环境。/j/像/i/一样影响前面的辅音，它本身也被同化，因此，/mjakú/[mʲakú]"脉搏"，/tˢja/[tɕa]"茶"，/sjó:/[ɕó:]"奖"，/kanju:/[kaɲu:]"加入"。/i, j/前面的/t, d/一般限于借词，基本不腭化，因此有/ti:pá:ti:/[ti:pá:ti:]"茶话会"，/diɽékuta:/[diɽékuta:]"导演"，/djúaɽu/[djúaɽu]"双的"。/w/只有轻微圆唇或不圆唇（/o/后面例外），但是也不展唇。

/u/听感上与[ɯ]相似，发音时嘴唇后缩，所以不圆唇，也不展唇；用严式方法标音的话是[ʉ̞]或[ɯ̈]。双唇间的垂直缝隙非常狭

172

窄,水平面上的缝隙长度通常比发[i]短得多。在年轻人中,还会在[ɨ]区域出现一个非常靠前的变体。除了重调音节或加长音节,清辅音之间的/i,u/倾向于读作清音化的[i̥,u̥]。通常,前面的擦音会完全取代它们。词尾非重调的/su/通常读作[s̩]。

词汇层面上有两个相关的音高:高调和低调。在一个词内部,如果第一个莫拉是高调,那么第二个莫拉肯定是低调,反之亦然。用锐重音符来标莫拉,á就被看作重调,并且是高调。如果它前面有多个莫拉,那么高调就扩展到词的起始,一直到第二个莫拉。没有重调标记的词以低调开始,并从第二个莫拉开始向前逐渐变高。重调后的所有莫拉都是低调,直到出现另一个重调或者多音节词,只有这个时候重调规则才能反复应用。应该注意/hasi/"桥"和/hasi/"边缘"这样的词语对子,单念时,都是低—高调模式,但是后面跟有其他音段时就有区别了。后面跟随的音在重调之后读低调,否则读高调。当一个长(两个莫拉)元音标上重调时,只有第一个莫拉是高调,而且两个莫拉之间会出现音高下降。

录音文本标音

áɾutoki kitakaze to táijoː ga t͡sikaɾakúɾabe o simásita. tabibito no gaitoː o nugáseta hóː ga kat͡s̩i to juː kotó ni kimete, mázu, kitakaze kaɾa hazimemásita. kitakaze wa, náni, hitomákuɾi ni site misejóː, to, hagésiku hukitatemásita. suɾuto tabibito wa, kitakaze ga hukéba hukúhodo gaitoː o sikkáɾito kaɾada ni kutt͡sukemásita. kóndo wa táijoː no bán ni naɾimásita. táijoː wa kúmo no aida kaɾa jasasii kao o dásite, atatákana hikaɾi o okuɾimásita. tabibito wa dandaɴ jói kokoɾomot͡s̩i ni nátte, simai nĩ wa gaitoː o nugimásita. sokode kitakaze no make ni naɾimásita.

173

罗马化转写（赫伯恩系统）

Arutoki Kitakaze to Taiyō ga chikara-kurabe o shimashita. Tabibito no gaitō o nugaseta hō ga kachi to yū koto ni kimete, mazu Kitakaze kara hajimemashita. Kitakaze wa, 'Nani, hitomakuri ni shite miseyō', to, hageshiku fukitatemashita. Suruto tabibito wa, Kitakaze ga fukeba fukuhodo gaitō o shikkarito karada ni kuttsukemashita. Kondo wa Taiyō no ban ni narimashita. Taiyō wa kumo no aida kara yasashii kao o dashite, atatakana hikari o okurimashita. Tabibito wa dandan yoi kokoromochi ni natte, shimai ni wa gaitō o nugimashita. Sokode Kitakaze no make ni narimashita.

正字法版本

ある時、北風と太陽が力くらべをしました。旅人の外套を脱がせた方が勝ちという ことに決めて、まず北風から始めました。北風は、『なに、一まくりにして見せ よう』と、激しく吹き立てました。すると旅人は、北風が吹けば吹くほど外套を しっかりと体にくっつけました。今度は太陽の番になりました。太陽は雲のあい だから優しい顔を出して暖かな光を送りました。旅人は段々よい心もちになって、 しまいには外套を脱ぎました。そこで北風の負けになりました。

韩　　语

Hyun Bok Lee

Phonetics Laboratory，Department of Linguistics，Seoul National University，Seoul 151-742，Korea

本文描写的语音是以首尔及其附近地区的韩语变体为基础的，该语言变体被广泛认为是朝鲜半岛的标准语言。不过，它不同于朝鲜平壤的语音，比如元音和辅音的音质、元音音长、重调、韵律以及语调等语音特征。

辅音

	双唇音	唇齿音	齿音	龈音	龈后音	硬腭音	软腭音	声门音
爆发音	p pʰ b			t tʰ d			k kʰ g	
鼻　音	m			n			ŋ	
擦　音				s z				h
塞擦音					c cʰ ɟ			
边近音				l				

p	pal	吸吮	t	tal	女儿	k	kal	扩展
pʰ	pʰal	手臂	tʰ	tʰal	骑	kʰ	kʰal	刀
b	bal	脚	d	dal	月亮	g	gal	去
m	mal	马	n	nal	（一）日	ŋ	baŋ	房间
			s	sal	大米	h	hal	行为

z	zal	肉
c	cal	挤压
cʰ	cʰal	踢
ʄ	ʄal	好
l	balam	风

元音

a）单元音

韩语里有 9 个元音，每个元音又分长短对立。在首尔语音中，元音/ø(ː)/通常读作［we］，不过，也有一些读/we/的词不是从/ø/派生来的。鉴于首尔人用二合元音替代/ø/的发音倾向具有压倒性优势，设定现代标准韩语是只有 8 个元音的系统可能更合适。元音数量对元音音质的影响很大。长元音的发音比相应的短元音更具有周边性，短元音有央化特征，或舌位较低。长音和短音/ʌ(ː)/音质差别很大：短/ʌ/是一个半低非圆唇后元音，而长/ʌː/却表现为央元音［əː］。

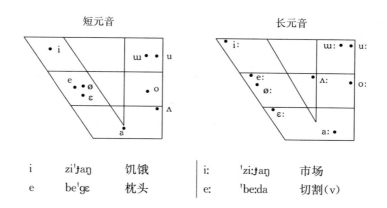

i	ziˈʄaŋ	饥饿	iː	ˈziːʄaŋ	市场
e	beˈgɛ	枕头	eː	ˈbeːda	切割（v）

ɛ	thɛˈjaŋ	太阳	ɛː	ˈthɛːdo	态度
a	ˈmal	马	aː	ˈmaːl	言语
o	boˈli	大麦	oː	ˈboːzu	薪水
u	guˈli	青铜	uː	ˈzuːbag	西瓜
ʌ	ˈbʌl	惩罚	ʌː	ˈbʌːl	蜜蜂
ɯ	ˈʌːlɯn	年长者(pl)	ɯː	ˈɯːmzig	食物
ø	ˈgjoːhø	教堂	øː	ˈøːtʰu	外衣
	ˈgjoːhwe			ˈweːtʰu	

b）二合元音

/j，w/应被看作二合元音的构成成分，而非单独的辅音。

/je/	ˈjeːzan	预算	/wi/	dwi	背部	/ɯi/	ˈɯiza	医生
/jɛ/	ˈjɛːgi	故事	/we/	gwe	盒子			
/ja/	ˈjaːgu	棒球	/wɛ/	wɛ	为什么			
/jo/	ˈgjoːza	老师	/wa/	gwaːˈil	果实(pl)			
/ju/	juˈli	玻璃						
/jʌ/	jʌˈgi	这里	/wʌ/	mwʌ	什么			

重音

　　韩语的重音位置是可预测的。多音节词的首音节为重音节时，重音位于词首，也就是说，由于元音之间有辅音，重音节要么包含一个长元音，要么有一个音节尾辅音。其他多音节词的重音都位于第二个音节。重读音节比非重读音节读音更长，更响亮。

　　1）重音在第一个音节上的词：

177

a) 第一音节中有长元音：

/ˈgaːɟaŋ/"伪装"，/ˈzʌːli/"代理首领"

b) 第一音节是闭音节：

/ˈzanzu/"风景"，/ˈcʰulgu/"出口"

c) 第一个音节既有长元音又是闭音节：

/ˈzaːnzu/"算术"，/ˈgaːmza/"感谢"

2) 重音在第二音节上的词：

/gaˈɟaŋ/"最"，/zʌˈli/"霜"，/zaˈdali/"梯子"

规则

/b，d，g/在音节起首时是清不送气的（或轻微送气的）弱爆发音（lenis plosives）[b̥，d̥，g̊]，但在元音之间的位置上时会有规律地读为浊音。/ɟ/有相同的嗓音变化。/z/是弱的龈清擦音；有时候在元音之间，特别是在鼻音之前时，读作浊音[z]，例如非正式语体中的/gaːmza/"感谢"，/inza/"问候语（pl）"。/p，t，k，c，s/是音节起首的清不送气的强（fortis）辅音，发音时声门有部分紧缩，再加上喉下的压力。/pʰ，tʰ，kʰ，cʰ/是音节起首的强送气清辅音。

音节末尾位置的/b，p，pʰ/读作不爆发的双唇清塞音[p˺]，/d，t，tʰ，ɟ，c，cʰ/读作不爆发的龈清塞音[t˺]，/g，k，kʰ/读作不爆发的软腭清塞音[k˺]。除了以上几类，还有四个响音/m，n，ŋ，l/可以出现在音节末尾。

/ɟ，c，cʰ/在音节起首是龈后清塞擦音。/z/和/s/读作龈腭擦音[cʰ]，如果后面跟着/i/或者以/j/起始的二合元音时，读作[ɕ]。/h/在/i/和[j]前读作[ç]，在[ɯ]前读作[x]，在浊音之间时读作[ɦ]，在其余环境下读作[h]。/n/在/i/和[j]前读作/ɲ/，在其余环

境下读作[n]。/l/在元音之间时读作[ɾ]，但在音节末尾读作[l]或
[ḷ]，在/i/或[j]前读作[ʎ]；/ll/根据元音环境不同分别读作[ll]
或[lʎ]。

录音文本宽式标音

ba'lamgwa 'hɛnnimi zʌ'lo hi'mi 'dʌ 'zeːdago da'tʰugo i'sɯl tɛ, 'han
na'gɯnega ta'tɯtʰan 'weːtʰulɯl 'ibgo 'gʌːlʌ wa'sɯmnida. gɯ'dɯlɯn
nu'gudɯnʥi na'gɯnewi 'weːtʰulɯl 'mʌnʥʌ 'bʌdginɯn niga hi'mi 'dʌ 'zeːdago
ha'gilo 'gjʌlʥʌŋhɛsɯmnida. bugpʰuŋɯn 'himkʌd bu'lʌsɯna 'buːlmjʌn
'buːlsulog na'gɯnɛnɯn 'weːtʰulɯl 'dandanhi jʌ'mjʌsɯmnida. gɯ 'tɛe
'hɛnnimi tɯ'gʌun 'hɛdbicʰɯl ga'manhi nɛ'ljʌ 'cweːni na'gɯnenɯn
'weːtʰulɯl 'ʌllɯn bʌ'zʌsɯmnida. i'lihajʌ 'bugpʰuŋɯn 'hɛnnimi 'duːlʥuŋe
hi'mi 'dʌ 'zeːdago 'inʥʌŋhaji a'nɯl zu 'ʌːbzʌsɯmnida.

录音文本严式标音

b̥a'ramgwa 'hɛnɲimi ʑʌ'ro çi'mi 'dʌ 'ʑeːdago d̥a'tʰugo i'sɯḷ tɛ, 'han
na'gɯnega ta'tɯtʰan 'weːtʰuɾɯḷ 'ib̥ko 'g̊əːɾʌ wa'sɯmp̚ida. g̊ɯ'dɯɾɯn
nu'gudɯnʥi na'gɯnewi 'weːtʰuɾɯḷ 'mʌnʥʌ 'b̥ʌd̥kinɯn ɲiga çi'mi 'dʌ 'ʑeːdago
ha'giro 'g̊jʌḻcʌŋhɛsɯmp̚ida. b̥u̥g̊pʰuŋɯn 'çimkʌd̥ b̥u'ɾʌsɯna 'b̥uːlmjʌn
'b̥uːlsuɾog̊ na'gɯnɛnɯn 'weːtʰuɾɯḷ 'd̥andanɦi jʌ'mjʌsɯmp̚ida. g̊ɯ 'tɛe
'hɛnɲimi tɯ'gʌun hɛd̥'picʰɯḷ g̊a'manɦi nɛ'rjʌ 'cweːɲi na'gɯnenɯn
'weːtʰuɾɯḷ 'ʌḻlɯn b̥ʌ'zʌsɯmp̚ida. i'rihajʌ 'b̥u̥g̊phuŋɯn 'hɛnɲimi 'd̥uːḻcuŋe
çi'mi 'd̥ʌ 'ʑeːdago 'inʥʌŋhaʥi a'nɯḷ su 'əːb̥sʌsɯmp̚ida.

正字法版本

바람과 햇님이 서로 힘이 더 세다고 다투고 있을 때, 한 나그네가 따뜻한 외투를 입
고 걸어 왔습니다. 그들은 누구든지 나그네의 외투를 먼저 벗기는 이가 힘이 더 세다
고 하기로 결정했습니다. 북풍은 힘껏 불었으나 불면 불수록 나그네는 외투를 단단히
여몄습니다. 그 때에 햇님이 뜨거운 햇빛을 가만히 내려쬐니, 나그네는 외투를 얼른
벗었습니다. 이리하여 북풍은 햇님이 둘중에 힘이 더 세다고 인정하지 않을 수 없었
습니다.

韩文语音标音

ㅂㅏㄹㅏㅁㅋㅜㅏ ㅎㅐㄴㄴㅣㅁㅣ ㅅㅓㄹㅗ ㅎㅣㅁㅣ ㄷㅓ ㅅㅔ:ㄸㅏㅋㅗ ㄷㅏㅌㅜㅋㅗ ㅣㅆㅡㄹ ㄸㅐ, ㅎㅏㄴ ㄴㅏㅋㅡㄴㅔㅋㅏ ㄸㅏㄸㅡㅌㅏㄴ ㅜㅔ:ㅌㅜㄹㅡㄹ ㅣㅂㄲㅗ ㄱㅕ:ㄹㅓㅜㅏㅆㅡㅁㄴㅣㄸㅏ. ㄱㅡㄸㅡㄹㅡㄴ ㄴㅜㅋㅜㄸㅡㄴㅅㅣ ㄴㅏㅋㅡㄴㅔㅡㅣ ㅜㅔ:ㅌㅜㄹㅡㄹ ㅁㅓㄴㅈㅓ ㅂㅓㄷㄲㅣㄴㅡㄴ ㄴㅣㅋㅏ ㅎㅣㅁㅣ ㄷㅓ ㅅㅔ:ㄸㅏㅋㅗ ㅎㅏㅋㅣㄹㅗ ㄱㄴㅓㄹㅉㅓㅇㅎㅐㅆㅡㅁㄴㅣㄸㅏ. ㅂㅜㄱㅠㅜ̊ㅡㄴ ㅎㅣㅁㄲㅓㄷ ㅂㅜㄹㅓㅆㅡㄴㅏ ㅂㅜ:ㄹㅁㄴㅓㄴ ㅂㅜ:ㄹㅆㅜㄹㅗㄱ ㄴㅏㄱㅡㄴㅔㄴㅡㄴ ㅜㅔ:ㅌㅜㄹㅡㄹ ㄷㅏㄴㄸㅏㄴㅎㅣ ㄴㅓㅁㄴㅓㅆㅡㅁㄴㅣㄸㅏ. ㄱㅡㄸㅐㅔ ㅎㅐㄴㄴㅣㅁㅣ ㄸㅡㅋㅓㅜㄴ ㅎㅐㄷㅃㅣㅊㅡㄹ ㄱㅏㅁㅏ:ㄴㅎㅣ ㄴㅐㄹㄴㅓ ㅉㅜㅔ:ㄴㅣ, ㄴㅏㅋㅡㄴㅔㄴㅡㄴ ㅜㅔ:ㅌㅜㄹㅡㄹ ㅓㄹㄹㅡㄴ ㅂㅓㅅㅓㅆㅡㅁㄴㅣㄸㅏ. ㅣㄹㅣㅎㅏㄴㅓ ㅂㅜㄱㅠㅜ̊ㅡㄴ ㅎㅐㄴㄴㅣㅁㅣ ㄷㅜ:ㄹ ㅉㅜㅇㅔ ㅎㅣㅁㅣ ㄷㅓ ㅅㅔ:ㄸㅏㅋㅗ ㅣㄴㅈㅓㅇㅎㅏㅈㅣ ㅏㄴㅡㄹ ㅆㅜ ㅕ:ㅂㅆㅓㅆㅡㅁㄴㅣㄸㅏ.

波 斯 语

M<small>OHAMMAD</small>-R<small>EZA</small> M<small>AJIDI AND</small> E<small>LMAR</small> T<small>ERNES</small>

Institut für Phonetik, Allgemeine Sprachwissenschaft und Indogermanistik, Universität Hamburg, Bogenallee 11, D-20144 Hamburg, Germany

　　本文描写的是德黑兰地区许多受过教育的波斯人的言语风格。它基于一位 45 岁男性发音人的录音。

辅音

	双唇音	唇齿音	齿音	龈后音	硬腭音	软腭音	声门音
爆发音	p　b		t　d			k　g	ʔ
鼻　音	m		n				
擦　音		f　v	s　z	ʃ　ʒ		x　ɣ	h
塞擦音				tʃ　dʒ			
颤　音			r				
近　音					j		
边近音			l				

p	pær	羽毛	t	tir	箭	k	kur	瞎的
b	bær	水果	d	dir	迟的,晚的	g	gur	坟墓
m	nɒm	名字	n	nɒn	面包	x	xæm	弯曲
f	nɒf	肚脐	s	sir	大蒜	ɣ	ɣæm	悲伤

181

v	nɒv	军舰	z	zir	在……下面	ʔ	tæʔsir	印象
r	siri	饱食	ʃ	ʃɒʃ	尿	h	kuh	山
l	sili	拍	ʒ	ʒɒʒ	闲聊	j	jek	一
			tʃ	tʃire	胜利的			
			dʒ	dʒire	定量			

元音

i	dir	迟的,晚的
e	del	心
æ	dær	门
ɒ	dɒr	绞架
o	por	充满的
u	dur	远

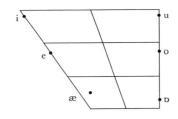

重音

重音区别意义:['mærdi] mærdi "一个男人"

　　　　　　　[mær'di] mærdi "成年"

规则

　　词首位置的/p，t，k/是强送气音,其余位置的是弱送气音。词尾位置的/b，d，g/和/v，z，ʒ，ɣ/轻微地清音化。/ɣ/在词首位置、鼻音之后以及重叠时读[ɢ];否则为后软腭音[ɣ]。/m，n/在词尾清辅音后读作清鼻音。/f，v/之前的/m/读[ɱ]，/k，g/之前的/n/读[ŋ]，/ɣ/之前的/n/读[ŋ]。/r/有时读[ɾ],有时读[ɹ]。/v/在/o/之后读[w],其余条件下读[v]。

　　元音长度不区别意义,但重读位置上的元音都相当长。一般意义上来说，/i, ɒ, u/比/e, æ, o/要长一些，辅音丛之前的/e, æ, o/读长音或半长音。鼻音前或鼻音后的元音都是鼻化音。词首元音之前带声门音[ʔ]，间断的元音之间用[ʔ]隔开。/ɒ/是非圆唇元音。其他元音的发音部位如图所示。

录音文本标音

ˈjek ˈruzi ˈbɒde ʃoˈmɒl bɒ xorˈʃid bɒhæm dæʔˈvɒ ˈmikærdænd, ke ˈɒjɒ koˈdɒmjeki ɣæviˈtæræst. dær ˈɒn ˈhin mosɒˈferi reˈsid, ke læbbɒˈdeje koˈlofti be ˈdovre ˈxodeʃ pitʃiˈde bud. ɒnˈhɒ ɣæˈrɒr ˈgozɒʃtænd, ˈhærkoˈdɒmeʃɒn, ke ˈævvæl ˈbetævɒnæd mosɒˈferrɒ mædʒˈbur konæd læbbɒˈdeæʃrɒ ˈbekænæd, mæʔˈlum ˈmiʃævæd, ke ˈzuræʃ biʃˈtæræst. ˈbɒde ʃoˈmɒl tɒ tævɒnest væˈzid, ˈæmmɒ ˈhærtʃe biʃˈtær væˈzid, mosɒˈfer læbbɒˈdeæʃrɒ biʃˈtær ˈdovre ˈxodeʃ ˈdʒæmʔ kærd. ɒɣeˈbæt ˈbɒde ʃoˈmɒl xæsˈte ʃod væ ˈdæst ˈbærdɒʃt. ˈbæʔd xorˈʃid tɒˈbid, væ hæˈvɒ inˈɣædr ˈgærm ʃod ke fovˈri mosɒˈfer læbbɒˈdeæʃrɒ ˈdærɒværd. pæs ˈbɒde ʃoˈmɒl mædʒˈbur ʃod eɣˈrɒr konæd ke xorˈʃid ˈzuræʃ biʃˈtæræst.

正字法版本

یک روزی باد شمال با خورشید با هم دعوا می‌کردند که آیا کدام یکی قویتر
است. در آن حین مسافری رسید، که لبّاده‌ٔ کلفتی به دور خودش پیچیده بود.
آنها قرار گذاشتند، هرکدامشان که اوّل بتواند مسافر را مجبور کند لبّاده‌اش را
بکند، معلوم می‌شود که زورش بیشتر است. باد شمال تا توانست وزید. امّا هرچه
بیشتر وزید، مسافر لبّاده‌اش را بیشتر دور خودش جمع کرد. عاقبت باد شمال
خسته شد و دست برداشت. بعد خورشید تابید، و هوا اینقدر گرم شد که فوری
مسافر لبّاده‌اش را در آورد. پس باد شمال مجبور شد اقرار کند که خورشید
زورش بیشتر است.

欧洲葡萄牙语

MADALENA CRUZ-FERREIRA

Department of English Language and Literature, National University of Singapore, 10 Kent Ridge Crescent, Singapore 119260

下述欧洲葡萄牙语语音是以里斯本方言为基础的。标音文本记录的是里斯本当地一位 45 岁女性的语音,是受过教育的人的口语形式。如无其他说明,欧洲葡萄牙语的所有音位都出现在该文本中。

欧洲葡萄牙语由几个地域性的变体组成,包括马德拉和亚速尔群岛的口音。里斯本口音是葡萄牙本土两个全国性标准变体之一,另一种是科英布拉市地区的口音。

该语言有元音和辅音的软腭化共鸣特征,因为舌位通常会后缩并抬高。另外,一种全松的发音会进一步影响元音音质和嗓音性,同时也影响浊辅音的发音和浊音化。应该指出的是,上述特征并不是非正式的或漫不经心的口语所独有的,特定的韵律模式也有这种特征。这些特征非常显著,足以区分欧洲葡萄牙语与巴西葡萄牙语。

辅音

	双唇音	唇齿音	齿音	龈音	腭−龈音	硬腭音	软腭音	小舌音
爆发音	p b		t d				k ɡ	
鼻 音	m		n			ɲ		
擦 音		f v	s z	ʃ ʒ				ʁ
拍 音				ɾ				
边近音			l			ʎ		

p	'patu	*pato*	鸭子(m)	t	'tatu	*tacto*	机智	k	'katu	*cacto*	仙人掌
b	'batu	*bato*	我打	d	'datu	*dato*	我约会	g	'gatu	*gato*	猫(m)
m	'matu	*mato*	我杀	n	'natu	*nato*	天生(m)	ɲ	'piɲɐ	*pinha*	松果
f	'fatu	*fato*	服装	s	'kasu	*caço*	我打猎	ʃ	'ʃatu	*chato*	公寓(m)
v	'viɲɐ	*vinha*	藤	z	'kazu	*caso*	我结婚	ʒ	'ʒatu	*jacto*	喷气式飞机
				ɾ	'piɾɐ	*pira*	（火葬用的）柴堆	ʁ	'ʁatu	*rato*	老鼠(m)
				l	'liɲɐ	*linha*	线	ʎ	'piʎɐ	*pilha*, ʎ	电池

元音

　　欧洲葡萄牙语有14个单元音,其中有9个口元音和5个鼻化元音。这些元音通常用四个高度值和三个前后值描述。除了元音/ɯ/之外,其他元音根据文献中普通认同的值,位置如下图所示。元音/ɯ/只出现在非重读音节中,经常用/ə/表示,但与弱性元音的央中音质并不相同。它是一个稍前、稍低的后高非圆唇元音;因此,此处选择这个符号来标音。下面的元音图描写的是元音的目标发音部位,在语流中一般是"地包天式的",从而导致更央化的音质。

口元音

i	vi	*vi*	看见了(1 sg)
e	ve	*vê*	看见(3 sg)
ɛ	sɛ	*sé*	大教堂
a	va	*vá*	去(3 sg)
ɔ	sɔ	*só*	单独的
o	so	*sou*	我是
u	'mudu	*mudo*	哑的(m)

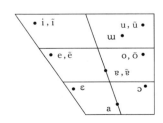

ɐ	pɐˈgaɾ	*pagar*	支付
ɯ	pɯˈgaɾ	*pegar*	抓住

鼻化元音

ĩ	vĩ	*vim*	来了（1 sg）
ẽ	ˈẽtɾu	*entro*	进入（1 sg）
ɐ̃	ˈɐ̃tɾu	*antro*	洞穴
õ	sõ	*som*	声音（n）
ũ	ˈmũdu	*mundo*	世界

二合元音

该语言中有 14 个二合元音，其中有 10 个口元音和 4 个鼻化元音，如下图所示。在标音文本中，/ɛi，ɔi，ui，ɛu/没有出现。

ɛi	ɐˈnɛiʃ	*anéis*	戒指（n pl）
ai	sai	*sai*	出去（3 sg）
ɐi	sɐi	*sei*	知道（1 sg）
ɔi	mɔi	*mói*	磨碎（3 sg）
oi	ˈmoitɐ	*moita*	灌木丛
ui	ɐˈnuiʃ	*anuis*	同意（2 sg）
iu	viu	*viu*	看到了（3 sg）
eu	meu	*meu*	我的（poss m）
ɛu	vɛu	*véu*	面纱
au	mau	*mau*	坏的（m sg）
ɐ̃i	sɐ̃i	*cem*	百
õi	ɐˈõiʃ	*anões*	矮人（m pl）
ũi	ˈmũitɐ	*muita*	许多（f）
ɐ̃u	mɐ̃u	*mão*	手（n）

规则

除了在词首位置（和鼻化元音后），浊爆发音/b，d，g/通常读成擦音[β，ð，ɣ]。音节末尾的/ʃ，ʒ/只是轻微摩擦。音节末尾的/ʃ/在浊辅音之前变读为[ʒ]（除了在其自身/ʒ/之前时，此时音节末尾的/ʒ/省略），而在词内和跨词界环境中的音节起首的元音前读作[z]，例如，标音文本中[kʊal dʊʒ doiz ˈɛɾɔ] *qual dos dois era o* "这两个中的哪个是"。/l/在任何情况下都被软腭化。

/r/不出现在词首位置，/ɲ，ʎ/只出现在一些借词词首，/ʎ/还可以出现在附着代词/ʎm/*lhe*"对他/她/它"中，以及它所有的词形变化形式中。

所有元音在/l/前面都有舌位偏低和偏后的音位变体，在龈音、腭-龈音以及硬腭辅音前面，所有元音都有舌位偏上和偏前的变体。词尾位置的/ɯ/和词尾非重读的/ɐ，u/读清音或不读音。

尽管标音用了[i]和[u]，二合元音的终点处倾向于更央化一点。对于[u]来说，其圆唇程度没有这些标音符号所显示的那么圆。里斯本口音中的二合元音/ɐi/倾向于一个起首偏后一点的[ɐ̈i]或[ʌ̈i]。一些词的后滑音（offglide）完全消失，例如，/ˈpɐiʃɯ/ *peixe*"鱼（n）"读作[pɐʃ]。

在一个元音序列中，如果第一个元音是非重读的/i/或/u/，第二个是重读元音，那么第一个元音可能会失去音节性，例如，/ʁiˈal/ *real*"真的"可以读作单音节的[ʁi̯al]，/muˈidɐ/*moída*"磨细的"（adj，f）读作[ˈmu̯idɐ]。

韵律成分

词汇重音

词汇重音区别意义。重音是一种改变词类的有效手段，例如，名词与动词对立的对子：[ˈduvidɐ] *dúvida* "怀疑 (n)"，[duˈvidɐ] *duvida* "怀疑 (v，3 sg)"。还有一种不太经常出现的情况，重音也可以造成同一词类内部的对立，例如名词 [ˈtunɛl] *túnel* "隧道"，[tuˈnɛl] *tonel* "酒桶"。

大多数葡萄牙语词的重音位于倒数第二个音节上，尽管词汇重音有可能位于词语最后三个音节中的任何一个，甚至在带后附着形式的 (enclitic) 人称代词的动词形式里位于倒数第四个音节上，例如，[ʃɐˈmavɐmuʃtɯ] *chamávamos-te* "我们给你打电话（单数）"，[ɐkɐˈbavɐsɯʎɯ] *acabava-se-lhe* "他/她/它用完了"。有二合元音的音节，如果二合元音不承载主重音的话，则会承载次重音，例如，[ˌauˈtẽtiku] *autêntico* "可信的（阳性，单数）"。

节奏、元音弱化和清音化

欧洲葡萄牙语是一种非重读音节元音弱化的重音节拍型语言 (stress-timed language)。在语流中，非重读元音要么央化，要么完全脱落，处在非重读位置的辅音和元音可能清音化 (Mateus，1975；Willis，1971)。例如标音文本中的 /ẽˈvoltu/，发音是 [ũˈvolt]，*envolto* "有包装的（阳性）"；/dɯziʃˈtiu/，发音为 [dʒʃtiu] *desistiu* "放弃了"（第三人称），此处，一个潜在的三音节词弱化为一个起首复杂的单音节词。

语调

葡萄牙语的语调可以分析为一套与短语长度 (phrase-length) 的语调韵律段相关的核心声调 (nuclear tones)。核心声调落在重读音节上，通常是语调韵律段的最后一个重读音节上。如果核心音节不是语调韵律段的末音节，那么核心音高 (nulear pitch) 继续移至后面任何一个弱读音节上。正常情况下，只有在需要完成一个语调模式时，这种弱读音节才发音。

　　葡萄牙语有六个主要的核心声调，三个降调，两个升调，还有一个升降调。对于这些声调，本文是在核心音节前用"声调符号"标注。低降调(ꜜ)是中性调，用于陈述句和带疑问词的疑问句；高降调(ꜘ)通常与强调联系在一起；超低降调用于感叹句和祈使句中。低升调(ꜛ)是典型的是/非疑问句声调，是话语持续或未完成的标记。高升调(ꜙ)与反问句相关，或者与请求复述先前话语的问句相关。升降调(ꜗ)是暗示和含蓄的典型标记。标音文本中只出现了低降调和低升调。Cruz-Ferreira(1998)提供了一个更为全面的韵律系统的概述。

录音文本标音

　　下面提供的标音在一定意义上是严式记音，包括连读变调现象的记录(Herslund，1986)，例如，在第一行中，[ˈɛɾɔ]是/ˈɛɾɐ u/的缩减式，包括音高偏移(pitch excursions)。包含目标元音音质的非重读音节不标次重音；次重音只用于有二合元音的音节。升阶的音节后面跟着的是低调或降调音节，降阶的音节后面跟着的是低调或升调音节。由于升阶和降阶不一定出现在重读音节中，所有不用声调标记表示的主重音都在标音中显示出来。

u ꜛvētu ˈnɔɾt ꜛi u sɔl dʃkuˈtiɐu ꜛkɐal duʒ doiz ꜛɛɾɔ maiʃ ꜜuʃfɔʃ | ꜛkɐ̯ēdu susuˈdeu pɐˈsaɾ ū vieꜛʒētɯ ɐ̯ꜛvolt numɐ ꜜkapɐ ‖ au ꜜvelu | ˈpõiꜛɐ̃is dieꜜˈkoɾdu ɐ̃i ˈkomu ɐꜛkel kɯ priꜛˈmeiɾu kõsˈgis ɔbɾiˈgaɾ u vieꜛʒētɯ ɐ tiˈraɾ ɐ ꜜkapɐ | sɾiɐ kõsiduꜛˈraʃdu u maiʃ ꜜfɔɾʃ ‖ u ꜛvētu ˈnɔɾtɯ kumuˈso ɐ suˈpɾaɾ kõ ˈmūitɐ ꜜfuɾiɐ | maʃ ꜛkɐ̯ētu maiʃ suꜜpɾavɐ | maiz ꜛu vieꜛʒētɯ si ɐkõʃꜛꜜgava suɐ ꜜkapɐ | ɐˈtɐ ꜛkiu ˈvētu ˈnɔɾtɯ ꜜdʒʃtiu ‖ ꜛu sɔl bɾiˈʎo ɐ̃ˈtɐu kõ ˈtodu ʃpleꜜˈdoɾ | i ꜛimɯdiateˈmēt u vieꜛʒētɯ tiˈro ɐ ꜜkapɐ ‖ u ꜛvētu ˈnɔɾtɯ tev ɐˈsĩ dɯ ʂkuɲuꜛˈseɾ ɐ supɯriuɾiˈdad ꜛɔsɯ ꜜsɔl ‖

正字法版本

O vento norte e o sol discutiam qual dos dois era o mais forte, quando sucedeu passer um viajante envolto numa capa. Ao vê-lo, pōem-se de acordo em como aquele que primeiro conseguisse obrigar o viajante a tirar a capa seria considerado o mais forte. O vento norte começou a soprar com muita fúria, mas quanto mais soprava, mais o viajante se aconchegava à sua capa, até que o vento norte desistiu. O sol brilhou entāo com todo o esplendor, e imediatamente o viajante tirou a capa. O vento norte teve assim de reconhecer a superioridade do sol.

致谢

我想感谢 Paroo Nihalani 教授帮助我了解了 IPA 字体的实现。

参考文献

CRUZ-FERREIRA, M. (1998). Intonation in European Portuguese. In Hirst, D. and di Cristo, A. (editors), *Intonation Systems: A Survey of Twenty Languages.* Cambridge University Press.

HERSLUND, M. (1986). Portuguese sandhi phenomena. In Andersen, H. (editor), *Sandhi Phenomena in the Languages of Europe*, 505—18. Amsterdam: Mouton de Gruyter.

MATEUS, M. H. M. (1975). *Aspectos da Fonologia Portuguesa* (Publicaçōes do Centro de Estudos Filológicos 19). Lisbon: Instituto de Alta Cultura.

WILLIS, R. C. (1971). *An Essential Course in Modern Portuguese*, revised edition. London: Harrap.

信　德　语

PAROO NIHALANI

Department of English Language and Literature
Oita University，700 Dannoharu Oita-City 870-1192，Japan

　　本文描写的信德语变体大致是 Vicholi 方言的代表,该方言被看作"标准方言"。这种方言有着特殊的威望,因为信德族最著名的诗人 Abdul Latif 用这种方言书写了经典的诗歌"Shah jo Rasalo"。本文的描写基于作者自己的话语,相当程度上保留了口语风格。标音基于一位男性发音人的录音,他生长在巴基斯坦的信德省,1947 年移民到印度,是第一代使用标准信德语的人。有关信德语的更详细的讨论见 Khubchandani(1961)。

辅音

	双唇音	唇齿音	齿音	龈音	龈后音	硬腭音	软腭音	声门音
爆发音	p　b pʰ　bʱ		t　d tʰ　dʱ		ʈ　ɖ ʈʰ　ɖʱ		k　g kʰ　gʱ	
内爆音	ɓ			ɗ		ʄ	ɠ	
塞擦音						c　ɟ cʰ　ɟʱ		
鼻　音	m mʱ			n nʱ	ɳ ɳʱ	ɲ	ŋ	
擦　音		f		s　z	ʂ		x　ɣ	h
拍　音				r	ɽ ɽʱ			
近　音		ʋ				j		
边近音			l lʱ					

191

p	pənʊ	叶子	t	təro	底部	ʈ	ʈopi	帽子
b	buʈʊ	鞋(pl)	d	dʊnʊ	肚脐	ɖ	ɖəpʊ	恐惧
pʰ	pʰuʈə	裂口	tʰ	tʰali	盘子	ʈʰ	ʈʰərʊ	凉的
bʱ	bʱʊlə	错误	dʱ	dʱarə	单独的	ɖʱ	ɖʱəkʊ	覆盖物(n)
ɓ	ɓarʊ	孩子	ɗ	ɗarʊ	裂缝			
m	məʈʊ	投手	n	nalo	名字	ɳ	məɳi	钻石
mʱ	mʱə̃	水牛	nʱ	sənʱi	细的	ɳʱ	maɳʱu	人
f	fərasi	床单	s	sufʊ	苹果	ʂ	ʂɛ	事情
			z	zalə	妻子			
			r	rolu	流浪者	ɽ	pʰoɽo	痛处(n)
						ɽʱ	poɽʱo	老人
ʋ	ʋarʊ	头发	l	limo	柠檬			
			lʱ	tʰʊlʱi	肥的(adj, fem)			

c	calu	狡猾的	k	kano	稻草
ɟ	ɟuto	鞋(pl)	g	gano	歌
cʰ	cʰati	胸部	kʰ	kʰano	抽屉
ɟʱ	ɟʱəʈɪ	立即	gʱ	gʱoɽo	马
ʃ	ʃaro	蜘蛛网	ɠ	ɠəro	重的
ɲ	ʃənə	婚礼队伍	ŋ	cəŋo	好的
			x	xɔfʊ	恐惧
			ɣ	ɣɤmʊ	悲伤
j	jarʊ	朋友	h	harʊ	项链

元音

信德语有 10 个口元音。

192

i	sirə	中流
ɪ	sɪrə	砖
e	serə	（重量单位）
ɛ	sɛrə	步行(n)
a	sarə	妒忌
ə	sərə	葬礼
ɔ	cəʋəndə	你会说
o	cəʋəndo	他会说
ʊ	sʊrə	曲调
u	surə	各种病痛

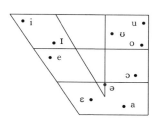

元音/ɛ/和/ɔ/倾向于双元音化，读作[ɛə]和[əʋ]。这些元音的分布受到限制，即都不出现在送气塞音、内爆音、鼻音以及/ɣ/的前面。鼻辅音前的元音明显鼻音化，不过，与许多其他现代印度雅利安语言一样，信德语中也有一些词语的鼻化元音具有区别意义。比较/əsi/"八十"与/əsĩ/"我们"；/adʱi/"半卢比"与/ādʱi/"暴风雨"；/ɗəhi/"酸奶"与/ɗəhĩ/"第十"。因此，元音鼻音化现象必须处理为音位性的。在下面的标音文本中，那些不能从前面的鼻音预测的鼻化元音都进行了标注。

重音

词层面的重音不区别意义，都固定在语素的第一个音节上。对比重音可能会用来特别强调一个词或者指出概念的对比。

规则

辅音表中龈后音一栏的辅音读作舌尖龈后音（Nihalani，1974b）。依照传统，这类音用卷舌音符号标音。硬腭音一栏的辅音是舌叶龈后音。/c，cʰ，ɟ，ɟʱ/呈相对短促的塞擦除阻。龈鼻音/n/大多出现在齿音或龈音前面，发音部位与其后面的辅音相同。[ʋ]和[w]是/ʋ/的自由变体。

　　气嗓声辅音标音用[ʱ]，发音时声带中央不完全闭合，勺状软骨分开（Nihalani，1974a）。在卷舌音/r，ɽ，ɽʱ/中，/r/常读作拍音（tap），较少读作颤动两次或多次的颤音（trill），/ɽ，ɽʱ/是典型的闪音（flaps）。

　　开音节中的元音倾向于比闭音节中的长一些。/ə，ɪ，ʊ/比其他元音短。这些元音之后且在两个元音之间位置上的塞音倾向于比其他元音之后的塞音长一些，例如：

[mʊdːo]	时期	[mado]	能力
[pətːo]	叶子	[pato]	用旧的
[pɪʈːə]	诅咒	[moʈo]	肥的（adj，m）

录音文本标音

utərə ɟi həʋa ɛ̃ sɪɟu pãɳə mẽ ɟʱəɟʈo kəre rəhja huja tə ɓɪnʱi mẽ keru ʋədʱikə takətʋaro ahe. etre mẽ hɪku mʊsafɪru gərəm koʈu pae utã əci ləŋgʱjo. həʋa ɛ̃ sɪɟə ɓɪnʱi kəbul kəjo tə ɟeko mʊsafɪrə ɟo koʈu lahrae səgʱəndo uho i ʋədʱikə takətʋaro lekʰjo ʋendo. po utərə ɟi həʋa ɗaɟʱo zorə sã ləɟi, pərə ɟetro ʋədʱikə zorə sã ləɟi otro ʋədʱikə zorə sã mʊsafɪrə pãɳə kʰe ɗʱəkɪɳə ɟi koʂɪʂ kəji. axɪr mẽ utərə ɟe həʋa koʂɪʂ cʰəɗe ɗini. po sɪɟə ɟi usə zorə sã nɪkti ɛ̃ mʊsafɪrə pãhɪɳjo koʈu ɟəldi lahe pəre pʰɪʈi kəjo. ɪnhɪə kəre utərə ɟe həʋa məɳjo tə sɪɟu hi ɓɪnʱi mẽ ʋədʱikə takətʋaro ahe.

正字法版本

اُتر جي هوا ءِ سِبحَ بان م جَهَجَتَرو حري ۱هيا هيا

تَ بنِي م حير م وَدِيڪ طا قتوارو اَهي . اِيترِي م هيڪَ

هُسافِر ڪرم ڪوت پائي ؟ تان اَجِي لَذَهيو . هوا ءِ سِبحَ

بنِي قبول ڪيو تَ جيجو هُسافِر جو ڪوت (اهرائي

سڪهندو اُهرئي . وَدِيڪ طا قتوارو لِيڪيو وِيندو . يو عَ

اُتر جي هوا ذايدو ئُرُس سان بگي پر جِيترو وَدِيڪ

ئُرُس سان بگي اوترو وَدِيڪ ئُرُس سان هُسا فِر بالڪي

دِڪرطَ جي ڪوشِش ڪيي . آخر م اُتر جي هوا ڪو ٹَدِش

چِدَي زَڻي . يو ءَ سِبحَ جي اُس ئُرُس سان نڪتي ءَ

هُسا فِر پنهنجو ڪوت جلدي الاي پري قَني ڪيو .

! نهي ءَ حري اُتر جي هوا هيو هيو تَ سِبحَ جي بنِي م

وَدِيڪ طا قتوارو اَهي .

参考文献

KHUBCHANDANI, L. M. (1961). *The Phonology and Morphophonemics of Sindhi*. M. A. dissertation, University of Pennsylvania, Philadelphia.

NIHALANI, P.(1974a). An aerodynamic study of stops in Sindhi. *Phonetica* 29, 193—224.

NIHALANI, P. (1974b). Lingual articulation of stops in Sindhi. *Phonetica* 30, 197—212.

斯洛文尼亚语

RASTISLAV ŠUŠTARŠIČ, SMILJANA KOMAR

Department of English, Faculty of Arts, University of Ljubljana,
Aškerčeva 2, 1000 Ljubljana, Slovenia
AND
BOJAN PETEK

Faculty of Natural Sciences and Engineering, University of Ljubljana,
Snežniška 5, 1000 Ljubljana, Slovenia

　　斯洛文尼亚语是斯洛文尼亚共和国的国语，奥地利、匈牙利和意大利与斯洛文尼亚邻接的地区也使用这种语言。本文描写的变体是在斯洛文尼亚受过教育的人所说的标准斯洛文尼亚语。本文的标音基于两位发音人的录音，一位女性和一位男性，都来自首都卢布尔雅那。

　　斯洛文尼亚语有 21 个辅音和 8 个元音。正字法如实地反映了这种语音体系。主要的例外是[u]可以用字母"l"、"v"和"u"来表示，"e"用来表示[e, ɛ, ə]，"o"用来表示[o, ɔ]。还要注意，"lj"和"nj"读作[l]和[n]，只有当其后面跟着一个元音时例外。

辅音

	双唇音	唇齿音	齿音	龈音	腭-龈音	硬腭音	软腭音
爆发音	p b		t d				k g
塞擦音				ts	tʃ dʒ		
鼻 音	m			n			
拍 音				ɾ			
擦 音		f		s z	ʃ ʒ		x
近 音			ʋ			j	
边近音				l			

p	'piːti	*piti*	喝	t	tiːsk	*tisk*	印刷(n)
b	'biːti	*biti*	是	d	diːsk	*disk*	圆盘
				ts	tsiːn	*tsin*	锡(金属)

k kiːp *k ip* 雕像
g giːp *gib* 运动
tʃ tʃiːn *čin* (军)阶
dʒ dʒiːn *gin* 杜松子酒

m 'miːti *miti* 神话
f fiːn *fin* 很好的(adj)

n 'niːti *niti* 线(pl)
s 'siːniti *siniti* 照射
z 'ziːniti *ziniti* 张开嘴
ɾ 'ɾiːti *riti* 挖
ʋ 'ʋiːdiʃ *vidiš* 你看
l 'liːti *liti* 灌注

ʃ 'ʃiːla *šila* 锥子(pl)
ʒ 'ʒiːla *žila* 血管
x 'xiːti *hiti* 冲(imp)
j 'jiːdiʃ *jidiš* 意第绪语

　　清阻塞音前和词尾位置(除非后面是词首浊阻塞音)的浊阻塞音完全清音化:[slaːt] *slad* "麦芽",['slaːtkər] *sladkor* "糖"。比较:[graːd gəˈɾiː] *grad gori* "城堡着火了"。浊阻塞音前的清阻塞音读作浊音:[leːs] *les* "木头",[leːz gəˈɾiː] *les gori* "木头着火了"。

　　/ʃ, ʒ, tʃ, dʒ/前面的/s, z, ts/分别同化或合并为[ʃ, ʒ, tʃ],

例如：前缀/s-/在［ˈʃtʃaːsɔma］*sčasoma*"时间进程中"中发生了变化；/iz/"从，来自"在［iˈʒːɛːpa］*iz žepa*"从口袋里"中发生了变化。

鼻音/n/在/k，g，x/前面读作软腭鼻音/ŋ/：［ˈbaːŋka］*banka*"银行"，［ˈaːŋɡɛl］*angel*"天使"，［ˈaːŋxovo］*Anhovo*（城镇名）。/f，ʋ/前的双唇鼻音和龈鼻音/m，n/读作唇齿鼻音［ɱ］：［siɱfəˈniːja］*simfonija*"交响乐"，［səɱˈʋeːdɛu］*sem vedel*"我知道了"，［iɱfɔrˈmaːtsija］*informacija*"消息"，［iɱʋaˈliːd］*invalid*"病人"。

响音/m，n，l，r，j，ʋ/通常都是浊音，但是近音/ʋ/有四个音位变体：在元音前读作唇齿音［ʋ］，例如，［ˈʋɔːda］*voda*"水"；在词尾位置或辅音前读作［u］，例如，［siu］*siv*"灰色的"，［ˈbrautsi］*bralci*"读者们"；在音节起首位置的浊辅音前读作唇-软腭浊近音［w］，例如，［wnuːk］*vnuk*"孙子"，［ɔdˈwzeːti］*odvzeti*"取走"；在音节起首位置的清辅音前读作唇-软腭清擦音［ʍ］，例如，［ʍsaːk］*vsak*"每一个"，［prɛtˈʍsɛːm］*predvsem*"特别"。除了［w］和［ʍ］，其发音也可以是［u］。

元音

传统上，一般认为标准斯洛文尼亚语的元音系统具有音长区别特征，/i，a，u，ɛ，ɔ/都有长音和短音，/eː，oː/只读长音，/ə/只读短音（Toporišič，1984）。不过，对于操该语言的大多数人来说，元音长度不再具有区别性意义，一般认为长元音出现在重读位置，短元音出现在非重读位置（Srebot-Rejec，1988），由此产生了8个元音音质具有区别意义的音位，即/i，e，ɛ，ə，a，o，ɔ，u/，如图所示。所有元音都可以出现在重读和非重读音节中，但是/e/和/o/只出现在少数语法词的非重读位置，例如，录音文本中的助动词*bo*（将，愿意）。由于这种制约，一些权威人士认为只存在6个非重读的元音音质。"重读"的含义将在下文讨论。

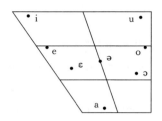

		重读					非重读	
iː	miːt	*mit*	神话	i	ˈmiːti	*miti*	神话（pl）
eː	meːt	*med*	蜂蜜	e	ʒeˈveː	*že ve*	已经知道
ɛː	ˈpɛːta	*peta*	脚后跟	ɛ	ˈpɛːtɛ	*pete*	脚后跟（gen）
aː	maːt	*mat*	将死	a	ˈmaːta	*mata*	将死（gen）
ɔː	ˈpɔːtən	*poten*	出汗的	ɔ	pəˈteːm	*potem*	然后
oː	poːt	*pot*	小路	o	boˈʃloː	*bo šlo*	会去
uː	puːst	*pust*	狂欢节	u	ˈpuːstu	*pustu*	狂欢节（dat）
əː	pəːs	*pes*	狗	ə	ˈdoːbər	*dober*	好的

近音 /ʋ/ 和 /j/ 前面有一个元音且后面有一个辅音或词边界时，会形成二合元音。这个位置上的唇齿音 /ʋ/ 变成二合元音中的圆唇的第二个音素，例如 [u]，而 /j/ 变成 [i]。这些二合元音出现在重读音节时不带有显著的长音特征。/ei/ 的第一个音素的开口度介于 /e/ 和 /ɛ/ 之间，/ou/ 中的 /o/ 的开口度介于 /o/ 和 /ɔ/ 之间。

				iu	piu	*pil*	喝了
				eu	peu	*pel*	唱了
ei	glei	*glej*	看（imp）				

				εu	lεu	*lev*	狮子
ai	dai	*daj*	给(imp)	au	pau	*pav*	孔雀
oi	tʋoi	*tvoj*	你的(masc，sg)	ou	pou	*pol*	一半
ɔi	bɔi	*boj*	战役				
ui	tui	*tuj*	外国的				
				əu	'tɔːpəu	*topel*	暖和的	ue

重音和重调

　　在例词和下文的标音文本中，有些音节标注了重音。这些重读音节的特点是较长的音长，以及振幅和音高凸显。非复合词最多有一个重读音节。斯洛文尼亚语的重音位置是不可预测的，可以区别意义的也非常少，尽管在少数情况下，同一名词或动词的不同形式只在重音位置上不同，例如：['stʋaːri]，[stʋa'ri]，*stvari*（"事情"，双数：复数），['noːsimɔ]，[nɔ'siːmə]，*nosimo*（"携带"，第一人称复数，陈述语气＋祈使语气）。

　　标准斯洛文尼亚语区别两个音高重调，传统上称为"锐音"（acute）重调和"抑扬"（circumflex）重调，这些重调与重音的位置相关。发音是可变的，但在典型读音中，"锐音"重调包含音高上升，"抑扬"重调包含音高下降（Toporišič，1984）。在非词尾位置上，这些模式分布在一个重读音节和其后的非重读音节上，所以，锐音重调有一个低音高（low-pitched）重读音节和一个高音峰（high peak）非重读音节，而抑扬重调有一个高音峰重读音节和一个低音高非重读音节。因此，锐音重调也用低调位（toneme）或升调位来指称，抑扬重调也用高调位或降调位来指称。下面句子中的"母亲"与"祖父"可以形象地说明这两种重调：

锐音重调:*Ma* ^*ma*^ *je prišla.*"母亲来了"。

抑扬重调: *De* *dek je prišel.*"祖父来了"。

　　在词汇层面上重调很少区别意义,尽管有这样的例子:['kìːlá] *kila*"疝气"(锐音重调),['kíːlà] *kila*"千克"(抑扬重调)。或许由于这一点,许多词的重调时有改变,一些说标准斯洛文尼亚语的人也不区分这两种重调。下文的标音文本中,不同的重调没有进行标记;尽管有相当多的冗余,但是元音的长度和重音都进行了标记。语调韵律段的边界用[|]表示,停顿用[‖]表示。

录音文本标音

'seːʋərni 'ʋeːtər in 'soːntsɛ sta sɛ prɛ'piːrala | ka'teːri od 'njiːju jɛ mɔtʃ'neiʃi | ko jɛ 'miːmo pri'ʃɛu pɔ'poːtnik | za'ʋiːt u 'tɔːpəu 'plaːʃtʃ. ‖ dɔgoʋɔ'riːla sta sɛ | da bo ʋɛl'jau za mɔtʃ'neiʃega 'tiːsti | ki mu bo 'pərʋemu u'speːlɔ | da bo pɔ'poːtnik 'sleːkəu sʋoi 'plaːʃtʃ. ‖ 'seːʋərni 'ʋeːtər jɛ za'piːxau z u'sɔː mɔ'tʃjoː ‖ toda 'boːl kɔ jɛ 'piːxau | 'boːl tə'snːo jɛ pɔ'poːtnik | ɔ'ʋiːjau sʋoi 'plaːʃtʃ okoli 'seːbɛ. ‖ 'kɔːntʃnɔ | jɛ 'seːʋərni 'ʋeːtər pɔ'puːstiu. ‖ na'toː jɛ 'soːntsɛ tɔ'ploː posi'jaːlɔ | in pɔ'poːtnik jɛ ta'koi 'sleːkəu sʋoi 'plaːʃtʃ. ‖ in ta'koː jɛ 'seːʋərni 'ʋeːtər 'moːrau pri'znaːti | da jɛ 'soːntsɛ mɔ'tʃneiʃɛ od 'njeːga. ‖

正字法版本

　　Severni veter in sonce sta se prepirala, kateri od njiju je močnejši, ko je mimo prišel popotnik, zavit v topel plašč. Dogovorila sta se, da bo veljal za močnejšega tisti, ki mu bo prvemu uspelo, da bo popotnik slekel svoj plašč. Severni veter je zapihal z vso močjo, toda bolj ko je pihal, bolj tesno je popotnik ovijal svoj plašč okoli sebe. Konč no je Severni veter popustil. Nato je Sonce toplo posijalo in popotnik je takoj slekel svoj plašč. In tako je Severni veter moral priznati，da je Sonce močnejše od njega.

致谢

我们想感谢 Janez Oblak 先生给予了技术上的帮助，感谢 Beverley Collins 博士（荷兰莱顿大学）提供了有价值的意见和建议。

参考文献

SREBOT-REJEC，T.（1988）. *Word Accent and Vowel Duration in Standard Slovene：An Acoustic and Linguistic Investigation* (Slavistische Beiträge，226). Munich：Otto Sagner.

TOPORIŠIČ，J.（1984）. *Slovenska slovnica.* Maribor：Založba Obzorja.

瑞　典　语

OLLE ENGSTRAND

Institute of Linguistics, University of Stockholm, S-106 91
Stockholm, Sweden

　　本文描写的言语风格是斯德哥尔摩地区受过教育的人的口语，他们说的是中部标准瑞典语。发音人是一位四十多岁的男士，他的发音是这种瑞典语的典型发音。

辅音

	双唇音	唇齿音	齿音	龈音	硬腭音	软腭音	声门音
塞　音	p　b		t　d			k　g	
鼻　音	m		n			ŋ	
擦　音		f　v	s		j		h
近　音				ɻ			
边近音			l				

ɧ(舌面-硬腭/软腭清擦音)　　ɕ(龈-腭清擦音)

p	*pol*	柱子	t	*tok*	傻子	k	*kon*	圆锥体
b	*bok*	书	d	*dop*	洗礼	g	*god*	好的
m	*mod*	勇气	n	*nod*	节点	ŋ	*lång*	长的
f	*fot*	脚	s	*sot*	煤烟	ɕ	*kjol*	裙子

| v | *våt* | 湿的 | ɧ | *sjok* | 组块 | h | *hot* | 威胁 |
| ɹ | *rov* | 猎物 | l | *lov* | 大头钉 | ɟ | *jord* | 土壤 |

元音

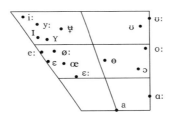

i:	*sil*	过滤器	ø:	*nöt*	坚果
ɪ	*sill*	鲱鱼	œ	*nött*	磨破的
y:	*syl*	锥子	ɑ:	*mat*	食物
ʏ	*syll*	枕木	a	*matt*	虚弱的
ʉ	*ful*	丑陋的	o:	*mål*	目标
ɵ	*full*	满的	ɔ	*moll*	小调（音乐）
e:	*hel*	完整的	u:	*bot*	忏悔
ɛ:	*häl*	脚后跟	ʊ	*bott*	住（perf）
ɛ	*häll*	平坦的岩石			

重音和重调

在［ˈnùːɖanˌvɪndən］*nordanvinden*"北风"中，"ˈ"表示主重音，"ˌ"表示次重音，"ˋ"表示词重调。

规则

在同一个语素中，/p，t，k/的前面没有/s/并且处在重读位置时读送气音。/t，d，n，s，l/是齿音。卷舌音[ʈ，ɖ，ɳ，ʂ，ɭ]可看作/rt，rd，rn，rs，rl/的语音形式；这一点在正字法中也有体现（例如 *nordanvinden*）。它们还出现在词和语素的边界处，例如，*för*＋*söket*。/ɹ/可以是近音（例如 *starkast*）、浊擦音（例如 *vandrare* 中的第一个 *r*），或者是颤音；颤音变体仅出现在许多人的强调重音中，录音中没有出现。/ɛː，ɛ，øː，œ/的低元音变体用于/ɹ/和卷舌音变体之前（例如 *först*）。长元音特别是长高元音经常双元音化或者擦音化，例如[ij，yɥ，uβ，ʉβ]。/y，ø/（撮唇圆唇，outrounded）和/u，ʉ/（缩唇圆唇，inrounded）之间存在圆唇度的区别。/ɑː/有轻微的圆唇。短元音后的辅音在重读位置读成长音，在其他位置还是短音。浊辅音在清音环境中常常清音化，例如，[tv̥ɪstadə]，[jø̥st do]。复合词在主重读音节和强次重音上有音高下降的所谓的钝音词重调（重调 2）。大多数双音节和多音节词干也有钝音重调，但只带较弱的次重音。

录音文本标音

'nùːdạn,vɪndən ɔ 'suːlən 'tv̥ìstadə əŋ 'gɔŋ ɔm vɛm av 'dɔm sɔm va 'stàɹkast. 'jøst 'dọː kɔm ən 'vàndɹaɹəə 'vɛːgən 'fɹam, 'm̥,sveːpt i ən 'vaɹm 'kàpa. dɔm kɔm doː øvəˈɹɛns ɔm, at dɛn sɔm 'fœ̥ʂʈ kəndə fo vàndɹaɹən at tɑ 'ɑːv sɛj 'kàpan, han skelə 'àn,seːs vaɹa 'stàɹkaɹə ɛn dɛn 'àndɹa. doː 'blòːstə 'nùːdạn,vɪndən so 'hoɹ̥ʈ han 'nɔ̀n,sɪn 'kèndə, mɛn jụ̈ 'hòːdɑɹə han 'blòːstə, destu 'tèːtaɹə 'sʋ̀èːptə 'vàndɹaɹən 'kàpan 'ɔm sɛj, ɔ tɪ 'sɪst gav 'nùːdạn,vɪndən 'əp fœ̀,'ʂøːkət. doː leːt 'suːlən sina 'stɹòːlaɹ 'ɧìːna 'heːlt 'vaɹmt, ɔ 'jènast tug 'vàndɹaɹən 'ɑːv sɛj 'kàpan, ɔ so va 'nùːdạn,vɪndən 'tvèŋən at 'è̩ɹ,çena, at 'suːlən va dɛn 'stàɹkastə av dɔm 'tvoː.

正字法版本

　　Nordanvinden och solen tvistade en gång om vem av dom

som var starkast. Just då kom en vandrare vägen fram, insvept i
en varm kappa. Dom kom då överens om, att den som först kunde
få vandraren att ta av sig kappan, han skulle anses vara starkare
än den andra. Då blåste nordanvinden så hårt han nånsin kunde,
men ju hårdare han blåste desto tätare svepte vandraren kappan
om sig, och till sist gav nordanvinden upp försöket. Då lät solen
sina strålar skina helt varmt och genast tog vandraren av sig kap-
pan, och så var nordanvinden tvungen att erkänna att solen var
den starkaste av dom två.

致谢
衷心感谢 Ian Maddieson 为我们准备了元音图。

塔 巴 语

JOHN BOWDEN AND JOHN HAJEK

Department of Linguistics and Applied Linguistics,
University of Melbourne, Parkville, VIC 3052, Australia

塔巴语(也称"东 Makian 语"或"Makian Dalam 语")属于南岛语系,分布在印度尼西亚 Maluku 省北部的 Makian、Moti 和 Kayoa 岛,以及其他周边岛屿的一些村庄。本文记录的是 Makian 岛上 Ngofakiaha 村的语言。大多数使用该语言的村子都有一些轻微的方言差异。

辅音

	双唇音	唇齿音	齿音	龈音	龈后音	硬腭音	软腭音	声门音
塞 音	p b			t d			k g	
鼻 音	m			n			ŋ	
擦 音		f		s				h
塞擦音					tʃ dʒ			
颤 音				r				
近 音						j	w	
边近音				l				

辅音表显示出了音位之间的对立。尽管/tʃ/和/dʒ/最初是借来的语音,相对少见,但现在已经可以看作完全本土化了。

p	pait	月亮	t	top	甘蔗	k	kam	我看
b	bait	摔跤	d	dɔ	蒸粗麦粉	g	gah	盗窃
m	mai	然后	n	nɔ	在那里	ŋ	ŋan	太阳
f	fati	覆盖	s	sɔ	攀登	h	han	去
			tʃ	tʃaɛt	柴火捆	j	jan	鱼
			dʒ	dʒɔu	好的	w	wah	岛
			r	rɔrɛ	石头			
			l	lɔaɛl	切片			

倍音

除了/j，w，r，dʒ/外，塔巴语所有的辅音都有区别意义的长音
（即"倍音"）。有意思的是,尽管倍音会出现在词中位置,但最常见
的却是出现在词首位置,词末位置从来不出现。它们可以出现在
单语素词中,但也出现在跨语素边界位置,该位置的首音一致标记
是动词前缀。在严谨的谈话中,紧张程度较高,发音力量较强,就
会在短语开头的位置出现倍音;在比较随意的谈话中,紧张程度和
发音力度降低,就会发成单辅音。下面是一些倍音与非倍音对立
的例子。

t	tala	遇见	l	lɔ	里面
tt	ttala	我们（包括式）遇见	ll	llɔ	血
g	gɔwɔ	地方	k	kut	虱子
gg	ggɔwɔ	脖子	kk	kku	尾巴
m	mul	返回	h	han	去
mm	mmul	你回来	hh	hhan	你们去
ŋ	ŋan	太阳			
ŋŋ	ŋŋɛ	橄榄果			

元音

塔巴语的元音系统很简单,如图所示,只有 5 个元音。音素[ɛ]相对很少。尽管受前后语音环境(见下文)的影响,元音通常都比较短,几乎找不到像[kiː]"叶鞘"这样的长元音例子,我们只找到一个有音长对立的例子:[tɛ]"不"和[tɛː]"如果不"。

除了[ɛa]和[ɛɔ],语料中所有不同元音的可能序列都出现了。由于此处把它们分析为元音丛而不是复合元音,所以没有把它们列出来。

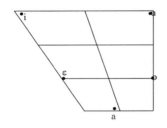

i	im	渔线轮
ɛ	hɛn	海龟
a	am	看
ɔ	mɔ	叔叔
u	um	房子

重音

发重读音节时,力量较大,音高明显高于非重读音节,音长也有一定程度的加长。通常来说,重音落在单音节词的唯一音节上,或者落在多音节词的倒数第二个音节上。重音落在倒数第三个音节上的例子非常少,例如['ttʃiɔtt]"我们澄清"。多音节词的末尾音节重读更常见一些,但是通常只出现在少量借词中,例如[aˈhad]"星期天,周"(来源于阿拉伯语),以及带单音节词根的多语素动词,例如[naˈpɛ]"他做"来自[ˈpɛ]"做"。

规则

词尾位置的塞音不除阻,[t]在[i]前通常有轻微的腭化。鼻音

[m]和[n]位于唇齿音[f]前往往被同化,[n]位于双唇音和软腭音前面时也趋向于被同化。[r]是很强的颤音。

除了起首倍音用法之外,塔巴语还有一个明显的特点,即词首有大量的罕见的辅音丛,例如,['nmu]"泥水",['mhonas]"有病的",['nhik]"蝙蝠",['khan]"我去",['mtɔ]"眼睛"。辅音丛出现在词首比出现在词中更普遍,它们来自动词词根的前缀简单辅音,用来标记人称和数。在鼻辅音+[h]的辅音丛中,例如['mhonas],鼻音刚发音时是全浊音,随后清音化,清音化时没有伴随鼻腔气流的增加。[h]的终止非常清晰。与词首的[h]发音部位相异的辅音丛也存在,例如,对比['hkutan]"你问"与['kutan]"问"。起首的[h]发音也很清晰。

尽管有些人的读音往往把词首的[hh]读为[h],例如['hhan]～['han]"你们去",词首的单个辅音与倍音之间的对立通常比较稳定。倒是一些非重叠擦音丛可能会被随意换位,甚至被完全同化,例如,['hsɔpaŋ]可以读成['shɔpaŋ],也可以读成['ssɔpaŋ]"你们下来"。

除了在许多语言中可以看到的那些音位变体,例如,元音在鼻辅音前倾向于鼻音化,在重读位置和浊辅音前读音倾向于略微变长,塔巴语的元音没有多少独特的变体。不过,塔巴语的一些方言有很多例词是用/a/来代替 Ngofakiaha 村的/ɔ/,例如,把/'wɔg/说成/'wag/"独木舟"。

录音文本标音

生病之谜

'banda 'ni 'wɛ 'mhɔnas | 'nim 'wɛ na'lusa 'mhɔnas ‖ 'nim pap'pukɔ 'mɛ na'lusa 'mhɔnas ‖ 'biŋ namɔ'lam | u'lɔn 'nmau 'nhan | 'pɔtɔ 'pɔpɛ 'nmau 'nhan 'ntʃiwi ‖ 'sumɔ na'lusa 'khan ‖ 'mtɔ 'nujak | 'pɔjɔ 'mhɔnas | bai'bijɔ

nma'lɔŋɔ ‖ u'lɔn 'nmau 'nhan | 'mtumɔ ɛ 'lɔ ɛ ‖ pap'pukɔ 'mai na'lusa
'mhɔnas ‖ 'biŋɔ na'lusa namɔ'lam ‖ u'lɔn 'jasɛ 'nmau mpa'rɛnta 'nhan ‖
'pɔtɔ 'pɔpɛ na'lusa ta'siaki ‖ 'mpili ɛ 'lɔ 'li ɛ ‖ 'pɔlɔ 'banda ta'siak | 'nhan
'tuli na'hatɛs ‖ 'mau 'nhan 'tuli sɛ'daŋkan 'banda na'pɛ ta'siaki ‖ 'malɛ 'siɔ
'malai 'han 'tuli ‖ 'siɔ 'mul 'malai 'han 'tuli a'han ‖ 'malɛ 'ttʃiɔtit 'hu 'malai
'than ‖ 'ttʃiɔtit 'ɔkik 'malai 'than 'tuli | 'than 'trɔnda ‖

正字法版本

　　Banda ni we mhonas, nim we nalusa 'mhonas'. Nim
pappuko me nalusa 'mhonas'. Bingo namolam. Ulon nmau nhan.
Poto pope nmau nhan ncioi. Sumo nalusa 'khan'. Mto nuyak,
poyo mhonas, baibiyo nmalongo. Ulon nmau nhan, mtumo e lo
e? Pappuko mai nalusa mhonas. Bingo nalusa namolam. Ulon yase
nmau nparenta nhan. Poto pope nalusa tasiaki. Mpili e lo li e?
Polo Banda tasiak, nhan tuli nahates. Mau nhan tuli sedangkan
Banda nape tasiaki. Male sio malai han tuli. Sio mul malai han tuli
ahan. Male tciotit hu malai than. Tciotit okik malai than tuli,
than tronda.

泰 语

M. R. Kalaya Tingsabadh

Department of Linguistics, Faculty of Arts, Chulaongkorn University.
Bangkok 10330, Thailand

AND

Arthur S. Abramson

Haskins Laboratories, New Haven, CT, and Department of Linguistics,
The University of Connecticut, Storrs, CT 06269-1145, USA

在泰国,受过教育的人都说标准泰语,广播电台和电视台播放新闻以及学校教学都使用标准泰语,语法书和字典也都使用标准泰语进行描述。通过社会威望很高的中部泰语,也就是曼谷以及相邻省份的地区方言的标准化,标准泰语得到了发展。

我们的三个发音人都接受过标准泰语的教育,《北风和太阳》的标音就是基于他们的录音。发音时,我们要求他们放松,实际上,我们却发现他们都使用了非常正式的口语风格,这显然与Eugénie J. A. Henderson 的"组合风格"(Henderson,1949)相同。如果更认真地阅读文本,录音文本中许多单词的标音将会不一样。跟这种风格差异相关的主要特征是元音音质、声调和声门塞音。例如,/tɛ̀ː/"但是"在弱重读的情况下可能变读成短元音的/tɛ̀/;情态助动词/tɕàʔ/"将要"变读成/tɕā/,声调由低变到中,词尾的声门塞音也丢失了。此处似乎在起作用的韵律和句法因素还有待深入研究。

辅音

	双唇音	唇齿音	龈音	龈后音	硬腭音	软腭音	声门音
爆发音	p pʰ b		t tʰ d			k kʰ	ʔ
鼻　音	m		n			ŋ	
擦　音		f	s				h
塞擦音				tɕ　tɕʰ			
颤　音			r				
近　音					j	w	
边近音			l				

p	pāːn	胎记	t	tāːn	桃榔	k	kāːn	行动
pʰ	pʰāːn	好斗的	tʰ	tʰāːn	救济金	kʰ	kʰāːn	轴
b	bāːn	开花	d	dâːn	粗糙的	ŋ	ŋāːn	工作
m	māːn	魔鬼	n	nāːn	长时间	w	wàːn	播种
f	fãːn	切片	s	sãːn	法院	j	jāːn	下垂
			r	ráːn	商店	ʔ	ʔāːn	鞍
			l	láːn	百万	h	hãːn	划分
			tɕ	tɕāːn	盘子			
			tɕʰ	tɕʰāːn	垃圾			

元音

　　标准泰语有 9 个元音。所有的元音都分长短。（在有些音系处理中，/V:/被分析为/VV/。）尽管长、短元音对子之间细微的频谱区别在心理声学上可能检测出来，并且对元音识别有某种作用（Abramson & Ren，1990），我们还是发现这些区别太细微了，没有把握把它们显示在元音四边形里。非重读位置上的/a/，包括复合元音韵尾的/a/,如/ia，ɯa，ua/,在音质上都可能有点升高。其他两套复合元音的韵尾音段分别分析为/w/和/j/:(1)[iu，eu，eːu，ɛːu，au，aːu，iau];(2)[ai，aːi，ɔi，ɔːi，ui，ɤːi，uai，ɯai]。

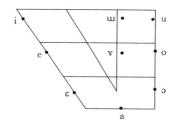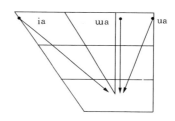

i	krìt	匕首	iː	krìːt	切	ia	riān	学习
e	ʔēn	韧带	eː	ʔēːn	斜倚	ɯa	rɯ̄an	房子
ɛ	pʰɛ́ʔ	山羊	ɛː	pʰɛ́ː	被打败	ua	rūan	挑衅
a	fãn	做梦	aː	fãːn	切片			
ɔ	klɔ̀ŋ	盒子	ɔː	klɔ̄ːŋ	鼓			
o	kʰôn	浓的(汤)	oː	kʰôːn	砍(树)			
u	sùt	最后的	uː	sùːt	吸入			
ɤ	ŋɤ̄n	银	ɤː	dɤ̄ːn	走			
ɯ	kʰɯ̄n	上去	ɯː	kʰlɯ̄ːn	波浪			

声调

标准泰语有 5 个声调:高调/ˊ/,中调/ˉ/,低调/ˋ/,升调/ˇ/,降调/ˆ/。

kʰāː	粘贴	kʰáː	从事贸易
kʰàː	高良姜	kʰâː	腿
kʰǎː	我		

重音

重音落在词的最后一个音节上。大韵律段结束之前的最后一个重音通常读得格外重。

规则

送气特征按照预期的方式表现在了简单的元音前口塞音（oral stops）/pʰ，tʰ，kʰ/上。塞音除阻与嗓音起始之间有相当长的时间差，其间充满了湍流（turbulence），即相对无阻的声门上声道的噪声激发（noise-excitation）。不过，就特定的"送气"塞擦音/tɕʰ/而言，嗓音延时期间的噪声导致龈后音的收缩变窄，因此产生了局部的湍流。这种情况是正常的，送气塞擦音的收缩持续的时间比不送气音长（Abramson，1989）。毫无疑问，从这些考虑出发，音节起首辅音丛第一个塞音的送气发生在第二个音素的发音过程中，第二个音素一定是/l，r，w/中的一个。

只有/p，t，k，ʔ，m，n，ŋ，w，j/出现在音节末尾。末尾的/p，t，k，ʔ/在听感上没有除阻。据说音节末尾的口爆发音（oral plosives）同时伴有声门闭塞（Henderson，1964；Harris，1992）。末尾的/ʔ/在非重读位置上会被省略。起首的/t，tʰ/经常发成齿-龈音（denti-alveolar）。起首的/t/和/f/后接前高元音时会发生软腭化。

辅音/r/经常发[ɾ]，有时也发[r]。感知实验（Abramson，1962:6～9）表明，/r/和/l/之间的区别并不是很明显；不过，使用标准泰语的人认为它们是独立的音位，从其书写的泰文可以看出来。这一区别在一些受过教育的人中保留得很好，尤其是在正式的话语中；不过，还有许多人表现出读音的不稳定性，在音节起首的单辅音位置上，他们倾向于发成边音音素[l]。在起首辅音丛的第二个音素位置上，/l/和/r/往往都被省略掉了。

在正式话语的多音节词中，由短元音/a/和其后的声门塞音组成的音节无论声调是低还是高，只要是非重读音节，都会变成中调，而且声门塞音脱落。

录音文本标音

kʰāˈnà? tʰî ˌlōmˈnɯ̌a lé ˌpʰráʔāˈtʰit | kāmˈlāŋ ˈtʰiǎŋ kān ˈwâː | ˈkʰrāj tɕā ˈmīː pʰāˈlāŋ ˈmâːk kwà ˈkān | kɔ̂ ˈmīː ˈnák̪d̪ɤ̌ːnˈtʰāːŋ ˈpʰûː ˈnɯ̀ŋ ˈd̪ɤ̌ːn ˈpʰàːn ˈmāː ˈsàj ˈsɯ̂a̪kānˈnǎːw ‖ ˌlōmˈnɯ̌a lé ˌpʰráʔāˈtʰit tɕɯɪŋ ˌtòkˈlōŋ kān ˈwâː | ˈkʰrāj tʰî ˌsǎ̀ːmâːt ˈtʰām hâj ˈnák̪d̪ɤ̌ːnˈtʰāːŋ ˈpʰûː ˈníː | ˈtʰɔ̌ːt ˈsɯ̂a̪kānˈnǎːw ʔɔ̀k ˈdâːj ˌsǎmˈrèt ˈkɔ̀ːn | tɕā ˈtʰɯ̌ː ˈwâː | pēn ˈpʰûː tʰî ˈmīː pʰāˈlāŋ ˈmâːk ˈkwàː ‖ ˈlé? ˈléːw | ˌlōmˈnɯ̌a kɔ̂ krāˈpʰɯ̌ː ˈpʰát ˈjàːŋ ˈsùt ˈrɛ̄ːŋ ‖ tɛ̀ ˈjîŋ ˈpʰát ˈrɛ̄ːŋ ˈmâːk ˈkʰɯ̌ɪn ˈpʰīaŋ ˈdāj | ˈnák̪d̪ɤ̌ːnˈtʰāːŋ kɔ̂ ˈjîŋ ˈdɯ̄ŋ ˈsɯ̂a̪kānˈnǎːw ˈhâj krāˈtɕʰáp kàp ˈtūa ˈmâːk ˈkʰɯ̌ɪn ˈpʰīaŋ ˈnán ‖ ˈlé? ˈnāj tʰî ˈsùt | ˌlōmˈnɯ̌a kɔ̂ ˈlɤ̀ːk ˈlóm ˈkʰwāːm pʰājāˈjāːm ‖ ˈtɕà̀ː ˈnán | ˌpʰráʔāˈtʰit tɕɯɪŋ ˈsàːt ˈsɛ̌ːŋ ʔān ˈróːn ˈrɛ̄ːŋ ʔɔ̀k ˈmāː ‖ ˈnák̪d̪ɤ̌ːnˈtʰāːŋ kɔ̂ ˈtʰɔ̌ːt ˈsɯ̂a̪kānˈnǎːw ˈʔɔ̀ːk ˈtʰān ˈtʰīː ‖ ˈnāj tʰî ˈsùt | ˌlōmˈnɯ̌a tɕɯɪŋ ˈtɕām ˈtɔ̂ŋ ˈjɔ̄ːm ˈráp ˈwâː | ˌpʰráʔāˈtʰit mīː pʰāˈlāŋ ˈmâːk ˈkwàː ˈtōn ‖

正字法版本

ขณะที่ลมเหนือและพระอาทิตย์กำลังเถียงกันว่าใครจะมีพลังมากกว่ากัน ก็มีนักเดินทางผู้
หนึ่งเดินผ่านมา ใส่เสื้อกันหนาว ลมเหนือและพระอาทิตย์จึงตกลงกันว่า ใครที่สามารถ
ทำให้นักเดินทางผู้นี้ถอดเสื้อกันหนาวออกได้สำเร็จก่อนจะถือว่าเป็นผู้ที่มีพลังมากกว่า และ
แล้วลมเหนือก็กระพือพัดอย่างสุดแรง แต่ยิ่งพัดแรงมากขึ้นเพียงใด นักเดินทางก็ยิ่งดึงเสื้อ
กันหนาวให้กระชับกับตัวมากขึ้นเพียงนั้น และในที่สุดลมเหนือก็เลิกล้มความพยายาม จาก
นั้นพระอาทิตย์จึงสาดแสงอันร้อนแรงออกมา นักเดินทางก็ถอดเสื้อกันหนาวออกทันที ในที่
สุดลมเหนือจึงจำต้องยอมรับว่าพระอาทิตย์มีพลังมากกว่าตน

致谢

我们衷心感谢 Chalida Rojanawathanavuthi 博士、Kingkarn

Thepkanjana 博士和 Surangkana Kaewnamdee 女士，他们对文本的阅读构成了我们标音的基础。Theraphan Luangthongkum 博士和 Sudaporn Luksaneeyanawin 博士阅读了原稿，并提出了有益的评论。第二作者的部分工作得到了美国国家健康研究所对哈斯金斯实验室的资助（Grant HD01994）。

参考文献

ABRAMSON, A. S. (1962). *The Vowels and Tones of Standard Thai: Acoustical Measurements and Experiments.* Bloomington: Indiana University Research Center in Anthropology, Folklore, and Linguistics, Publication 20.

ABRAMSON, A. S. (1989). Laryngeal control in the plosives of Standard Thai. *Pasaa* 19, 85—93.

ABRAMSON, A.S. AND REN, N. (1990). Distinctive vowel length: Duration vs. spectrum in Thai. *Journal of Phonetics* 18, 79—92.

HARRIS, J.G. (1992). The consonant sounds of 17th century Siamese. *Mon-Khmer Studies* 21, 1—17.

HENDERSON, E. J. A. (1949). Prosodies in Siamese: A study in synthesis. *Asia Major* New Series 1, 189—215.

HENDERSON, E.J.A. (1964). Marginalia to Siamese Phonetic studies. In Abercrombie, D., Fry, D. B., MacCarthy, P. A. D., Scott, N.C. and Trim, J.L.M. (editors), In *Honour of Daniel Jones: Papers Contributed on the Occasion of his Eightieth Birthday 12 September 1961*, 415—24. London: Longmans.

吐 康 贝 斯 语

Mark Donohue

Department of Linguistics，University of Sydney，NSW 2006，Australia

　　吐康贝斯是印度尼西亚苏拉威西岛东南部的一个群岛，这个岛上的人使用的是一种南岛语。本文描写的是 Wanci 岛北海岸的语音，它代表了群岛中最北的两个岛屿 Wanci 岛和 Kaledupa 岛的语音，这两个地方的语言只有细微的词汇差异。

辅音

	双唇音	唇齿音	齿音	龈音	软腭音	声门音
爆发音	p　b		t　(d)		k　g	ʔ
内爆音		ɓ		ɗ		
鼻　音	m			n	ŋ	
擦　音		β		s　(z)		h
前鼻化爆发音	mp　mb		nt　nd		ŋk　ŋg	
前鼻化擦音			ns			
颤　音				r		
边近音			l			

　　除了借词音位/dʒ/（只有借词或疑似借词才有这个音位）的音位变体[d]和[z]之外，辅音表中的音位都是对立的。/b/也是一个

借词音位，只出现在少量的新近借入的词中，但是它与/ɓ/对立，例如，[balɛ]"（仅用于步行时）调转方向"（<马来语 *balik*）与[ɓalɛ]"椰树叶"相对。

p	apa	直到	t	titi	胸部	k	kai	钩子
ɓ	aɓa	先前的	ɗ	piɗi	垃圾	g	gai	拔出
m	ama	父亲	n	ana	小孩	ŋ	aŋa	鳃(pl)
β	ʔaβa	获得	s	asa	一			
mp	kompa	鳗鲡	nt	tinti	跑	ŋk	ɓaŋka	船
mb	komba	月亮	nd	pindi	粪便	ŋg	iŋgaβi	昨天
			ns	pinsɛ	挤压			
			r	ara	如果	ʔ	ʔaɗa	送
			l	ala	取来	h	haɗa	迫近的

元音

i	ɓali	调转方向
ɛ	ɓalɛ	小椰树叶
a	ɓala	肥皂或小物体的量词
o	ɓalo	回答
ɯ	ɓalɯ	买

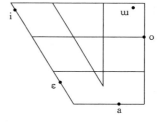

重音/重调

重音几乎总是位于词的倒数第二个音节上，重读时，整个音节的音高变得高而平。对词的限定有时候可以扩展到包括后面（本身无重音）的通格冠词/tɛ/。因此，*nomanga te bae*"他吃了米饭"这句话既可以说成[nɔˈmaŋatɛˈɓae]，也可以说成[ˌnɔmaˈŋatɛˈɓae]。

主重音的音高较高,次重音的音高不高但振幅较大,在距主重读音节每两个音节处就有一个次重音。

以鼻音结尾的借词会产生对比性的音高重调模式;末尾鼻音被借来作为一个独立的音节核心,它会对倒数第二音节上的音高重调产生影响,然后脱落。这至少产生了一组仅依靠音高重调就形成词汇差异的例子:['kɛnta]"鱼"(古老的说法)与[kɛ'nta]"马铃薯"(借词,<马来语[kɛntaŋ])相对。

规则

[β]、[ɸ]和[ʋ]之间存在自由变异,大多数人说[β],小孩倾向于说[ɸ];重读音节后的内爆音和/g/会前喉塞化(preglottalized)([ʔɓ]、[ʔɗ]和[ʔg])。/h/在后高元音前随[ɸ]而变化。边音/l/前接后元音时,有时发成卷舌边闪音[ɺ]。音位/r/有[r]、[ɾ]、[ɹ]和[ɻ]四种变体,因此,前接后元音时,/r/和/l/的发音会重合。借词音位/dʒ/按个人习惯发音,可以自由地发成[dʒ](最常见)、[d](跟[ɗ]对立)以及[z]。因此,*karajaa*"(为薪水而)工作"可以说成[ˌkaɻaˈdaː],也可以说成[ˌkaɻaˈdʒaː];*jari*"然后,因此"可以说成['dari]、['zari]或者['dʒari]。

在一套取决于辅音的受限的元音环境中,重读音节或重读音节后的音节中的清辅音或响音经常变成长音。例如,['aka]读作['akːa]"根",[ˌmoʈuˈʈɯɯ]读作[ˌmoʈuˈtːɯɯ]"困乏的"。在随意的谈话中,前鼻化(prenasalized)的浊塞音有时弱化为长鼻音,例如,[ɓaˈmbai]可以说成[ɓaˈmːai]"梳子",['ndaŋa]可以说成['nːaŋa]"木菠萝",[iˈŋgaβi]可以说成[iˈɲʲaβi]"昨天"。如果音节中的一个声门塞音与另一个声门塞音相邻,那么该声门塞音就不用发音或者发成[k],例如,/ʔɯ/"第二人称单数所有格",/ŋoʔo/"鼻子",组合音是[ŋo'ʔou]"你的鼻子"(＜/ŋoʔo＋ʔɯ/);再如,/ʔɛ/"第三人称宾语",/tɯʔo/"砍倒",[tɯ'ʔɔke]"把它砍倒"(＜/tɯʔo＋ʔɛ/)。

　　前高元音、后低元音的音质很少变化。同一音节中,后高非圆唇元音/ɯ/紧接在元音/o/或/w/后时,会变成圆唇元音[u]。在这些以及其他语音环境中,/ɯ/和/ʊ/偶尔也互为变体。前中元音/ɛ/后面没有辅音时(也就是当它位于末尾位置或位于没有起首辅音的音节之前时),它的舌位往往会升高到[e]或甚至到[ɪ],不过,核心冠词 te 是一个值得注意的例外,它总是发成[tɛ]。后中元音比前中元音舌位要高,当它后面有元音,尤其是后面的音节中包含/o/或/ɯ/时,舌位趋于更高。前面是双唇辅音时,元音的舌位会变高;而且音节越靠近词尾,元音的舌位越高。当元音位于与另一个元音相邻的重读音节之前时,或者在一个没有重音的词里时,所有元音都趋向于去音节化(de-syllabify);通常舌位最高的元音会去音节化。当两个元音位于词的交界处时,前一个元音经常略去。这些现象的例子可以参见文本。

录音文本标音

sa'pajɾa sa'pajɾa 'ana, 'anɛ kɛ la 'ɓɛla βa'ndeṇsa'ŋia 'kɛnɛ la 'ɓɛla ʔo'lo:. tɛ a'mːai 'ana ˌnɔpoˌɓusɯ'ɓusuŋ 'ako tɛ ɛ'mai na mɛ'ɓukɯ. mbe'aka mo'Iɛŋo 'ʔumpa ˌnoma'imo na 'mia ɸu'mila pu'make ʔɛ 'ɓadʒɯ mo'kɔʔɓa. ˌsaʔiˌtaʔa'kono, ˌnɔsɛ'tɯdʒɯ kɯɑ tɛ ˌɓaː'ɓaːno puˌmalɯ'lɯʔ ɛ na 'mia βu'mila 'iso, tɛ 'ia naˌhopo'taɹɯ i poˌtaɹɯ'ʔano 'isŏ aj. 'maka tɛ la 'ɓɛla βa'ndeṇsa'ŋia 'ana nɔ'tɔpːa, nɔ'tɔpːa, nɔ'tɔpːa, 'tɔkːa ˌsamɛ'ɓukɯ nɔ'tɔpːa ˌsamɛ'ɓukɯ tɛ 'ia 'iso nɔ'kɔnta tɛ 'ɓadɯ ˌmokɔ'ɓano. ka'mɓea ˌmoni'nino. maˌkala'ʔamo ˌmbĕa'kamo nɔ'sɔʔɓa na la 'ɓɛla βaˌndeṇsa'ŋia 'ana. po'ʔoli 'iso, la 'ɓɛla ʔo'lo: noˌpaso'soa tɛ 'mia mɛ'ɓadʒɯ iso 'kɛnɛ ˌmbea'kamo ɔ'haʔɗa pa'ke tɛ ɓadʒɯno. 'dʒaɾ ˌaβa'naːtɯ nɔˌhopo'taɹɯ na la 'ɓɛla ʔo'lo:, 'kɛnɛ ˌnɔmo'taɹɯ na ɹa 'ɓɛla βandeṇsa'ŋia i ˌpota'ɾɯʔ ɯ ka'βasa 'iso aj. ˌsapa'iɾa ˌsapa'iɾa ˌtaŋka'nomŏ.

正字法版本

Sapaira sapaira ana, ane ke La Bela Wandensangia kene La Bela 'Oloo. Te amai ana nopobusubusu ako te emai na mebuku. Mbeaka molengo 'umpa nomaimo na mia wumila pumake te baju mokoba. Sa'itaakono, nosetuju kua te baabaano pumalulu'e na mia wumila iso, te ia nahopotalu i potaru'ano iso ai. Maka te La Bela Wandensangia ana notopa, notopa, notopa, toka samebuku notopa samebuku te ia iso nokonta te baju mokobano. Kambea moninino. Maka la'amo mbeakamo nosoba na La Bela Wandensangia ana. Po'oli iso, La Bela 'Oloo nopasosoa te mia mebaju iso kene mbeakamo ohada pake te bajuno. Jari awana atu nohopotalu na La Bela 'Oloo, kene nomotalu na La Bela Wandensangia i potaru'a u kawasa iso ai. Sapaira sapaira tangkanomo.

土 耳 其 语

KARL ZIMMER AND ORHAN ORGUN

Department of Linguistics, University of California, Berkeley, CA 94720, USA

本文的发音人是一位土生土长的伊斯坦布尔人,25 岁。该语言变体被认为是标准语,土耳其大多数受过教育的人都熟悉这种发音以及某个地区变体。

辅音

	双唇音	唇齿音	齿音	龈音	龈后音	硬腭音	软腭音	声门音
爆发音和塞擦音	p b		t d		tʃ dʒ	c ɟ	k g	
鼻　　音	m		n					
擦　　音		f v	s z		ʃ ʒ		ɣ	h
拍　　音				ɾ				
近　　音						j		
边近音			ɫ		l			

p	puɫ	邮票	t	tel	电线
b	buɫ	找到	d	del	刺穿

c	caɾ	利润
ɟ	ɟem	马嚼子
k	kaɾ	雪
g	gam	悲伤

m	maɫ	财产	n	naɫ	马蹄铁
ɾ	ɾej	投票			

f	faɾ	前灯	s	saɾ	弯曲	ɣ	daɣ[daː]	山
v	vaɾ	存在	z	zaɾ	膜	h	heɾ	每个
			tʃ	tʃam	松树			
			dʒ	dʒam	玻璃			
			ɬ	ɬaˈɬa	仆人	j	jeɾ	地方
			l	laːˈle	郁金香			

元音

i	kil	黏土
y	kyl	灰烬
e	kel	秃顶的
œ	gœl	湖
a	kaɬ	停留
ɯ	kɯɬ	头发
u	kuɬ	奴隶
o	koɬ	手臂

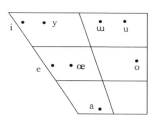

长元音有[iː]、[eː]、[uː]和[aː]。复合元音可以看作元音与/j/的序列。

重音

词重音往往位于词的最后一个音节上。不过，有一些不能重读的后缀会导致主要的词重音落在该后缀之前的音节上，例如，对比[jap-tɯr-maˈlɯ]"他/她必定做了（此事）"与[jap-ˈtɯr-ma-malɯ]"他/她必须克制不做（此事）"，否定后缀[-ma]是不能重读的后缀。另外，词尾重音也有一些词汇上的例外，例如[ˈmasa]"桌子"。

规则

如果后面没有相同发音部位的辅音,音节起首位置的清塞音通常送气,在音节末尾总是除阻。在本族语词汇中,/c, ɟ/与/k, g/不对立,[c]和[ɟ]只出现在有前元音的音节中,而[k]和[g]只出现在有后元音的音节中。不过,有些借词里的[c]和[ɟ]也与后元音一起出现,例如/caɾ/ kâr"利益"(比较/kaɾ/ kar"雪")。/l/是一个硬腭化的龈后边音,/ɫ/是一个软腭化的齿边音;/ɫ/不出现在前元音后面。末尾位置的/h/可能发成软腭清擦音。/ɾ/是最常见的单拍音。/ɾ, ɫ, l/位于末尾位置或位于清辅音前时经常清音化。元音后的[v]经常发成双唇擦音或近音。/ɣ/对应于土耳其语的正字法形式"软 g"(ğ);它的用法可以帮助我们来说明形态的交替。两个前元音之间的/ɣ/可以念成弱化的前-软腭音或硬腭近音;当它位于词末或者辅音前面时,语音上就会体现为它前面元音的延长;除此以外,当它位于元音之间时就不发音。除了/a, o/以外,其他元音位于短语末尾的开音节位置时,都会有一个舌位降低的变体,例如,[kel]"秃顶的",比较[ka'lɛ]"城堡"。

录音文本标音

poj'razɫa ɟy'neʃ biɾbiɾleɾin'den da'ha kuvvet'li oɫdukɫaɾɯ'nɯ ile'ri sy'reɾec iddia:ɫa'ʃɯjoɾɫaɾdɯ. 'deɾcen ka'ɫɯn 'bir 'paɫto ɟij'miʃ 'bir joɣ'dʒu ɟœrdy'leɾ. 'bu joldʒu'ja 'paɫtosu'nu tʃɯ,kaɾtɯɾabile'nin da'ha kuvvet'li oɫduɣu'nu ka'bu:l etmi'je ka'ɾaɾ veɾdi'leɾ. poj'raz 'var ɟy'dʒyle esmi'je baʃɫa'dɯ. 'andʒak joɫ'dʒu 'paɫtosu,na 'ɟitʃide da'ha sɯ'kɯ saɾɯ'nɯjoɾdu. 'sonunda poj'raz uɣɾaʃmak'tan 'vazɟetʃti. 'bu se'feɾ ɟy'neʃ atʃ'tɯ oɾta'ɫɯk ɯsɯ'nɯndʒa joɫ'dʒu 'paɫtosunu he'men tʃɯkaɾ'dɯ. 'bœjledʒe poj'raz ɟyne'ʃin ,kendisin'den da'ha kuvvet'li olduɣu'nu ka'bu:l etmi'je medʒ'buɾ kaɫ'dɯ.

正字法版本

Poyrazla güneş, birbirlerinden daha kuvvetli olduklarını ileri sürerek iddialaşıyorlardı. Derken, kalın bir palto giymiş bir yolcu gördüler. Bu yolcuya paltosunu çıkarttırabilenin daha kuvvetli olduğunu kabul etmeye karar verdiler. Poyraz, var gücüyle esmeye başladı. Ancak, yolcu paltosuna gitgide daha sıkı sarınıyordu. Sonunda poyraz uğraşmaktan vazgeçti. Bu sefer güneş açtı; ortalık ısınınca yolcu paltosunu hemen çıkardı. Böylece poyraz, güneşin kendisinden daha kuvvetli olduğunu kabul etmeye mecbur kaldı.

第三部分
附　　录

附录 1

国际语音学会的原则

　　国际语音学会成立初期(参见附录4)就尝试制定明确的指导未来工作的原则。这些原则的表述已经经过多次修改和更新,目前的表述(下文)是1989年学会会议通过的。

　　1　国际语音学会有一套标准字母表,通常用大写首字母 IPA 指称,或者在很多不说英语的国家用 API 表示。制定它的目的主要是为了满足实际的语言学需求,例如,记录语言的语音或者音系结构,为外国语言学习者提供语音标音,帮助他们掌握发音,以及为用其他系统书写的语言或者以前没有文字的语言设计罗马体的正字法。国际语音字母表(国际音标表)还提供了大量符号与附加符号来表达语音音质的精细区别,以便更好地适用于语音表达需求的所有规则。

　　2　国际音标被设计成能表示世界所有语言的可能语音的一套符号。这些语音的表示是使用一套语音范畴来描写每一个语音是怎样产生的。这些范畴能界定大量的在音系规则和历史音变中起作用的自然音类。国际音标的符号是一种表明这些范畴交点的速记方法。因此,[p]是一种表示清、双唇、爆发等范畴的交点的速记方法;[m]表示浊、双唇和鼻音范畴的交点;等等。这些符号表达的语音主要用于区分语言中的词。

　　3　在国际音标的结构方面,不仅从语音观点角度考虑了每个符号的专属性,还从印刷角度考虑了符号的合适性。国际音标的非罗马符号要尽可能地与罗马字母和谐。例如,国际音标中的希腊字母按照罗马字母进行了调整；希腊字母 β 的常规形式就与罗马字体不和谐，国际音标的形式是β。学会不赞成使用斜体形式的符号作为设计新符号的模型。

　　4　国际音标的结构和用法遵循以下原则：

　　（a）同一语言中的两个语音被用来区分两个词的时候，应尽可能用不带附加符号的两个不同符号表示。一般尽量首选罗马字母，只有罗马字母不够用时，才采用其他符号。

　　（b）当两个语音非常相似，任何语言都不会用来区别话语的意义，作为一条规则，它们应该用同一个符号表示。不过，必要的时候，可以用不同的符号或者附加符号来区别它们。

　　（c）完全不使用附加符号是不可能的。国际语音学会建议将其使用限于以下情况：

　　（i）表示音长、重音和音高。

　　（ii）表示语音的细微差别。

　　（iii）当使用一个附加符号能够避免设计大量的新符号时（例如，鼻化元音的表示法）。

　　5　表示某种特定语言的语音符号的用法通常是由音位对立原则决定的。所有语言都只使用有限的元音和辅音就能区别词义：英语 **m** 和 **n** 的对立被用来区分 *met* 与 *net*，因此这两个语音应该用不同的符号表示。英语词 *keep*、*cart*、*cool* 的这三个 **k** 音能够听出或感觉出有差别，但是从语言学或音位学观点来看，这种差别不具有区别性，三个音可以用同一个[k]符号表示。同样的情况也可应用到法语词 *qui*、*cas*、*cou* 中的几个 **k** 音，尽管它们在语音上与相应的英语词并不相同。

　　6　学会建议音标应该括在方括号［　］中。仅仅表示音位对立的音标可以放在斜线或斜杠／／中。

　　7　一个音标系统总是由一套符号和一套解释规则构成。而且,国际音标是由符号和附加符号构成的,其意义不可能全部从语音范畴的书面描写中学会。学会强烈建议,为了学会相对准确地发出和识别相应的语音,任何打算使用该符号的人都应该接受训练。

附录 2

国际音标符号的计算机编码

这一节曾发表于《国际语音学会学报》(1993)23 卷 83～97 页，标题是《语音符号的计算机编码》，作者是 John H. Esling & Harry Gaylord。这篇文章收入本书时有所修订，本节的国际音标编号和编码表已更新至 1998 年。

语音符号的计算机编码处理始于 1989 年国际语音学会为了修订音标表而召开的基尔大会。当时组成的计算机编码工作组承担了探究如何用数字表示国际音标字母以及开发一套无歧义的数字来对应国际音标符号的任务。这项任务包括召集可以用计算机编程来表达语音符号的语音学家，也包括与计算机编码专家进行交流，要测评语音学家对符号用法的观点与非语音学家对如何识别和使用语音符号的理解力这二者之间的契合度。在基尔会议之前，《国际语音学会学报》(Esling，1988) 已概括地论述了编码表示的实际方法，重点讨论了字符的键盘分布问题。

在基尔会议上，工作组在审查了几份关于现行做法的意见书之后得出结论认为，应该给国际音标的每一个符号都分配一个唯一的三位数字编码，即国际音标编号 (IPA Number)。国际音标编号是据基尔会议审议后编制的新的国际音标表 (IPA，1989a) 的顺序排列的。国际音标编号不仅用于已认可的辅音、元音、附加符号和超音段符号，也用于在国际音标的审议中经常涉及的符号，或者国际音标规则所蕴含但未明确出现在音标表中的符号。

基尔工作组取得的成果发表在《国际语音学会学报》(IPA，

1989b）上，随后又发表了补充报告，包括符号和符号名称的国际音标编号初步列表（Esling，1990）。编制过程中，充分参考了 Pullum & Ladusaw 的《语音符号指南》（1986，1996）中的语音符号用法和分类。基尔会议上有好几个提议，包括给伴随数据输入语音编码值时至少有两个层面的标音用法，而在把每一个可能的符号与不连续的数字实体相关联的过程中最需要指出的是其综合性。任何一个符号都不能忽略，附加符号的应用必须要细致。结果是国际音标编号列表包括的符号比国际音标表指定的符号还要多。因此，作为国际音标表的附加表，国际音标编号表（IPA Number Chart）也被制定出来，以显示每一个符号所对应的编号；自 1949 年以来国际音标表引用的符号都列入了该表中，还包括了一些非国际音标符号，与其相应的编号互相参照。

广泛包容所有符号的原因是要预期各种可能性，有些符号可能会删除不用，有些符号可能会重新进入当前使用的选择范围；字符形式和类型的数字列表一定要足够广泛，以便支持符号说明或者附加符号替换的细微改变，还要符合语音学用户的计算机系统的频谱显示。国际音标数字编号还允许增加新的符号，100 系列用于辅音，200 系列用于其他符号，并与其他语音（符号）集相互参照，300 系列用于元音，400 系列用于附加符号，500 系列用于超音段符号。例如，用于塞擦音的连字符（译注：跨双音符号）也作为早期承认的国际音标符号收入 200 系列，尽管它们在国际音标表中没有占据具体的位置。

1989 年的国际音标表审核之后，有几处修订，1993 年出版了修订结果（IPA，1993），1996 年又有更新。尽管有少量符号又恢复使用，但是没有给这些符号指定新的编号。由于国际音标编号原来的顺序自身有任意性，尽管 1993 年的编号顺序不同于 1989

年,但是 1993 年音标表的改变并没有冲击编号方案,它仍然是有效的编号。在某种程度上,伴随符号的数字编号有助于记录符号发展的历史。与国际音标表相应的国际音标编号表参见表 1。

国际音标符号以及它的编号集被文本编码倡议（Text Encoding Initiative,TEI）用来制定 SGML 的实体集（entity set）。每一个命名名称都在编号前冠上"IPA",譬如,IPA304 是小写字母 A 的 TEI 命名实体名称（entity name）。这些符号可以作为国际音标符号处理,可以在纸稿上书写,通过修改实体替换文本,可以用适当的本地字体在屏幕上显示出来。SGML 实体集的优点是,它可以是一个独立应用的字符集。

这项工作进行的同时,有两个国际组织正在制定世界所有语言的计算机用字符集标准:统一编码联盟（Unicode Consortium）和国际标准组织（International Standards Organization,ISO）。这些项目相互关联,可以使每个字符的编码在 Unicode 编码集和 ISO 通用字符集（Universal Character Set,UCS）中都是一样的,ISO 通用字符集也被称为 ISO 10646。国际音标符号已提交进入这些字符集之中,除了个别例外,基本都已编入。10646 字符集已于 1993 年 5 月 1 日批准发布,全集经历了定期的修订,目前包括 40 000 多个字符。最新的修订可以在 Unicode 标准 2.0 版（The Unicode Standard,Version 2.0）查阅（Unicode Consortium,1996）。①

下面的表 3、表 4、表 5 和表 6 都包含了每个语音字符的 UCS 编码位置。Unicode/UCS 是一个 16 位的字符集,因此是用 4 个十六进制数表示。Unicode/UCS 中还有一些非 IPA 音标,这些音标

---

① 译注:随着编码发展,目前 UCS 已不断更新。近期的版本包括 2005 年 3 月发布的 4.1 版、2006 年 5 月发布的 5.0 版。

国际音标表（修订至 2005 年）

辅音 (肺部气流)　　　　　　　　　　　　　　　　　　　　　　　　　　　　　编号表

	双唇音	唇齿音	齿音	龈音	龈后音	卷舌音	硬腭音	软腭音	小舌音	咽音	声门音
爆发音	101 102		103 104			105 106	107 108	109 110	111 112		113
鼻音	114	115	116			117	118	119	120		
颤音	121		122						123		
拍音或闪音			124			125					
擦音	126 127	128 129	130 131	132 133	134 135	136 137	138 139	140 141	142 143	144 145	146 147
边擦音			148 149								
近音		150	151			152	153	154			
边近音			155			156	157	158			

〔每栏〕成对出现的符号，右边的为浊辅音。阴影部分表示不太可能产生发音的区域。

辅音 (非肺部气流)

倒吸气音	(浊) 内爆音	外挤气音
176 双唇	160 双唇	401 例如：
177 齿	162 齿/龈	101 +401 双唇
178 龈（后）	164 硬腭	103 +401 齿/龈
179 腭龈	166 软腭	109 +401 软腭
180 龈边	168 小舌	132 +401 龈擦

其他符号

169 唇-软腭清擦音

170 唇-软腭浊近音

171 唇-硬腭浊近音

172 会厌清擦音

174 会厌浊擦音

173 会厌爆发音

182 183．龈-硬腭擦音

181　　龈浊闪音

175　同时发 ∫ 和 X

必要时，塞擦音和双重部位发
音可用连音符连接两个符号，433 (509)
例如：

附加符号如果符号下半部较长，附加符号可以置于上方，例如：119 + 402B

402A	清音化	n̥ d̥	405	气嗓声	b̤ a̤	408	齿音化	t̪ d̪
403	浊音化	s̬ t̬	406	哑嗓声	b̰ a̰	409	舌尖性	t̺ d̺
404	送气	tʰ dʰ	407	舌唇性	t̼ d̼	410	舌叶性	t̻ d̻
411	更圆	ɔ̹	420	唇音化	tʷ dʷ	424	鼻音化	ẽ
412	略展	ɔ̜	421	硬腭化	tʲ dʲ	425	鼻音除阻	dⁿ
413	偏前	u̟	422	软腭化	tˠ dˠ	426	边音除阻	dˡ
414	偏后	e̠	423	咽音化	tˤ dˤ	427	无听感除阻	d̚
415	央化	ë	428	软腭化或咽音化	209			
416	中央化	ɘ̽	429	偏高	e̝	(ɹ̩ =龈浊擦音)		
431	音节性	n̩	430	偏低	e̞	(β̞ =双唇浊近音)		
432	非音节性	e̯	417	舌根偏前	e̟			
419	卷舌性	ɚ a˞	418	舌根偏后	e̠			

元音

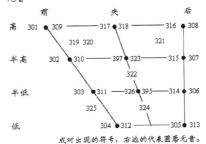

成对出现的符号，右边的代表圆唇元音。

超音段符号

501 重音　　ˈfoʊnəˈtɪʃən

502 次重音

503 长　　　eː

504 半长　　eˑ

505 更短　　ĕ

507 小 (音步) 韵律段

508 大 (语调) 韵律段

506 分音节符　　　ɹiˈækt

509 连接 (无间隔出现)

声调与词重调

平调		仄调	
512 519	高	524 529	升
513 520	次高	525 530	降
514 521	中	526 531	高升
515 522	次低	527 532	低升
516 523	低	528 533	升降
517	降阶	510	全上升
518	升阶	511	全下降

① 译注：虽然目前国际音标表已发布 2015/2018 版，但国际音标编号没有发生变化，此处沿用中文第一版的国际音标编号表。

是由其他团体提交的。还有少量国际音标符号没有收入 Unicode/UCS 字符集,例如赵元任声调字符。本表中没有收入字符集的符号用"⋯⋯"表明。有些符号可能有两个编码,例如,IPA598 的编码为 0316,这是放在符号下面的编码,而如果放在符号后面,则编码为 02CE。当这个字符集获得广泛应用,就会成为国际音标符号编码的常规方法。

字体信息交换学会(Association for Font Information Interchange,AFII)与 ISO 合作,维护着一个字形注册表。国际音标符号已在 AFII 注册,注册字形编号用十六进制数表示,列在表 3、表4、表 5、表 6 的 AFII 编码栏。AFII 字符注册表可能会用于未来的字体标准化。

有关国际音标符号的 TEI 书写系统声明(writing system declaration,wsd)也已制定出来。这个文件阐述了有关国际音标符号及其功能的信息,阐述了 SGML 文档、Unicode/UCS 以及 AFII 之中国际音标的编码。书写系统声明可以作为文本文件来阅读,或者在 SGML 程序中进行机器处理。

表 2 举例说明了国际音标符号集中的 26 个罗马字符保留了它们原来的或"ASCII"编码作为其 UCS 编码。它们属于 Unicode/UCS 的 00 表或者"基本"表。更多的具体语音符号在下文的其他表中说明。

表 2　UCS 编码保留国际音标集中罗马字符的原 ASCII 编码

符号	符号名称	语音描述/状态	IPA 编号	UCS 编码	AFII 编码
a	小写字母 A	前低(非圆唇)元音	304	0061	E25B
b	小写字母 B	双唇浊爆发音	102	0062	E2A3
c	小写字母 C	硬腭(清)爆发音	107	0063	E2D9
d	小写字母 D	齿龈浊爆发音	104	0064	E2B1

e	小写字母 E	前半高（非圆唇）元音	302	0065	E256
f	小写字母 F	唇齿（清）擦音	128	0066	E2AC
g	开口尾 G	软腭浊爆发音（与 110 相同）	210	0067	E2E3
h	小写字母 H	声门（清）擦音	146	0068	E2EE
i	小写字母 I	前高（非圆唇）元音	301	0069	E251
j	小写字母 J	硬腭浊近音	153	006A	E2DB
k	小写字母 K	软腭（清）爆发音	109	006B	E2DE
l	小写字母 L	齿龈浊边近音	155	006C	E2BD
m	小写字母 M	双唇浊鼻音	114	006D	E2A1
n	小写字母 N	齿龈浊鼻音	116	006E	E2AF
o	小写字母 O	后半高圆唇元音	307	006F	E269
p	小写字母 P	双唇（清）爆发音	101	0070	E2A2
q	小写字母 Q	小舌（清）爆发音	111	0071	E2E6
r	小写字母 R	齿龈浊颤音	122	0072	E2C0
s	小写字母 S	龈（清）擦音	132	0073	E2B6
t	小写字母 T	齿龈（清）爆发音	103	0074	E2B0
u	小写字母 U	后高圆唇元音	308	0075	E265
v	小写字母 V	唇齿浊擦音	129	0076	E2AD
w	小写字母 W	唇-软腭浊近音	170	0077	E2A8
x	小写字母 X	软腭（清）擦音	140	0078	E2E0
y	小写字母 Y	前高圆唇元音	309	0079	E252
z	小写字母 Z	龈浊擦音	133	007A	E2B7

　　基尔大会病理言语和语音音质工作组（Kiel Convention Workgroup on Pathological Speech and Voice Quality）开发了特定的符号和附加符号，国际音标编号从 600 到 699。请参见 Duckworth，Allen，Hardcastle & Ball(1990) 的描述，符号列表及数字编号参见 Ball (1991)。由于这些符号未包括在初期提交给 ISO 的通用编码提案中，它们暂未列入本表。所以，目前还没有 UCS 编码或者 AFII 编

码可以较容易地与描写紊乱言语及语音音质的 600 系列"国际音标扩展表"符号关联起来。

　　表 3 列出了所有辅音和元音符号，都是通用编码字符集的编码项，包括参考字形、符号名称、发音描述、国际音标编号、UCS 编码、AFII 编码。这些符号按照仿（罗马）字母顺序排列。表 4 列出了所有的语音附加符号和超音段符号，都是通用编码字符集的编码项，按照 1993 年原国际音标表顺序排列。列表中的非国际音标符号以及那些不再使用的国际音标符号都做了具体说明：什么时候从国际音标表中删除或被其他符号替换的。附加的表 5 和表 6 是按照国际音标编号的数字顺序排序表，列出了所有的辅音、元音、附加符号和超音段符号。这些表的早期版本发表在《口语系统标准和资源手册》（*Handbook of Standards and Resources for Spoken Language Systems*；Gibbon，Moore & Winski，1997）。这个编码表的公布不应被解释为国际音标对列表中每个符号的认可，而应作为当前构成的编码表中任何潜在语音字符的位置的便捷参考。

表 3　国际音标符号：辅音/元音符号编码
（依据符号形状仿字母表顺序排序）

符号	符号名称	语音描述/状态	IPA 编号	UCS 编码	AFII 编码
a	小写字母 A	前低（非圆唇）元音	304	0061	E25B
ɐ	倒转小写字母 A	央次低元音	324	0250	E263
ɑ	手写体小写字母 A	后低（非圆唇）元音	305	0251	E26C
ɒ	手写体倒 A	后低圆唇元音	313	0252	E26D
æ	Ash①；小写字母 A-E 连写	前次低（非圆唇）元音	325	00E6	E25A

---

①　译注：Ash[æʃ]是对 æ 的呼名。

b	小写字母 B	双唇浊爆发音	102	0062	E2A3
ɓ	带顶钩小写字母 B	双唇(浊)内爆音	160	0253	E2A9
ʙ	小形大写字母 B	双唇浊颤音	121	0299	E2F0
β	希腊字母 Beta	双唇浊擦音	127	03B2	E2A5
c	小写字母 C	硬腭(清)爆发音	107	0063	E2D8
ƈ	带顶钩小写字母 C	硬腭清内爆音 1993 取消	163	0188	2376
č	带顶楔小写字母 C	龈后清塞擦音 非 IPA 用法	299	010D	F1AE
ç	带底钩小写字母 C	硬腭(清)擦音	138	00E7	E2DA
ҫ	带卷尾小写字母 C	龈-腭清擦音	182	0255	E2CE
ʗ	撑长 C	龈后吸气音 用 178 替代(1989)	202	0297	E2C4
d	小写字母 D	齿龈浊爆发音	104	0064	E2B1
ɗ	带顶钩小写字母 D	齿龈(浊)内爆音	162	0257	E2C2
ɖ	带右尾 D	卷舌浊爆发音	106	0256	E2C8
ᶑ	带顶钩和右尾 D	卷舌浊内爆音 IPA 无确切证明	219	1D91	E219
ʣ	D-Z 连体	龈浊塞擦音 用 104+133 替代	212	02A3	E2F9
ʤ	D-Ezh 连体	龈后浊塞擦音 用 104+135 替代	214	02A4	E2FA
ʥ	D-卷尾 Z 连体	龈-腭浊塞擦音 用 104+183 替代	216	02A5	E2FB
ð	拉丁字母 Eth	齿浊擦音	131	00F0	E2B3
e	小写字母 E	前半高(非圆唇)元音	302	0065	E256

ə	弱性元音	央(中)元音	322	0259	E25F
ᵊ	上标弱性元音	央(中)元音除阻	218	1D4A	E21A
ɚ	右钩弱性元音	R 色彩央中元音 等同于 322＋419	327	025A	E260
ɘ	反转小写字母 E	央半高(非圆唇)元音	397	0258	E26E
ɛ	希腊字母 Epsilon	前半低(非圆唇)元音	303	025B	E258
ɞ	闭合 Epsilon	用 395 替代(1996)	396	029A	E273
ɜ	反转希腊字母 Epsilon	央半低(非圆唇)元音	326	025C	E262
ɞ	闭合反转 Epsilon	央半低圆唇元音	395	025E	E270
f	小写字母 F	唇齿清擦音	128	0066	E2AC
ɡ	开尾 G	软腭浊爆发音 与 210 相同	110	0261	E2DF
ɠ	带顶钩小写字母 G	软腭(浊)内爆音	166	0260	E27E
g	绕尾 G	软腭浊爆发音 与 110 相同	210	0067	E2E3
ɢ	小形大写字母 G	小舌浊爆发音	112	0262	E2E7
ʛ	带顶钩小形大写字母 G	小舌(浊)内爆音	168	029B	E2F1
ɣ	希腊字母 Gamma	软腭浊擦音	141	0263	E2E1
ˠ	上标希腊字母 Gamma	软腭化	422	02E0	E28B
ɤ	公羊角	后半高(非圆唇)元音	315	0264	E268
h	小写字母 H	声门清擦音	146	0068	E2EE
ʰ	上标 H	送气	404	02B0	D565
ħ	带划线 H	咽清擦音	144	0127	E2EB
ɦ	带顶钩 H	声门浊擦音	147	0266	E2EF
ɧ	带顶钩 Heng	龈后与软腭双部位清擦音	175	0267	E2D6
ɥ	倒 H	唇-腭浊近音	171	0265	E2A6
ʜ	小形大写字母 H	会厌清擦音	172	029C	E2F2

i	小写字母 I	前高(非圆唇)元音	301	0069	E251
ɪ	无点 I	非 IPA 用法	394	0131	00F5
ɨ	带划线小写字母 I	央高(非圆唇)元音	317	0268	E25D
ι	Iota(希腊第 9 字母)	前次高(非圆唇)元音 用 319 替代(1989)	399	0269	E253
ɪ	小形大写字母 I	前次高(非圆唇)元音	319	026A	E254
j	小写字母 J	硬腭浊近音	153	006A	E2DB
ʲ	上标 J	硬腭化	421	02B2	D567
ʝ	卷尾 J	硬腭浊擦音	139	029D	E2F3
ǰ	带顶楔小写字母 J	龈后浊塞擦音 非 IPA 用法	298	01F0	E290
ɟ	带中划线无点 J	硬腭浊爆发音	108	025F	E2D9
ʄ	顶钩带划线无点 J	硬腭(浊)内爆音	164	0284	E27C
k	小写字母 K	软腭(清)爆发音	109	006B	E2DE
ƙ	带顶钩 K	软腭清内爆音 1993 取消	165	0199	2363
ʞ	倒 K	1979 取消	291	029E	E2F4
l	小写字母 L	齿龈浊边近音	155	006C	E2BD
ˡ	上标 L	边音除阻	426	02E1	FDA3
ɫ	带鼻化符 L	软腭化齿龈浊边近音	209	026B	E27D
ɬ	束腰带 L	齿龈(清)边擦音	148	026C	E2BB
ɭ	带右尾 L	卷舌浊边近音	156	026D	E2CC
ʟ	小形大写字母 L	软腭浊边近音	158	029F	E2F5
ɮ	L-Ezh 连体	齿龈浊边擦音	149	026E	E2BC
λ	Lambda	齿龈清边擦音 非 IPA 用法	295	03BB	266E

ƛ	带划线 lambda	齿龈清边塞擦音 非 IPA 用法	294	019B	FD7B
m	小写字母 M	双唇(浊)鼻音	114	006D	E2A1
ɱ	带左向尾 M(右边)	唇齿(浊)鼻音	115	0271	E2AB
ɯ	倒转小写字母 M	后高(非圆唇)元音	316	026F	E264
ɰ	倒转小写字母 M, 右带长腿	软腭浊近音	154	0270	E2E2
n	小写字母 N	齿龈(浊)鼻音	116	006E	E2AF
ⁿ	上标符 N	鼻音除阻	425	207F	FDA8
ƞ	N 带右长腿	音节性鼻音 1976 取消	293	019E	E2E5
ɲ	带左向尾 N(左边)	硬腭(浊)鼻音	118	0272	E2D7
ŋ	Eng	软腭(浊)鼻音	119	014B	E2DD
ɳ	带右向尾 N	卷舌(浊)鼻音	117	0273	E2C6
ɴ	小形大写字母 N	小舌(浊)鼻音	120	0274	E2E4
o	小写字母 O	后半高圆唇元音	307	006F	E269
⊙	公牛眼	双唇倒吸气音	176	0298	E2AA
ɵ	带划线小写字母 O	央半高圆唇元音	323	0275	E261
ø	带斜线小写字母 O	前半高圆唇元音	310	00F8	E257
œ	小写字母 O-E 连体	前半低圆唇元音	311	0153	E259
Œ	小形大写字母 O-E 连体	前低圆唇元音	312	0276	E25C
ɔ	开口 O	后半低圆唇元音	306	0254	E26B
ɷ	合口 omega	后次高圆唇元音 用 321 替代(1989)	398	0277	E266
p	小写字母 P	双唇清爆发音	101	0070	E2A2
ƥ	带顶钩 P	双唇清内爆音 1993 取消	159	01A5	2378

244

φ	希腊字母 Phi	双唇清擦音	126	0278	E2A4
q	小写字母 Q	小舌清爆发音	111	0071	E2E6
ʛ	带顶钩 Q	小舌清内爆音 1993 取消	167	02A0	E2F6
r	小写字母 R	齿龈浊颤音	122	0072	E2C0
ɾ	鱼钩 R	齿龈浊拍音	124	027E	E2C1
ɼ	长腿 R	1989 取消	206	027C	E2BE
ɺ	倒带长腿 R	龈浊边闪音	181	027A	E2BF
ɽ	带右尾 R	卷舌浊闪音	125	027D	E2CD
ɹ	倒转小写字母 R	齿龈浊近音	151	0279	E2BA
ɻ	倒转小写字母 R,带右尾	卷舌浊近音	152	027B	E2CB
ʀ	小形大写字母 R	小舌浊颤音	123	0280	E2EA
ʁ	倒转小形大写字母 R	小舌浊擦音	143	0281	E2E9
s	小写字母 S	龈清擦音	132	0073	E2B6
ˢ	上标符 S	1989 取消	207	02E2	FDA7
š	带顶楔小写字母 S	龈后清擦音 非 IPA 用法	297	0161	F1DC
ʂ	带右尾 S(左边)	卷舌清擦音	136	0282	E2C9
ʃ	ESH	龈后清擦音	134	0283	E2D0
ʅ	卷尾 Esh	1989 取消	204	0286	E2D2
t	小写字母 T	齿龈清爆发音	103	0074	E2B0
ƭ	顶钩 T	齿龈清内爆音 1993 取消	161	01AD	2379
ţ	带左钩 T	腭化齿龈清爆发音 1989 取消	208	01AB	E2A0
ʈ	带右尾 T	卷舌清爆发音	105	0288	E2C7

ʦ	T-S 连体	齿龈清塞擦音 用 103＋132 替代	211	02A6	E2FC
ʧ	T-Esh 连体	龈后清塞擦音 用 103＋134 替代	213	02A7	E2FD
ʨ	T-卷尾 C 连体	龈-腭清塞擦音 用 103＋182 替代	215	02A8	E2FE
ʇ	倒 T	齿倒吸气音 用 177 替代(1989)	201	0287	E2C3
θ	希腊字母 Theta	齿(清)擦音	130	03B8	E2B2
θ	上标符 Theta	齿清擦音除阻	217	1DB1	E21B
u	小写字母 U	后高圆唇元音	308	0075	E265
ʉ	带划线 U	央高圆唇元音	318	0289	E25E
ʊ	希腊字母 Upsilon	后次高圆唇元音	321	028A	E267
v	小写字母 V	唇齿浊擦音	129	0076	E2AD
ʋ	草书 V	唇齿浊近音	150	028B	E2AE
ʌ	倒转小写字母 V	后半低(非圆唇)元音	314	028C	E26A
w	小写字母 W	唇-软腭浊近音	170	0077	E2A8
ʷ	上标符 W	唇音化	420	02B7	D56E
ʍ	倒 W	唇-软腭清擦音	169	028D	E2A7
x	小写字母 X	软腭清擦音	140	0078	E2E0
ˣ	上标符 X	软腭清擦音除阻	292	02E3	D56F
χ	希腊字母 Chi	小舌清擦音	142	03C7	E2E8
y	小写字母 Y	前高圆唇元音	309	0079	E252
ʎ	倒转小写字母 Y	硬腭浊边近音	157	028E	E2DC
ʏ	小形大写字母 Y	前次高圆唇元音	320	028F	E255

符号	符号名称	语音描述	IPA编号	UCS编码	AFII编码
z	小写字母 Z	龈浊擦音	133	007A	E2B7
ž	带顶楔小写字母 Z	龈后浊擦音 非 IPA 用法	296	017E	F1F0
ʐ	卷尾 Z	龈-腭浊擦音	183	0291	E2CF
ʐ	带右尾 Z	卷舌浊擦音	137	0290	E2CA
ʒ	Ezh;有尾 Z	龈后浊擦音	135	0292	E2D1
ʓ	卷尾 Ezh	1989 取消	205	0293	E2D3
ƻ	划线 2	1976 取消	290	01BB	E2B5
ʔ	喉塞音	声门爆发音	113	0294	E2ED
ʡ	划线喉塞音	会厌爆发音	173	02A1	E2F7
ʖ	倒喉塞音	龈边倒吸气音 用 180 替代(1989)	203	0296	E2C5
ʕ	反转喉塞音	咽浊擦音/咽近音	145	0295	E2EC
ˤ	上标符转面喉塞音	咽音化	423	02E4	E28C
ʢ	带划线转面喉塞音	会厌浊擦音/会厌近音	174	02A2	E2F8
ǀ	笛管	齿倒吸气音	177	01C0	23A6
ǂ	带双线笛管	腭龈倒吸气音	179	01C2	23A4
‖	双管	龈边倒吸气音	180	01C1	23A7
!	叹号	龈后倒吸气音	178	01C3	23A5

表 4　语音附加符号与超音段符号编码

（按照 1993 年国际音标表顺序排序）

符号	符号名称	语音描述	位置/状态	IPA编号	UCS编码	AFII编码
ʼ	撇号	外挤气音	p' k' ts' tʃ'	401	02BC	E249
̥	圈下置	清音化	n̥ d̥	402A	0325	E229
̊	圈上置	清音化	ŋ̊ g̊	402B	030A	00CA

247

ˬ	下置楔形符	浊音化	s̬ k̬	403	032C	E22A
ʰ	上标小写字母 H	送气	pʰ tʰ	404	02B0	D565
˛	下置右半圈	更圆	ɛ̹ ɔ̹	411	0339	E23C
ꜗ	下置左半圈	略展	ɔ̜	412	031C	E232
+	下置加号	偏前	u̟	413	031F	E233
–	下置横条	偏后	e̠	414	0320	E234
¨	上置变音符 Umlaut	央化	ë	415	0308	E221
×	上置叉形符	央-中化	ě	416	033D	2311
ˌ	下置音节性标记	音节性	ɹ̩ n̩ l̩	431	0329	E22E
◌̯	下置拱形符	非音节性	e̯	432	032F	23FA
˞	右(上角带)钩	卷舌性	e˞ ɚ ɔ˞ a˞	419	02DE	E28A
¨	下置变音符 Umlaut	气嗓声	b̤ a̤	405	0324	E22B
~	下置波纹符	哑嗓声	b̰ a̰	406	0330	23D8
ˍ	下置海鸟符	舌唇性	t̼ d̼	407	033C	22E8
ʷ	上标小写字母 W	唇音化	tʷ dʷ	420	02B7	D56E
ʲ	上标小写字母 J	硬腭化	tʲ dʲ	421	02B2	D567
ˠ	上标希腊字母 Gamma	软腭化	tˠ dˠ	422	02E0	E28B
ˤ	上标反转喉塞音	咽音化	tˤ dˤ	423	02E4	E28C
◌̪	下置桥形符	齿音化	n̪ d̪	408	032A	E22C
◌̺	下置倒转桥形符	舌尖性	n̺ d̺	409	033A	23FD
□	下置方形符	舌叶性	n̻ d̻	410	033B	23FE
~	上置波纹符	鼻音化	ẽ ã	424	0303	E222
ⁿ	上标小写字母 N	鼻音除阻	dⁿ	425	207F	FDA8
ˡ	上标小写字母 L	边音除阻	dˡ	426	02E1	FDA3

符号	符号名称	语音描述	位置/状态	IPA编号	UCS编码	AFII编码
˹	右角符	无听感除阻	p˹ d˹	427	031A	23F9
~	中插波纹符	软腭化或咽音化	n̰ d̰	428	0334	E226
˔	上升符	偏高	e̝ ɹ̝(e̗ o̗)	429	031D/02D4	E22F
˕	下降符	偏低	e̞ β̞(e̖ o̖)	430	031E/02D5	E231
˖	靠前	舌根偏前	u̟	417	0318	23F7
˗	靠后	舌根偏后	e̠	418	0319	23F8
͡	顶端连字符	塞擦或双部位音	k͡p ɡ͡b t͡s d͡ʒ	433	0361	E225
˞	下置右向钩	卷舌性	e˞ ɹ˞ a˞ ɔ˞ 被419替代(1999)	489	0322	E228
˹	开角符	除阻/破裂	非IPA用法	490	02F9	E218
,	逗号	停顿	非IPA用法	491	002C	002C
ʻ	反转撇号	弱送气	1979取消	492	02BB	00A9
˙	上置点符	硬腭化/央化	1979取消	493	0307	E224
ˉ	减号	偏后变体(后缩)	1999使用414或419	494	02D7	E239
˖	加号	偏前变体(前移)	1999使用413或417	495	02D6	E238
ʸ	上标Y	前高圆唇/硬腭化	非IPA用法	496	02B8	D570
̣	下置点符	接触变体/擦音化	1999使用429	497	0323	E230
˒	下置左向钩	硬腭化	用421替代(1999)	498	0321	E227
ʷ	下置W	唇音化	用420替代(1989)	499	032B	E22D

超音段

符号	符号名称	语音描述	位置/状态	IPA编号	UCS编码	AFII编码
ˈ	上角竖线	重音	ˌfoʊnəˈtɪʃən	501	02C8	E23E

符号	符号名称	语音描述	位置/状态	IPA编号	UCS编码	AFII编码
ˌ	下角竖线	次重音	ˌfoʊnəˈtɪʃən	502	02CC	E23F
ː	长音符	长音	eː	503	02D0	E23A
ˑ	半长音符	半长	eˑ	504	02D1	E23B
˘	短音符	更短	ĕ	505	0306	E223
.	句号	分音节符	ɹi.ækt	506	002E	002E
│	竖线(粗)	小(音步)韵律段		507	007C	007C
‖	双竖线(粗)	大(语调)韵律段		508	2016	2142
‿	底端连字符	连接(无间隔)	ˈfɑɹ‿əˈrɑɹ	509	203f	230F

声调与词重调

符号	符号名称	语音描述	位置/状态	IPA编号	UCS编码	AFII编码
˝	双锐音重调符(上)	高平	a̋	512	030B	00CD
́	锐音重调符(上)	次高平	á	513	0301	00C2
̄	长音符	中平	ā	514	0304	00C5
̀	钝音重调符(上)	次低平	à	515	0300	00C1
̏	双钝音重调符(上)	低平	ȁ	516	030F	23E2
˥	高调符	高平	ma˥	519	02E5	E28D
˦	次高调符	次高平	ma˦	520	02E6	E28E
˧	中调符	中平	ma˧	521	02E7	E28F
˨	次低调符	次低平	ma˨	522	02E8	E29F
˩	低调符	低平	ma˩	523	02E9	E29E
̌	楔形符	升调	ǎ	524	030C	00CF
̂	曲折符	降调	â	525	0302	00C3
᷄	长音＋锐重音	高升调	a᷄	526	----	E296
᷅	钝重音＋长音	低升调	a᷅	527	----	E297
᷈	钝重音＋锐重音＋钝重音	升降调	a᷈	528	----	E298

符号	符号名称	语音描述/状态		IPA编号	UCS编码	AFII编码
⌁	升调符	升调	maˊ	529	····	E299
⌁	降调符	降调	maˋ	530	····	E29A
⌁	高升调符	高升调	maˀ	531	····	E29B
⌁	低升调符	低升调	maˌ	532	····	E29C
⌁	升降调符	升降调	maˀ	533	····	E29D
↓	向下箭头	降阶		517	2193	EEAF
↑	向上箭头	升阶		518	2191	EEAD
↗	上斜箭头	全上升		510	2197	EF3E
↘	下斜箭头	全下降		511	2198	EF3D
⌢	上置拱形符	长降调/偏前/硬腭位	非 IPA 用法	595	0311	23F2
ˇ	楔形符	降升调	用法重定义(1999)见 524	596	02C7	E247
ˆ	长音符	升降调	用法重定义(1999)见 525	597	02C6	E246
ˎ	下置钝音符	低降调	废弃(1999)	598	0316/02CE	E245
ˏ	下置锐音符	低升调	废弃(1999)	599	0317/02CF	E243

音标划界符号

符号	符号名称	语音描述/状态	IPA编号	UCS编码	AFII编码
[	左方括号	开始语音标音	901	005B	005B
]	右方括号	结束语音标音	902	005D	005D
/	斜线号	开始或结束音位标音	903	002F	002F
(	左圆括号	无特征话语(开始)	906	0028	0028
)	右圆括号	无特征话语(结束)	907	0029	0029
((	左双圆括号	含混音(开始)	908	0028＋0028	2127
))	右双圆括号	含混语音(结束)	909	0029＋0029	2128

| { | 左花括号 | 开始韵律标音 | 910 | 007B | 007B |
| } | 右花括号 | 结束韵律标音 | 911 | 007D | 007D |

表5 国际音标符号:辅音/元音符号编码
（根据 IPA 编号顺序排序）

符号	符号名称	语音描述/状态	IPA 编号	UCS 编码	AFII 编码
p	小写字母 P	双唇清爆发音	101	0070	E2A2
b	小写字母 B	双唇浊爆发音	102	0062	E2A3
t	小写字母 T	齿龈清爆发音	103	0074	E2B0
d	小写字母 D	齿龈浊爆发音	104	0064	E2B1
ʈ	带长尾 T	卷舌清爆发音	105	0288	E2C7
ɖ	带右尾 D	卷舌浊爆发音	106	0256	E2C8
c	小写字母 C	硬腭清爆发音	107	0063	E2D8
ɟ	带中划线无点 J	硬腭浊爆发音	108	025F	E2D9
k	小写字母 K	软腭(清)爆发音	109	006B	E2DE
g	开尾 G	软腭浊爆发音 与 210 相同	110	0261	E2DF
q	小写字母 Q	小舌清爆发音	111	0071	E2E6
ɢ	小形大写字母 G	小舌浊爆发音	112	0262	E2E7
ʔ	喉塞音	声门爆发音	113	0294	E2ED
m	小写字母 M	双唇(浊)鼻音	114	006D	E2A1
ɱ	带左向尾 M（右边）	唇齿(浊)鼻音	115	0271	E2AB
n	小写字母 N	齿龈(浊)鼻音	116	006E	E2AF
ɳ	带右向尾 N	卷舌(浊)鼻音	117	0273	E2C6
ɲ	带左向尾 N（左边）	硬腭(浊)鼻音	118	0272	E2D7
ŋ	Eng	软腭(浊)鼻音	119	014B	E2DD

ɴ	小形大写字母 N	小舌（浊）鼻音	120	0274	E2E4
ʙ	小形大写字母 B	双唇浊颤音	121	0299	E2F0
r	小写字母 R	齿龈浊颤音	122	0072	E2C0
ʀ	小形大写字母 R	小舌浊颤音	123	0280	E2EA
ɾ	鱼钩 R	齿龈浊拍音	124	027E	E2C1
ɽ	带右尾 R	卷舌浊闪音	125	027D	E2CD
ɸ	希腊字母 Phi	双唇清擦音	126	0278	E2A4
β	希腊字母 Beta	双唇浊擦音	127	03B2	E2A5
f	小写字母 F	唇齿清擦音	128	0066	E2AC
v	小写字母 V	唇齿浊擦音	129	0076	E2AD
θ	希腊字母 Theta	齿（清）擦音	130	03B8	E2B2
ð	拉丁字母 Eth	齿浊擦音	131	00F0	E2B3
s	小写字母 S	龈清擦音	132	0073	E2B6
z	小写字母 Z	龈浊擦音	133	007A	E2B7
ʃ	Esh	龈后清擦音	134	0283	E2D0
ʒ	Ezh；有尾 Z	龈后浊擦音	135	0292	E2D1
ʂ	带右尾 S（左边）	卷舌清擦音	136	0282	E2C9
ʐ	带右尾 Z	卷舌浊擦音	137	0290	E2CA
ç	带底钩小写字母 C	硬腭（清）擦音	138	00E7	E2DA
ʝ	卷尾 J	硬腭浊擦音	139	029D	E2F3
x	小写字母 X	软腭清擦音	140	0078	E2E0
ɣ	希腊字母 Gamma	软腭浊擦音	141	0263	E2E1
χ	希腊字母 Chi	小舌清擦音	142	03C7	E2E8
ʁ	倒转小形大写字母 R	小舌浊擦音	143	0281	E2E9
ħ	带划线 H	咽清擦音	144	0127	E2EB
ʕ	反转喉塞音	咽浊擦音或近音	145	0295	E2EC
h	小写字母 H	声门清擦音	146	0068	E2EE
ɦ	带顶钩 H	声门浊擦音	147	0266	E2EF

符号	名称	描述			
ɬ	束腰带 L	齿龈(清)边擦音	148	026C	E2BB
ɮ	L-Ezh 连体	齿龈浊边擦音	149	026E	E2BC
ʋ	草书 V	唇齿浊近音	150	028B	E2AE
ɹ	倒转小写字母 R	齿龈浊近音	151	0279	E2BA
ɻ	倒转小写字母 R，右带尾	卷舌浊近音	152	027B	E2CB
j	小写字母 J	硬腭浊近音	153	006A	E2DB
ɰ	倒转小写字母 M，右带长腿	软腭浊近音	154	0270	E2E2
l	小写字母 L	齿龈浊边近音	155	006C	E2BD
ɭ	带右尾 L	卷舌浊边近音	156	026D	E2CC
ʎ	倒转小写字母 Y	硬腭浊边近音	157	028E	E2DC
ʟ	小形大写字母 L	软腭浊边近音	158	029F	E2F5
ƥ	带顶钩 P	双唇清内爆音 1993 取消	159	01A5	2378
ɓ	带顶钩小写字母 B	双唇(浊)内爆音	160	0253	E2A9
ƭ	带顶钩 T	齿龈清内爆音 1993 取消	161	01AD	2379
ɗ	带顶钩小写字母 D	齿龈(浊)内爆音	162	0257	E2C2
ƈ	带顶钩小写字母 C	硬腭清内爆音 1993 取消	163	0188	2376
ʄ	带顶钩划线无点 J	硬腭(浊)内爆音	164	0284	E27C
ƙ	带顶钩 K	软腭清内爆音 1993 取消	165	0199	2363
ɠ	带顶钩小写字母 G	软腭(浊)内爆音	166	0260	E27E
ʠ	带顶钩 Q	小舌清内爆音 1993 取消	167	02A0	E2F6
ʛ	带顶钩小形大写字母 G	小舌(浊)内爆音	168	029B	E2F1
ʍ	倒 W	唇-软腭清擦音	169	028D	E2A7
w	小写字母 W	唇-软腭浊近音	170	0077	E2A8
ɥ	倒 H	唇-腭浊近音	171	0265	E2A6

ʜ	小形大写字母 H	会厌清擦音	172	029C	E2F2
ʔ	划线喉塞音	会厌爆发音	173	02A1	E2F7
ʕ	带划线转面喉塞音	会厌浊擦音或近音	174	02A2	E2F8
ɧ	带顶钩 Heng	龈后与软腭双部位清擦音	175	0267	E2D6
ʘ	公牛眼	双唇倒吸气音	176	0298	E2AA
ǀ	笛管	齿倒吸气音	177	01C0	23A6
ǃ	叹号	龈后倒吸气音	178	01C3	23A5
ǂ	带双线笛管	腭龈倒吸气音	179	01C2	23A4
ǁ	双管	龈边倒吸气音	180	01C1	23A7
ɺ	倒带长腿 R	龈浊边闪音	181	027A	E2BF
ɕ	带卷尾小写字母 C	龈-腭清擦音	182	0255	E2CE
ʑ	卷尾 Z	龈-腭浊擦音	183	0291	E2CF
ʇ	倒 T	齿倒吸气音 用 177 替代(1989)	201	0287	E2C3
ʗ	撑长 C	龈后吸气音 用 178 替代(1989)	202	0297	E2C4
ʖ	倒喉塞音	龈边倒吸气音 用 180 替代(1989)	203	0296	E2C5
ʃ	卷尾 Esh	1989 取消	204	0286	E2D2
ʒ	卷尾 Ezh	1989 取消	205	0293	E2D3
ɼ	长腿 R	1989 取消	206	027C	E2BE
ˢ	上标符 S	1989 取消	207	02E2	FDA7
ƫ	带左钩 T	腭化齿龈清爆发音 1989 取消	208	01AB	E2A0
ɫ	带鼻化符 L	软腭化齿龈浊边近音	209	026B	E27D
g	绕尾 G	软腭浊爆发音 与 110 相同	210	0067	E2E3

ʦ	T-S 连体	齿龈清塞擦音 用 103＋132 替代	211	02A6	E2FC
ʣ	D-Z 连体	龈浊塞擦音 用 104＋133 替代	212	02A3	E2F9
ʧ	T-Esh 连体	龈后清塞擦音 用 103＋134 替代	213	02A7	E2FD
ʤ	D-Ezh 连体	龈后浊塞擦音 用 104＋135 替代	214	02A4	E2FA
ʨ	T-卷尾 C 连体	龈-腭清塞擦音 用 103＋182 替代	215	02A8	E2FE
ʥ	D-卷尾 Z 连体	龈-腭浊塞擦音 用 104＋183 替代	216	02A5	E2FB
θ	上标符 Theta	齿清擦音除阻	217	1DB1	E21B
ə	上标符号弱性元音	央(中)元音除阻	218	1D4A	E21A
ꝗ	带顶钩和右尾 D	卷舌浊内爆音 IPA 无确切证明	219	1D91	E219
2	划线 2	1976 取消	290	01BB	E2B5
ʞ	倒 K	1979 取消	291	029E	E2F4
ˣ	上标符 X	软腭清擦音除阻	292	02E3	D56F
ƞ	N 带右长腿	音节性鼻音 1976 取消	293	019E	E2E5
ƛ	带划线 lambda	齿龈清边塞擦音 非 IPA 用法	294	019B	FD7B
λ	Lambda	齿龈清边擦音 非 IPA 用法	295	03BB	266E
ž	带顶楔小写字母 Z	龈后浊擦音 非 IPA 用法	296	017E	F1F0
š	带顶楔小写字母 S	龈后清擦音 非 IPA 用法	297	0161	F1DC

256

ǰ	带顶楔小写字母 J	龈后浊塞擦音 非 IPA 用法	298	01F0	E290
č	带顶楔小写字母 C	龈后清塞擦音 非 IPA 用法	299	010D	F1AE
i	小写字母 I	前高(非圆唇)元音	301	0069	E251
e	小写字母 E	前半高(非圆唇)元音	302	0065	E256
ɛ	希腊字母 Epsilon	前半低(非圆唇)元音	303	025B	E258
a	小写字母 A	前低(非圆唇)元音	304	0061	E25B
ɑ	手写体小写字母 A	后低(非圆唇)元音	305	0251	E26C
ɔ	开口 O	后半低圆唇元音	306	0254	E26B
o	小写字母 O	后半高圆唇元音	307	006F	E269
u	小写字母 U	后高圆唇元音	308	0075	E265
y	小写字母 Y	前高圆唇元音	309	0079	E252
ø	带斜线小写字母 O	前半高圆唇元音	310	00F8	E257
œ	小写字母 O-E 连体	前半低圆唇元音	311	0153	E259
Œ	小形大写字母 O-E 连体	前低圆唇元音	312	0276	E25C
ɒ	手写体倒 A	后低圆唇元音	313	0252	E26D
ʌ	倒转小写字母 V	后半低(非圆唇)元音	314	028C	E26A
ɤ	公羊角	后半高(非圆唇)元音	315	0264	E268
ɯ	倒转小写字母 M	后高(非圆唇)元音	316	026F	E264
ɨ	带划线小写字母 I	央高(非圆唇)元音	317	0268	E25D
ʉ	带划线 U	央高圆唇元音	318	0289	E25E
ɪ	小形大写字母 I	前次高(非圆唇)元音	319	026A	E254
ʏ	小形大写字母 Y	前次高圆唇元音	320	028F	E255
ʊ	希腊字母 Upsilon	靠后次高圆唇元音	321	028A	E267
ə	弱性元音	央(中)元音	322	0259	E25F
ɵ	带划线小写字母 O	央半高圆唇元音	323	0275	E261
ɐ	倒转小写字母 A	央次低元音	324	0250	E263

æ	Ash①；小写字母 A-E 连写	前次低（非圆唇）元音	325	00E6	E25A
ɜ	反转希腊字母 Epsilon	央半低（非圆唇）元音	326	025C	E262
ɚ	右钩弱性元音	R 色彩央中元音 等同于 322＋419	327	025A	E260
ı	无点 I	非 IPA 用法	394	0131	00F5
ɞ	闭合反转 Epsilon	央半低圆唇元音	395	025E	E270
ʚ	闭合 Epsilon	用 395 替代（1996）	396	029A	E273
ɘ	反转小写字母 E	央半高（非圆唇）元音	397	0258	E26E
ɷ	合口 omega	靠后次高圆唇元音 用 321 替代（1989）	398	0277	E266
ι	Iota（希腊第 9 字母）	前次高非圆唇元音，用 319 替代（1989）	399	0269	E253

表 6   语音附加符号与超音段符号编码
（根据 IPA 编号顺序排序）

符号	符号名称	语音描述	位置/状态	IPA 编号	UCS 编码	AFII 编码
ʼ	撇号	外挤气音	pʼ kʼ tsʼ tʃʼ	401	02BC	E249
̥	圈下置	清音化	n̥ d̥	402A	0325	E229
̊	圈上置	清音化	ŋ̊ g̊	402B	030A	00CA
̬	下置楔形符	浊音化	s̬ k̬	403	032C	E22A
ʰ	上标小写字母 H	送气	pʰ tʰ	404	02B0	D565
̈	下置变音符 Umlaut	气嗓声	b̈ ä	405	0324	E22B
̰	下置波纹符	哑嗓声	b̰ ḭ	406	0330	23D8
̼	下置海鸟符	舌唇性	t̼ d̼	407	033C	22E8

---

①   译者注：Ash[æʃ]是对 æ 的呼名。

◌̪	下置桥形符	齿音化	n̪ d̪	408	032A	E22C
◌̺	下置倒转桥形符	舌尖性	n̺ d̺	409	033A	23FD
◌̻	下置方形符	舌叶性	n̻ d̻	410	033B	23FE
◌̹	下置右半圈	更圆	ɔ̹ ʔ̹	411	0339	E23C
◌̜	下置左半圈	略展	ʔ̜	412	031C	E232
◌̟	下置加号	偏前	u̟	413	031F	E233
◌̠	下置横条	偏后	e̠	414	0320	E234
◌̈	上置变音符 Umlaut	央化	ë	415	0308	E221
◌̽	上置叉形符	央-中化	ě	416	033D	2311
◌̘	靠前	舌根偏前	u̘	417	0318	23F7
◌̙	靠后	舌根偏后	e̙	418	0319	23F8
◌˞	右(上角带)钩	卷舌性	e˞ ɚ o˞ ɚ	419	02DE	E28A
ʷ	上标小写字母 W	唇音化	tʷ dʷ	420	02B7	D56E
ʲ	上标小写字母 J	硬腭化	tʲ dʲ	421	02B2	D567
ˠ	上标希腊字母 Gamma	软腭化	tˠ dˠ	422	02E0	E28B
ˤ	上标反转喉塞音	咽音化	tˤ dˤ	423	02E4	E28C
◌̃	上置波纹符	鼻音化	ẽ ã	424	0303	E222
ⁿ	上标小写字母 N	鼻音除阻	dⁿ	425	207F	FDA8
ˡ	上标小写字母 L	边音除阻	dˡ	426	02E1	FDA3
◌̚	右角符	无听感除阻	p̚ d̚	427	031A	23F9
◌̴	中插波纹符	软腭化或咽音化	n̴ d̴	428	0334	E226
◌̝	上升符	偏高	e̝ ɹ̝(˔e ˔o)	429	031D/02D4	E22F
◌̞	下降符	偏低	e̞ β̞(˕e ˕o)	430	031E/02D5	E231
◌̩	下置音节性标记	音节性	ɹ̩ n̩ l̩	431	0329	E22E
◌̯	下置拱形符	非音节性	e̯	432	032F	23FA
◌͡◌	顶端连字符	塞擦或双部位音	k͡p ɡ͡b t͡s d͡ʒ	433	0361	E225

˞	下置右向钩	卷舌性	e ʁ ɑ ɔ 被 419 替代(1989)	489	0322	E228
˹	开角符	除阻/破裂	非 IPA 用法	490	02F9	E218
,	逗号	停顿	非 IPA 用法	491	002C	002C
ʻ	反转撇号	弱送气	1979 取消	492	02BB	00A9
·	上置点符	硬腭化/央化	1979 取消	493	0307	E224
˗	减号	偏后变体(后缩)	1989 使用 414 或 418	494	02D7	E239
˖	加号	偏前变体(前移)	1989 使用 413 或 417	495	02D6	E238
ʸ	上标 Y	前高圆唇/硬腭化	非 IPA 用法	496	02B8	D570
̣	下置点符	接触变体/擦音化	1989 使用 429	497	0323	E230
̡	下置左向钩	硬腭化	用 421 替代(1989)	498	0321	E227
w	下置 W	唇音化	用 420 替代(1989)	499	032B	E22D
ˈ	上角竖线	重音	ˌfoʊnəˈtɪʃən	501	02C8	E23E
ˌ	下角竖线	次重音	ˌfoʊnəˈtɪʃən	502	02CC	E23F
ː	长音符	长音	eː	503	02D0	E23A
ˑ	半长音符	半长	eˑ	504	02D1	E23B
̆	短音符	更短	ĕ	505	0306	E223
.	句号	分音节符	ɹi.ækt	506	002E	002E
|	竖线(粗)	小(音步)韵律段		507	007C	007C
‖	双竖线(粗)	大(语调)韵律段		508	2016	2142
‿	底端连字符	连接(无间隔出现)	ɪɑ‿əˈɹɑɪ	509	203F	230F
↗	上斜箭头	全上升		510	2197	EF3E
↘	下斜箭头	全下降		511	2198	EF3D
˝	双锐音重调符(上)	高平	a̋	512	030B	00CD
´	锐音重调符(上)	次高平	á	513	0301	00C2
¯	长音符	中平	ā	514	0304	00C5

ヽ	钝音重调符（上）	次低平	à	515	0300	00C1
˵	双钝音重调符（上）	低平	ȁ	516	030F	23E2
↓	向下箭头	降阶		517	2193	EEAF
↑	向上箭头	升阶		518	2191	EEAD
˥	高调符	高平	ma˥	519	02E5	E28D
˦	次高调符	次高平	ma˦	520	02E6	E28E
˧	中调符	中平	ma˧	521	02E7	E28F
˨	次低调符	次低平	ma˨	522	02E8	E29F
˩	低调符	低平	ma˩	523	02E9	E29E
ˇ	楔形符	升调	ǎ	524	030C	00CF
ˆ	曲折符	降调	â	525	0302	00C3
ˉ	长音＋锐重音	高升调	á̄	526	····	E296
ˋ	钝重音＋长音	低升调	à̄	527	····	E297
˜	钝重音＋锐重音＋钝重音	升降调	ȁ	528	····	E298
⟋	升调符	升调	ma⟋	529	····	E299
⟍	降调符	降调	ma⟍	530	····	E29A
ˏ	高升调符	高升调	ma˞	531	····	E29B
ˏ	低升调符	低升调	ma˞	532	····	E29C
˥	升降调符	升降调	ma˥	533	····	E29D
̑	上置拱形符	长降调/偏前/硬腭位	非 IPA 用法	595	0311	23F2
ˇ	楔形符	降升调	用法重定义（1989）见 524	596	02C7	E247
ˆ	长音符	升降调	用法重定义（1989）见 525	597	02C6	E246
ˎ	下置钝音符	低降调	废弃（1989）	598	0316/02CE	E245
ˏ	下置锐音符	低升调	废弃（1989）	599	0317/02CF	E243

致谢

我们要感谢 Alexandra(Smith) Gaylord 于 1989 年发起了语音学界与文本编码倡议之间的讨论,并在编码标准化的背景下对语音符号进行了阐释。我们还要感谢 Hans G. Tillmann、William J. Barry 和 H. Joachim Neuhaus,他们为国际音标符号的计算机编码和个别语言的计算机表示工作组(Workgroup on Computer Coding of IPA Symbols and Computer Representation of Individual Languages)做出了重要贡献,感谢他们为制定语音数据库的计算机化文档的原则提出的建议。特别要感谢 Christoph Draxler 和 Michael Everson,他们对这些表格的技术实现和符号编码的细节提出了很多有益的建议。

参考文献

BALL, M.J.(1991). Computer coding of the IPA: Extensions to the IPA. *Journal of the International Phonetic Association* 21, 36—41.

DUCKWORTH, M., ALLEN, G., HARDCASTLE, W. and BALL, M. J.(1990). Extensions to the International Phonetic Alphabet for the transcription of atypical speech. *Clinical Linguistics and Phonetics* 4, 273—80.

ESLING, J.H.(1988). Computer coding of IPA symbols and Detailed phonetic representation of computer databases (1989 Kiel Convention coordinator's report). *Journal of the International Phonetic Association* 18, 99—106.

ESLING, J.H. (1990). Computer coding of the IPA: Supplementary report. *Journal of the International Phonetic Association*

20, 22—6.

GIBBON, D., MOORE, R. AND WINSKI, R.(editors) (1997). *Handbook of Standards and Resources for Spoken Language Systems*. Berlin: Mouton de Gruyter.

IPA (1989a). The International Phonetic Alphabet (revised to 1989). *Journal of the International Phonetic Association* 19 (2), centre pages.

IPA(1989b). The IPA Kiel Convention Workshop 9 report: Computer coding of IPA symbols and computer representation of individual languages. *Journal of the International Phonetic Association*, 19, 81—2.

IPA (1993). The International Phonetic Alphabet (revised to 1993). *Journal of the International Phonetic Association*, 23 (1), centre pages.

PULLUM, G. K. AND LADUSAW, W. A. (1986). *Phonetic Symbol Guide*. University of Chicago Press.

PULLUM, G. K. AND LADUSAW, W. A. (1996). *Phonetic Symbol Guide*. 2nd edition. University of Chicago Press.

UNICODE CONSORTIUM (1996). *The Unicode Standard*, *Version 2.0*. Reading, MA: Addision-Wesley Developers Press.

附录 3

国际音标的扩展：国际音标扩展表

　　这一节论及扩展的国际音标符号，内容由国际语音学和语言学临床协会（International Clinical Phonetics and Linguistics Association，ICPLA）执行委员会提供（要与该协会取得联系，可联络协会秘书：Wolfram Ziegler，Städt. Krankenhaus München-Bogenhausen，EKN，Dachauer Str. 164，D-80992 München，Gemany）。本文原文和图表发表在《国际语音学会学报》（1994）24 卷第 95～98 页，论文题名是《国际音标扩展表》，署名 ICPLA 执行委员会。扩展的国际音标符号的 IPA 编号列表最初发表在《国际语音学会学报》（1991）21 卷第 36～41 页，作者是 Martin J. Ball，论文题目是《国际音标的计算机编码：国际音标的扩展》。

1　引言

　　1989 年国际语音学会基尔大会上，有一个小组负责起草紊乱言语标音的方案。会上拟定的报告于 1990 年发表，作者是 Duckworth，Allen，Hardcastle & Ball，主要内容就是符号列表，称为"国际音标扩展表"（Extensions to the IPA），简称"扩表"（ExtIPA）。"扩表"符号的应用举例参见 Ball（1991），Howard（1993），以及 Ball，Code，Rahilly & Hazlett（1994）。Ball（1993）出版的教材收录了所有举例。Bernhardt & Ball（1993）提出了对原始符号集的各种修订和增补。不过，这种改变意味着有必要列出最新的符号集，形式尽可能简明。人们还认为有必要使该符号集获得相关协会的公开承认。因此,1994 年《国际语音学会学报》上(《国际音标扩展表》,见上文)的发表标志着国际语音学和语言学临床协会正式采用了国际音标的扩展符号。

2　图表

　　这里所列的图表以国际音标表最新格式为基础制作,可直接比较,方便使用。不过,还要有一些说明来辅助该表的使用。首先,正如国际音标表一样,主表上的阴影方块表示不可能发音的部分。空白方块表示国际音标表已有音标符号的语音,或者尚无符号但可能发声的语音。显然,这种差别可通过对比两种图表直接解决。

　　图表中所使用的发音部位名称多数都很直观:齿唇音与唇齿音(上唇到下牙)相对,唇龈音适用于上牙暴突的说话人,这些人发音时采用下唇抵住齿龈边才能发出双唇音和唇齿音。国际音标表中也有舌唇部位(附加符号),本表也收入了该符号,因为它在紊乱言语中出现得相当频繁。腭咽部位只有擦音:摩擦产生于腭咽口(还可能伴随其他的发音,下文讨论)。

　　发音方法的命名与国际音标表所用方法相似,只有三个例外:边音加央(中)擦音的发音方法涉及舌位中央和舌边同时摩擦释放气流,这种现象是发龈擦音时的某些错误方法造成的。叩齿方法涉及两个硬性或半硬性发音器官的碰合。最常见的叩齿案例是双齿部位的发音,双唇叩击也偶有出现。最后,有一个鼻擦音类。这种发音涉及鼻音发音期间可感知的鼻音除阻。如下文所述,可以用附加符号表示其他音类的可感知的鼻音除阻,图表中用鼻音符号表示,因为鼻音大概是这类音中最常见的语音。这些符号替代了先前曾提议的组合符号[hm],这项变更在 1994 年 ICPLA 研讨会上得到了批准。

在 1989 年国际语音学会基尔会议上，紊乱言语研究小组依据 PRDS 组（1983）的建议，推荐临床语音学家用[m̪]替代[ɱ]作为唇齿爆发音的符号。这对于常发唇齿爆发音的患者可能尤其有用，因为加在一系列不同符号上的齿音附加符号在标音中会非常醒目。不过，这种用法是有争议的，因为它是唯一与官方的国际音标符号直接冲突的符号，1994 年 ICPLA 研讨会上撤销了对该符号的认可。

主表下面的附加符号集大多是一目了然无须解释的。表示重复发音的反斜杠可以用在单个音段之间或者音节之间，含有快速重复的意思；音段之间带停顿的重复应该用停顿标记，相关内容在"连续话语"小节列举。关于滑动发音已有很详细的描述（Bernhardt & Ball, 1993），这里要指出的是，在通常分配给单个音段时间内，语音从一个发音部位到相邻发音部位的快速移动应该用滑动发音符号标记出来。鼻音逸出附加符号用来标记可感知的伴有其他音的鼻音摩擦音，同样，带有其他音的腭咽摩擦音采用双波浪符表示。

嗓声附加符号可以很好地区分大量的特殊语音。非送气爆发音也有一个附加符号。是否有必要标记缺失的语音成分（例如送气）可能会有争议。不过，言语病理学家发现，这样一种附加符号很有用：一方面有助于说明简单强爆发音符号的含混性质，这种音用严式标音代表不送气爆发音，而用宽式标音代表未指明送气与否的爆发音；另一方面还有助于满足标音人对于记录送气的非正常缺失的需要。

最后，可以对"其他"类语音的符号化加以说明。"不确定"系统使用"球形"符表示标音人不确定的语音。标音人把确定的关于类别(例如辅音)或者特征(例如双唇、爆发等)的信息记到球形符号中。标音者也能在球形符里放入特定的语音符号,这种情况下代表的意思是"可能是[f]",等等。在一些言语紊乱的患者中,"无声发音"(silent articulation)或"无声唇音"(mouthing)相对普遍。即只见发音姿态,但没有言语声音。实际上,唇的动作可能是唯一易于辨认的发音动作,但是这种标记规则确实能让分析者将省略语音的人和尝试发音的人区分开来。

3　结论

　　与国际音标表一样,我们期待这张表得到国际语音学和语言学临床协会成员的定期修订,特别是依据临床经验来修订。对临床语音标音有兴趣的人只要承认国际语音学和语言学临床协会的版权,都可以复制这份图表。国际音标扩展符号列在下表中,标出了分配给每个符号的国际音标编号。附录2各表中出现的符号在此作为相互参照条目。

国际音标扩展字符集:符号名称与国际音标编号

符号名称	语音符号	语音描写	IPA 编号
辅音/元音符号			
双桥	[ʬ]	双齿碰磕	601
F-Eng 连体	[ʩ]	腭咽擦音	602
L-S 连体	[ʪ]	边化音[s]	603
L-Z 连体	[ʫ]	边化音[z]	604
不确定符号			
球形符	◯	不明音段	611
星号	*	持位符号	612

噪声符号

大写字母 V	V	浊嗓声	621(＝722)
大写字母 F	F	假嗓声	622(＝706)
大写字母 W	W	嘎声	623(＝723)
大写字母 C	C	哑嗓声	624(＝703)
大写字母 L	L	咽声	625(＝712)
大写字母 J	J	颌部声	626(＝710)
大写字母 O-E 连体	Œ	食道声	627
大写希腊第八字母	Θ	吐舌嗓声	628

连读话语

括号内单句点	(.)	短停顿	631(用 506)
括号内双句点	(..)	中-长停顿	632(用 506)
括号内三句点	(...)	长停顿	633(用 506)
强音	*f*	高声话语	634
更强音	*ff*	超高声话语	635
轻音	*p*	柔声话语	636
极轻音	*pp*	微声话语	637
快速音	*allegro*	快速话语	638
缓慢音	*lento*	慢速话语	639
数字 1	1	轻度	640
数字 2	2	中度	641
数字 3	3	极度	642

附加符号

上标桥	[⌐]	齿唇	651
下标双箭头	[↔]	唇展	652
上标＋下标桥	[̬]	双齿发音	653
上标带斜线波浪符	[˞]	去鼻音化	654
上标带点波浪符	[˜]	鼻漏气	655
上标双波浪符	[≈]	软腭咽摩擦	656
下标双音节性标记	[‖]	强式发音	657
下标拐角符	[˺]	弱式发音	658

反斜线	[\ ]	重复发音	659
下标向上箭头	[↑]	哨音发声	660
向下全箭头	[↓]	内吸气流	661
向上全箭头	[↑]	外呼气流	662
左置下标楔形符	[ˬ]	前浊音	663（用 403）
右置下标楔形符	[ˬ]	后浊音	664（＝403）
带括号下标楔形符	[₍ˬ₎]	部分带声	665
带左括号下标楔形符	[₍ˬ]	前带声	666
带右括号下标楔形符	[ˬ₎]	后带声	667
带括号下标圈形符	[₍。₎]	部分去浊	668
带左括号下标圈形符	[₍。]	前去浊	669
带右括号下标圈形符	[。₎]	后去浊	670
左置上标 H	[ʰ]	前送气	671（404）
右置双感叹符	[!!]	假声带声	672
上标草体 V	[ᶹ]	唇齿音化	673
下标右箭头	[→]	含混发音	674
下标等号	[₌]	龈音化	675
上标倒转小形大写 R	[ʁ]	小舌化	676
上标双栅 H	[ᴴ]	咽喉化	677
上标 O-E 连字符	[œ]	唇音化:低-圆唇	678
右置感叹符	[!]	刺耳声	679
上置等号	[⁼]	不送气	680
下置左指向符	[<]	右边音补偿	681
下置右指向符	[>]	左边音补偿	682
右置下标波浪符	[˷]	哑嗓声	683（＝406）

已有国际音标附加符号

圈下置	[。]	清音化	402
下置楔形符	[ˬ]	浊音化/复音（VQ）	403（＝663，664）
上标小写字母 H	[ʰ]	送气	404（＝671）
下置变音符 Umlaut	[¨]	气嗓声	405
下置波纹符	[~]	哑嗓声	406
下置海鸟符	[‿]	舌唇性	407

下置桥形符	[̪]	齿音化	408
下置倒转桥形符	[̺]	舌尖性	409
下置方形符	[̻]	舌叶性	410
下置加号	[̟]	偏前	413
靠后符	[̠]	偏后	418
右(上角带)钩	[˞]	卷舌性	419
上标小写字母 W	[ʷ]	唇音化:高-圆唇	420
上标小写字母 J	[ʲ]	硬腭化	421
上标希腊字母 Gamma	[ˠ]	软腭化	422
上标反转喉塞音	[ˤ]	咽音化	423
上置波纹符	[~]	鼻音化	424
上升符	[˔]	偏高	429
下降符	[˕]	偏低	430
逗号	,	停顿	491
下置句点符	[.]	嘎声	497
句号	.	停顿	506
			(631, 632, 633)
底端连字符	[‿]	连接	509

大写字母

大写字母 A	A	A	701
大写字母 B	B	B	702
大写字母 C	C	C(哑嗓声)	703(用 624)
大写字母 D	D	D	704
大写字母 E	E	E	705
大写字母 F	F	F(假嗓声)	706(用 622)
大写字母 G	G	G	707
大写字母 H	H	H	708
大写字母 I	I	I	709
大写字母 J	J	J(颌部声)	710(用 626)
大写字母 K	K	K	711
大写字母 L	L	L(咽声)	712(用 625)
大写字母 M	M	M	713

大写字母 N	N	N	714
大写字母 O	O	O	715
大写字母 P	P	P	716
大写字母 Q	Q	Q	717
大写字母 R	R	R	718
大写字母 S	S	S	719
大写字母 T	T	T	720
大写字母 U	U	U	721
大写字母 V	V	V（浊嗓声）	722（用 621）
大写字母 W	W	W（嗳声）	723（用 623）
大写字母 X	X	X	724
大写字母 Y	Y	Y	725
大写字母 Z	Z	Z	726

标音定界符

左方括号	[	开始语音标音	901
右方括号	]	结束语音标音	902
反斜线	/	开始/结束语音标音	903
左括号	(	无声发音（嘴动而不出声）	906
右括号	)	无声发音（嘴动而不出声）	907
左双括号	((	语音模糊	908
右双括号	))	语音模糊	909
左花括号	⟨	开始韵律标记	911
右花括号	⟩	结束韵律标记	911

参考文献

BALL，M. J.（1991）. Recent developments in the transcription of non-normal speech. *Journal of Communication Disorders* 24，59—78.

BALL，M. J.（1993）. *Phonetics for Speech Pathology*，2nd edition. London：Whurr Publishers.

BALL, M. J., CODE, C., RAHILLY, J. AND HAZLETT, D. (1994). Non-segmental aspects of disordered speech: Developments in transcription. *Clinical Linguistics and Phonetics* 8, 67—83.

BERNHARDT, B. AND BALL, M. J. (1993). Characteristics of atypical speech currently not included in the Extensions to the IPA. *Journal of the International Phonetic Association* 23, 35—8.

DUCKWORTH, M., ALLEN, G., HARDCASTLE, W. AND BALL, M.J. (1990). Extensions to the International Phonetic Alphabet for the transcription of atypical speech. *Clinical Linguistics and Phonetics* 4, 237—80.

HOWARD, S. (1993). Articulatory constraints on a phonological system: A case study of cleft palate speech. *Clinical Linguistics and Phonetics* 7, 299—317.

PRDS GROUP(1983). *The Phonetic Representation of Disordered Speech : Final Report.* London: The King's Fund.

紊乱言语用国际音标扩展表

（修改至 1997 年）

辅音(国际音标表之外的辅音)

	双唇	唇齿	齿唇	唇龈	舌唇	齿间	双齿	齿龈	软腭	腭咽
爆发音		p̪ b̪	p͆ b͆	p͇ b͇	t̼ d̼	t̪͆ d̪͆				
鼻音			m͆	m͇	n̼	n̪͆				
颤音					r̼	r̪͆				
擦音:央			f͆ v͆	f͇ v͇	θ̼ ð̼	θ̪͆ ð̪͆	h̪͆ ɦ̪͆			fŋ
擦音								ʪ ʫ		
擦音:鼻音	m̽							n̽	ŋ̽	
扣音	ʬ						ʭ			
近音:边音					l̼	l̪͆				

附加符号

͇	唇展		͈	强发音	f͈	͊	非鼻化	m͊
͆	齿唇	v͆	͉	弱发音	v͉	̽	鼻音泻出	v̽
̪͆	齿间/双齿	n̪͆	\	重复发音	p\p\p	͌	腭咽摩擦	s͌
͇	龈	t͇	̦	啜声	ș	↓	流入气流	p↓
̼	舌唇	d̼	→	滑动发音		↑	外出气流	!↑

连续话语

(.) 短停顿
(..) 中长停顿
(...) 长停顿
f 高声话语 [{*f* laʊd *f*}]
ff 超高声话语 [{*ff* laʊdɚ *ff*}]
p 柔声话语 [{*p* kwaɪət *p*}]
pp 微声话语 [{*pp* kwaɪətɚ *pp*}]
allegro 快速话语 [{*allegro* fɑ:st *allegro*}]
leoto 慢速话语 [{*leoto* sloʊ *leoto*}]
crescendo, rallentando, etc. 也可以使用

浊音

ˬ	前浊音	ˬz
ˬ	后浊音	zˬ
(˳)	部分去浊	(z̥)
(˳	前去浊	(z̥
˳)	后去浊	z̥)
(ˬ)	部分带声	(s̬)
(ˬ	前带声	(s̬
ˬ)	后带声	s̬)
=	不送气	p⁼
ʰ	前送气	ʰp

其他符号

(◯) 不确定音	(( )) 背景噪声
(V̲), (Pl) 不确定元音，爆发音等	¡ 舌叶下低齿龈扣齿吸气音
Pl.vls 不确定清爆发音,等	!¡ 齿龈和舌叶下吸气音
( ) 静发声	* 无合适符号标注的音

2015 年版"紊乱言语用国际音标扩展表"
extIPA SYMBOLS FOR DISORDERED SPEECH
(Revised to 2015)

CONSONANTS (other than on the IPA Chart)

	bilabial	labiodental	dentolabial	labioalv.	linguolabial	interdental	bidental	alveolar	palatal	velar	velophar
Plosive	p̪ b̪	p̪ b̪	p̪ b̪	t̼ d̼	t̼ d̼						
Nasal		m̪	m̪	n̼	n̼						
Trill				ɾ̼	ɾ̼						
Fricative median		f̪ v̪	f̪ v̪	θ̼ ð̼	θ̼ ð̼	h̪ ɦ̪					fŋ
Fricative lateral				ɬ̼ ɮ̼	ɬ̼ ɮ̼				ʎ̝̊ ʎ̝	ʟ̝̊ ʟ̝	
Fricative lateral+ median								ls lz			
Fricative nasal	m̥ m̃							n̥ ñ		ŋ̥ ŋ̃	
Percussive	w̥ w						ʭ				
Approx. lateral					l̼	l̼					

Where symbols appear in pairs, the one to the right represents a voiced consonant. Shaded areas denote articulations judged impossible.

DIACRITICS

↔	labial spreading	s̢	~	denasal	m̃	main gesture offset left	s̺
"	strong articulation	f̬	~	nasal escape	v̼	main gesture offset right	s̻
ˎ	weak articulation	ṿ	≈	velopharyngeal friction	s̰ ʒ̰	whistled articulation	ṣ
\	reiteration	p\p\p	↓	ingressive airflow	p↓	sliding articulation	θs

CONNECTED SPEECH & UNCERTAINTY ETC

(.) (..) (…)	short, medium, long pause
f, ff	loud(er) speech [{f laʊd f}]
p, pp	quiet(er) speech [{p kwaɪət p}]
allegro	fast speech [{allegro fɑst allegro}]
lento	slow speech [{lento sloʊ lento}]
crescendo, ralentando, etc. may also be used	
○, ◎, ⊚	indeterminate sound, consonant, vowel
Ⓕ, Ⓟ	indeterminate fricative, probably [p], etc
( )	silent articulation (ʃ), (m)
(( ))	extraneous noise, e.g. ((2 sylls))

VOICING

ˬ	pre-voicing	ˬz
ˎ	post-voicing	zˎ
₍◌₎	partial devoicing	z̥
₍◌	initial partial devoicing	z̥
◌₎	final partial devoicing	z̥
⌣	partial voicing	s̬
₍◌	initial partial voicing	₍s̬
◌₎	final partial voicing	s̬₎
=	unaspirated	p=
ʰ	pre-aspiration	ʰp

OTHER SOUNDS

ɹ̺	apical-r
ɹ̈	bunched-r (molar-r)
s̻, z̻	laminar fricatives (inc. lowered tongue tip)
ɭ̊	voiceless retroflex lateral fricative

Ʞ	velodorsal articulation
¡	sublaminal lower alveolar percussive click
ǃ¡	alveolar & sublaminal clicks (cluck-click)
*	sound with no available symbol

274

附录 4

关于国际语音学会

国际语音学会的历史

1 学会

学会于 1886 年初在巴黎创立,当时的名称是"语音教师学会"(Dhi Fonètik Tîcerz' Asóciécon,the FTA),它本身是从"英语教师语音学会"(L'Association Phonétique des Professeurs d'Anglais)发展来的。在 Paul Passy 的领导下,一小群语言教师聚集在一起,讨论学校中可以使用的语音标注方法,作为帮助孩子们掌握外国语言的真实发音的方法。他们还认为语音标注可以进一步用于幼儿的阅读教学。基于这些目标,尤其是前一个目标,学会获得了大量例证的支持,也获得了语言教师们和其他国家的语音学家的鼓励,如挪威的 Johan Storm,英国的 Henry Sweet、Henry Widgery,德国的 Hermann Klinghardt、Wilhelm Viëtor。

不到一年,学会成员从最初法国的 11 人发展到 12 个国家的 58 人,主要在西欧国家。到 1914 年夏季,从成员人数和在教育界的影响来看,学会发展到了它的顶点,成员有 1 751 人,来自 40 个国家。1889 年 1 月,学会更名为"现代语言教师语音学会"(L'Association Phonétique des Professeurs de Langues Vivantes,AP),1897 年又更名为"国际语音学会"(L'Association Phonétique Internationale,API),英语名为 International Phonetic Association(IPA)。学会的活动受到第一次世界大战及其后果的严重干扰,1914 年 10 月至 1922 年 12 月间没有出版刊物,尽管当时的形势还允许出版少量特定的语音学领域的增补刊物。

　　1886 年,丹麦语音学家 Otto Jespersen 首次提出应该建立一个"国际语音学会",并制定国际音标表,而非每种语言都有针对该语言的音标表(参见下文"4 学会音标表的发展")。Passy 本人赞同由国家机构组成"国际学会"的折中方案,目的是"促进语音科学的发展及其在实际教学中的应用"。不过,Jespersen 的提议未能得到大多数 FTA 成员的支持,学会继续作为语言教师专注于音标事业的论坛,而非一个专业的语音学家的组织。后来若干年里,学报上与主流语言教师无关的问题的文章数量逐渐上升(例如,汉语普通话与亚美尼亚语样本),预示着学会关注的问题朝语音方向而不是应用语音方向转换。不过,关于语言教学问题的文章在学报上一直持续发表。

2　学报

　　1886 年的前几个月里,学会会员在"永远的传播者"的帮助下相互保持着有关学校语音技术的应用发展的通讯,但是在那年的 5 月,一个名为《语音学教师》*Dhi Fonètik Tîcer* ("The Phonetic Teacher")的期刊出版了,简称 FT。很快它就成了学会活动的核心。(另一个起源于美国的同名期刊只处理拼写改革的问题,与 FT 没有关系。)1889 年 1 月,期刊的名称改为《语音学》(Le Maitre Phonétique, mf),同时,法语成了学会的官方语言。1971 年,mf 改称《国际语音学会学报》(*Journal of the International Phonetic Association*, JIPA),官方语言也恢复为英语。

　　从一开始,该学报就尽可能用音标发表。(许多期中,使用各种各样的音标成了规范,这些音标用来说明在学会的规定内可能的符号化的范围。)从 1971 年开始,《国际语音学会学报》中的音标为传统的正字法所替代。该学报每一期的格式是倾向于刊登以下范畴之一的文章：语言或语言变体的语音描写、语音标注的评论、语言发音的音标实例（在法文版的 mf 中称为 spesimen）。从 1911年开始，一般都是用寓言《北风与太阳》作为阐释发音的阅读文本。另外，描述所谓的语音学派（famille phonétique）成员的学术和社会活动的小文章也发表了。尽管文章的特点总是倾向于反映学会对语音的描写主义的偏好，但各种类型的实验研究也逐渐在学报上发表。

3　学报的增刊

自 1888 年以来，学会不定期地出版了一系列增刊和零散的插页。其中最重要的就是《国际语音学会的原则》，最早是 1900 年的法语版，后来陆续有 1904 年的英语版，1928 年的德语版，1933 年的意大利语版，以及 1944 年的西班牙语版。这本《原则》（本书《国际语音学会手册》是其后续版）包括一个解释语音标注的导论，接着是世界各地 50 种语言的《北风与太阳》标音文本。学报本身还刊登了其他 100 多种语言的实例。另外，出版了三辑《语音杂录》（*Miscellanea Phonetica*），汇集了关于语音话题的文章（1914[①]，1954，1958）。

4　学会音标表的发展

从一开始语音标注就是学会的主要关注点之一。第一个使用和发布的音标表是 Isaac Pitman 和 Alexander J. Ellis 的"1847 年音标表"修正版。起初的目标是创制一套语音符号，表示不同发音

---

①　受第一次世界大战影响，此书于 1925 年出版。

的音质,如果有必要的话,可以使其适用于不同的语言。符号的选择按照需求确定,要尽可能简单,符合教师和学童的利益。由于大多数成员来自西欧(或者文化上和语言术语上与西欧相关联),使用以罗马字母为基础的音标表就不可避免。因此,一开始,英语词 *sheep* 中的[ʃ]用"c"表示,而法语词 *chat* 中的[ʃ]用"x"表示。于是,就像现在这样,音标表的发展政策也让成员提出修改议案,这些议案会在学报上发表,然后由学会理事会投票。1887 年前半年,符号列表还只有一些小的改变。12 个月以后,1888 年 8—9 月,根据一套原则说明又提出了做进一步的修订。这套原则产生了深远的影响,并且决定了音标表大多数后期版本的内容:

当在音标表的各种修订提议中进行选择时,我们遵循以下原则,我们认为大多数读者都承认以下原则对于一个实际的语音拼写系统来说是至关重要的。

1. 每一个不同语音都应该有独立的符号,换言之,在同一语言中用一个符号代替另一个符号必然改变词的意义。

2. 在多种语言中发现的相同语音,应该用完全相同的符号表示。这一点也可用于非常相近的语音。

3. 音标表应该由尽可能多的罗马字母表的普通字母构成,尽量少用新字母。

4. 赋值给罗马字母时,应该基于国际用法做决定。

5. 新字母应该通过它们与旧字母的相似之处来使人联想到它们所代表的声音。

6. 应尽量避免使用附加符号,因为它们费眼睛,而且写起来很麻烦。

其他一些评论则强调,用 20 世纪音系学理论的术语来说,标音必须是"音位的",以便根据所讨论的语言预测单词内特定音节上出现的重音,并要求学报的投稿人标注自己语言的发音。

19 世纪 90 年代期间,音标表做了进一步修订,主要是提出了一系列用于以下情况的附加符号：(1)音位变体标音（与1888年的提议——语音标注应该是"音位的"——相应）；(2)韵律特征；(3)扩大音标表的范围，以适应那些与英语、法语、德语的原始语群完全不同的语言（如阿拉伯语）。音标表相对快速的发展可以从以下事实来判断，不考虑符号选择的某些分歧以及语音分类的差异的话，1899年8月发布的那个音标表在各方面都与现今的音标表相似。

显然，那个时期，音标表就已发展成了普通语音学工作的工具，而不单纯是学校某些语言教学的音位标音方法习惯。即使如此，在确定符号化语音的范围时强调"音位"的重要性一直保持到现在。这一点可以从对国际语音学会原则的连续性的阐述中看出来。最新的表达可以在附录1中找到。

音标表的发展不可能没有争论。特别是20世纪20年代，一次特别召集的"语音标音和转写会议"(Conference on Phonetic Transcription and Transliteration)提议的修改涉及许多规则；然而，只有极少的修订收入了音标表。另外，其他一些字母表与国际音标表并行存在，特别是在学会成立的早期阶段，例如，Alexander Melville Bell 的《可视言语》(*Visible Speech*)字母表，后来 Henry Sweet 对它进行了修订并更名为《生理字母表》(*Organic Alphabet*)；Johan Lundell 的《瑞典方言字母表》(*Swedish Dialect Alphabet*)；Otto Jespersen 的《丹麦方言字母表》(*Danish Dialect Alphabet*)。在相当长的时期内，国际语音学会音标表尽管还不是最普遍的，但作为广泛接受的标准，没有哪一个字母表能对它的杰出性提出重大挑战。音标表长期受到批评性的评论，然后进行修订，随着新知识的产生带来的影响，这种更新的良性循环肯定还会持续下去。在音系学理论发展的影响下，在新的实际应用的需求下,在实验方法不断提供关于言语产生和言语感知的知识的状况下,音标表未来的发展将吸引人们的广泛关注。

5 语音学考试

　　自 1908 年开始,学会活动的一项内容是组织语音学考试,在英语、法语或者德语语音学方面提供专业资格的奖励。目前英语的(语音学)考试仍在举行,进一步的详情和登记表可从以下地址获取——IPA Examination, Department of Phonetics and Linguistics, University College London, Gower Street, London WC1E 6BT, UK;或者通过国际语音学会网页获取(参见下文"怎样咨询学会信息")。

学会的章程和细则

国际语音学会章程(1995)

　　1. 学会的名称是"国际语音学会"(International Phonetic Association)。

　　2. 学会的目的是促进语音学的科学研究和该项科学的各种实际应用。为了达到这个目的,学会出版名为《国际语音学会学报》(*Journal of the International Phonetic Association*)的期刊。学会认为奉行该目标对不同国家人民之间的友好关系必有所贡献。

　　3. 如果希望成为学会的成员,就必须根据章程交纳固定的会费,有权选举和被选举为学会的秘书长,维护学会的利益。

　　4. 学会由 30 位成员组成的委员会管理,其中 20 位由成员直接选举产生。选举出的委员会有权进一步增选最多 10 位成员,以确保适合代表全世界的语音学家。

　　5. 根据章程的规定,委员会的选举每四年举行一次。

6. 委员会从成员中选举一位会长、一位副会长、一位秘书长、一位财务主管和一位编辑；这些人员构成一个执行委员会，向委员会报告，管理学会当前的事务。

7. 会长和副会长的任期是四年一届，不连任。秘书长、财务主管和编辑任满四年后，可以再一次参加选举获得四年任期。

8. 学会至少每四年召开一次全体事务会议，通常与四年一届的国际语音科学大会（International Congress of Phonetic Sciences）结合起来召开。会议上，应出席会员的要求做出的任何决议须经学会通过邮寄选票投票批准。

9. 章程的修改要求全体会员邮寄投票决定，三分之二多数附议投票才能通过。

国际语音学会的条例细则[①]

1. 每年交纳 13 英镑或 25 美元年费，每年 1 月 1 日交给财务主管。

2. 有以下类型的成员。

会员，每年交纳会费。

终身会员，交纳过 30 年会费的会员自动转为终身会员。一次交纳总数达 15 倍年费的会员获得终身会员资格。

学生会员，交纳一半的年费。学生会员交纳年费必须提交系主任或者导师的信函，证明目前自己是在校学生。

所有以上类型会员都有资格享有会员权益，包括获得学会的《学报》。

---

① 译注：《国际语音学会的条例细则》目前有所修订，包括会费的修订，请参考学会网页公布的当前条款。

　　机构会员，交纳当前两倍年费的会员，可获得《学报》，但不享有会员的其他权益。

　　3. 通过邮寄投票选举委员会。国际语音学会的委员会选举定期举行：(a)每届国际语音科学大会前 12 个月，秘书长向委员会提名；(b)前 10 个月，接受提名的日期截止，被提名人如果不反对他们的名字出现在候选人名单中的话，通知秘书长；(c)前 9 个月，将选票邮寄给成员；(d)前 8 个月，秘书长收到填写完毕的选票；(e)前 7 个月，秘书长提请新委员会选举 10 位增选的委员；(f)前 6 个月，接受增选委员提名的日期截止；(g)前 5 个月，将增选委员的选票邮寄给委员会；(h)前 4 个月，秘书长收到填写完毕的选票；(i)前 3 个月，秘书长提请新委员会提名会长、副会长、秘书长、财务主管和编辑的职位；(j)前 2 个月，接受执行委员会任职提名的日期截止；(k)前 2 个月，将执行委员会任职候选人的选票邮寄给委员会；(l)前 1 个月，秘书长收到填写完毕的候选人选票。

　　4. 章程的修改要求委员会三分之二多数通过邮寄选票投票通过。

怎样咨询学会信息

　　学会的会员每年会收到两份《国际语音学会学报》(*Journal of the International Phonetic Association*)半年刊，该刊在许多学术机构的图书馆也能查阅。《学报》内容包括研究性论文、讨论、学会活动的消息。

　　每月的语音科学电子通讯(*foNETiks*)包含了国际语音学会各种消息和活动的常规通知。发送一份 E-mail 信息到以下地址就可加入该项活动：mailbase@mailbase.ac.uk。发送信息应该包含如下一段表述：Join fonetiks firstname(s) lastname。互联网上也有国际语音学会的网页,提供有关国际语音学会不断更新的信息,包括有用的地址和当前的订阅费。网页地址是:**http://www.arts.gla.ac.uk/IPA/ipa.html**①

怎样加入学会

每期《国际语音学会学报》都包括了申请表,也可以从 IPA 网页上下载申请表。完整的申请表应该返给学会的财务主管。

---

① 译注:新网址为 http://www.internationalphoneticassociation.org。

附录 5

参 考 图 表

这份附录包括了较大尺寸的国际音标表,还有相应的国际音标编号表,为方便参考,图表按类分成多个部分。查阅《手册》第一和第二部分时,图表可以复制使用,或者放大用于教学。(译注:这部分图表未译成中文)

THE INTERNATIONAL PHONETIC ALPHABET (revised to 2018)

CONSONANTS (PULMONIC)   © 2018 IPA

	Bilabial	Labiodental	Dental	Alveolar	Postalveolar	Retroflex	Palatal	Velar	Uvular	Pharyngeal	Glottal
Plosive	p b			t d		ʈ ɖ	c ɟ	k ɡ	q ɢ		ʔ
Nasal	m	ɱ		n		ɳ	ɲ	ŋ	N		
Trill	ʙ			r					R		
Tap or Flap		ⱱ		ɾ		ɽ					
Fricative	ɸ β	f v	θ ð	s z	ʃ ʒ	ʂ ʐ	ç ʝ	x ɣ	χ ʁ	ħ ʕ	h ɦ
Lateral fricative				ɬ ɮ							
Approximant		ʋ		ɹ		ɻ	j	ɰ			
Lateral approximant				l		ɭ	ʎ	ʟ			

Symbols to the right in a cell are voiced, to the left are voiceless. Shaded areas denote articulations judged impossible.

CONSONANTS (PULMONIC)   © 2018 IPA

	Bilabial	Labiodental	Dental	Alveolar	Postalveolar	Retroflex	Palatal	Velar	Uvular	Pharyngeal	Glottal
Plosive	101 102		103 104			105 106	107 108	109 110	111 112		113
Nasal	114	115	116			117	118	119	120		
Trill	121		122						123		
Tap or Flap		184	124			125					
Fricative	126 127	128 129	130 131	132 133	134 135	136 137	138 139	140 141	142 143	144 145	146 147
Lateral fricative			148 149								
Approximant		150	151			152	153	154			
Lateral approximant			155			156	157	158			

Symbols to the right in a cell are voiced, to the left are voiceless. Shaded areas denote articulations judged impossible.

CONSONANTS (NON-PULMONIC)

Clicks	Voiced implosives	Ejectives
⊙ Bilabial	ɓ Bilabial	ʼ Examples:
ǀ Dental	ɗ Dental/alveolar	pʼ Bilabial
! (Post)alveolar	ʄ Palatal	tʼ Dental/alveolar
ǂ Palatoalveolar	ɠ Velar	kʼ Velar
‖ Alveolar lateral	ʛ Uvular	sʼ Alveolar fricative

CONSONANTS (NON-PULMONIC)

Clicks	Voiced implosives	Ejectives
176 Bilabial	160 Bilabial	401 Examples:
177 Dental	162 Dental/alveolar	+$^{101}_{401}$ Bilabial
178 (Post)alveolar	164 Palatal	+$^{103}_{401}$ Dental/alveolar
179 Palatoalveolar	166 Velar	+$^{109}_{401}$ Velar
180 Alveolar lateral	168 Uvular	+$^{132}_{401}$ Alveolar fricative

VOWELS

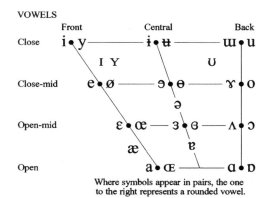

Where symbols appear in pairs, the one
to the right represents a rounded vowel.

VOWELS

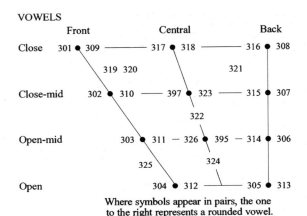

Where symbols appear in pairs, the one
to the right represents a rounded vowel.

OTHER SYMBOLS

ʍ Voiceless labial-velar fricative

w Voiced labial-velar approximant

ɥ Voiced labial-palatal approximant

ʜ Voiceless epiglottal fricative

ʢ Voiced epiglottal fricative

ʡ Epiglottal plosive

ɕ ʑ Alveolo-palatal fricatives

ɺ Voiced alveolar lateral flap

ɧ Simultaneous ∫ and x

Affricates and double articulations
can be represented by two symbols
joined by a tie bar if necessary.

t͡s k͡p

OTHER SYMBOLS

169 Voiceless labial-velar fricative

170 Voiced labial-velar approximant

171 Voiced labial-palatal approximant

172 Voiceless epiglottal fricative

174 Voiced epiglottal fricative

173 Epiglottal plosive

182 183 Alveolo-palatal fricatives

181 Voiced alveolar lateral flap

175 Simultaneous 134 and 140

Affricates and double articulations
can be represented by two symbols
joined by a tie bar if necessary.

(509) 433

286

SUPRASEGMENTALS

ˈ	Primary stress	ˌfoʊnəˈtɪʃən
ˌ	Secondary stress	
ː	Long	eː
ˑ	Half-long	eˑ
˘	Extra-short	ĕ
|	Minor (foot) group	
‖	Major (intonation) group	
.	Syllable break	ɹi.ækt
‿	Linking (absence of a break)	

SUPRASEGMENTALS

501 Primary stress

502 Secondary stress

503 Long

504 Half-long

505 Extra-short

507 Minor (foot) group

508 Major (intonation) group

506 Syllable break

509 Linking (absence of a break)

TONES AND WORD ACCENTS

LEVEL				CONTOUR		
é	or	˥ Extra high	ě	or	˩˥	Rising
é		˦ High	ê		˥˩	Falling
ē		˧ Mid	e᷄		˧˥	High rising
è		˨ Low	e᷅		˩˧	Low rising
e̋		˩ Extra low	e᷈		˧˩˧	Rising-falling
ꜜ	Downstep		↗	Global rise		
ꜛ	Upstep		↘	Global fall		

TONES AND WORD ACCENTS

LEVEL			CONTOUR		
512 or 519	Extra high		524 or 529	Rising	
513	520	High	525	530	Falling
514	521	Mid	526	531	High rising
515	522	Low	527	532	Low rising
516	523	Extra low	528	533	Rising-falling
517	Downstep		510	Global rise	
518	Upstep		511	Global fall	

DIACRITICS Some diacritics may be placed above a symbol with a descender, e.g. ŋ̊

	Voiceless	n̥ d̥		Breathy voiced	b̤ a̤		Dental	t̪ d̪
	Voiced	s̬ t̬		Creaky voiced	b̰ a̰		Apical	t̺ d̺
ʰ	Aspirated	tʰ dʰ		Linguolabial	t̼ d̼		Laminal	t̻ d̻
	More rounded	ɔ̹	ʷ	Labialized	tʷ dʷ	~	Nasalized	ẽ
	Less rounded	ɔ̜	ʲ	Palatalized	tʲ dʲ	ⁿ	Nasal release	dⁿ
	Advanced	u̟	ˠ	Velarized	tˠ dˠ	ˡ	Lateral release	dˡ
	Retracted	e̱	ˤ	Pharyngealized	tˤ dˤ	˺	No audible release	d̚
¨	Centralized	ë	~	Velarized or pharyngealized	ɫ			
˟	Mid-centralized	ě		Raised	e̝ (ɹ̝ = voiced alveolar fricative)			
	Syllabic	n̩		Lowered	e̞ (β̞ = voiced bilabial approximant)			
	Non-syllabic	e̯		Advanced Tongue Root	e̘			
˞	Rhoticity	ɚ a˞		Retracted Tongue Root	e̙			

DIACRITICS Some diacritics may be placed above a symbol with a descender, e.g. 119+402B ŋ̊

402A	Voiceless	n̥ d̥	405	Breathy voiced	b̤ a̤	408	Dental	t̪ d̪
403	Voiced	s̬ t̬	406	Creaky voiced	b̰ a̰	409	Apical	t̺ d̺
404	Aspirated	tʰ dʰ	407	Linguolabial	t̼ d̼	410	Laminal	t̻ d̻
411	More rounded	ɔ̹	420	Labialized	tʷ dʷ	424	Nasalized	ẽ
412	Less rounded	ɔ̜	421	Palatalized	tʲ dʲ	425	Nasal release	dⁿ
413	Advanced	u̟	422	Velarized	tˠ dˠ	426	Lateral release	dˡ
414	Retracted	e̱	423	Pharyngealized	tˤ dˤ	427	No audible release	d̚
415	Centralized	ë	428	Velarized or pharyngealized	209 ɫ			
416	Mid-centralized	ě	429	Raised	e̝ (ɹ̝ = voiced alveolar fricative)			
431	Syllabic	n̩	430	Lowered	e̞ (β̞ = voiced bilabial approximant)			
432	Non-syllabic	e̯	417	Advanced Tongue Root	e̘			
419	Rhoticity	a˞ 327 ɚ	418	Retracted Tongue Root	e̙			

汉英对照术语表

　　本表仅汇集书中出现的与国际音标直接相关的术语,因此,本书之外的语言描述性的术语或者一般性的语音学术语,例如,"同化(assimilation)","非正式变体(informal variety)"等,本表未加收录。另外,通过添加附加符号构成的描述性音标术语难以穷尽,不能一一收录。术语译名参考了中国语言学会语音学分会的"国际音标(中文版)"(《方言》2007:1)。

　　众所周知,创制国际音标的目的是标写人类语言所有相互区别的语音。当代,语言学的语音学已是高度发展的学科,国际上以英语表述的语音科学领域已形成丰富而成熟的术语集合。美国著名语音学家拉德福吉德曾说:国际音标表是对语言学的语音学完整理论所做的总结。因此,当我们用中文表达音标名称的时候,不仅仅只是一个简单的术语翻译工作,中文术语同样是语音学的系统表达。为此,我们在前贤基础上,翻译创建了一套国际音标中文版术语体系,包括国际音标中文定名原则,国际音标术语中文名称简省说明。

　　国际音标术语的中文定名基本原则:

　　1. 以被动发音部位为主,主动发音部位为辅的方法确定中文定名。

　　2. 中文定名原则包括英文原名参考、术语标准、传统经验,体例统一,兼顾应用领域(面向语言学家及适度考虑学习者和一般的音标使用者)等要素,还遵循汉语的基本语法原则和表达习惯(指称和描述)。落实到具体符号上是:

　　辅音:被动发音部位+次类发音方法描述(气流类型+嗓音类

型）＋发音方法

元音：舌位水平维度项＋舌位垂直维度项＋唇状项

注：气流类型：送气/不送气；嗓音类型：清/浊；舌面的水平维度项是前、央、后；舌面的垂直维度项是高（次高、半高）、中、低（次低、半低）；唇状项：圆唇/非圆唇。

更复杂的中文定名描述主要涉及附加符号导致的变体，例如鼻音化、清音化、浊音化、唇音化、硬腭音化、软腭音化、音节性、卷舌性等等，可用以下几种方法。"X化"：大多对应英语"-ized"，汉语用"-化"表示。例如 labialized "唇化音"。"X的"：对应英语过去分词"-ed"，例如 aspirated "送气的"。"X（部位的）"：对应英语后缀"-al"，例如，[ŋ̪] 为齿（部位的）鼻音，[d̪] 为舌尖（部位的）浊爆发音。"X性的"：对应英语"-ic"后缀，例如，syllabic"音节性"，rhoticity"卷舌性"。

把上文音标定名名称称为基本符号中文名称的话，带附加符号音标定名的方法是：

辅音：x 化/x 性/x（部位的）/x（的）＋基本符号中文名称
元音：基本符号中文名称＋ x 化/x 性/x（部位的）/x（的）

b̥	清化双唇浊爆发音	b̩	音节性双唇浊爆发音
ɓ̥	清化双唇（浊）内爆音	ɓ̩	音节性双唇（浊）内爆音
z̥	清化龈浊擦音	ɦ̩	音节性声门浊擦音
bʲ	腭化双唇浊爆发音	bˠ	软腭化双唇浊爆发音
ɓʲ	腭化双唇（浊）内爆音	ɓˠ	软腭化双唇（浊）内爆音
zʲ	腭化龈浊擦音	zˠ	软腭化龈浊擦音
m̥	清化双唇鼻音	m̩	音节性双唇鼻音
r̥	清化齿龈浊颤音	r̩	音节性齿龈浊颤音
z̩	音节性龈浊擦音	s̬	浊化龈清擦音
t̬	浊化齿龈清爆发音	ɸ̬	浊化双唇清擦音

ã	前低（非圆唇）鼻化元音	a̠	前低（非圆唇）紧元音
ɒ̃	后低圆唇鼻化元音	ɒ̠	后低圆唇紧元音
ə̃	央中鼻化元音	ə̠	央中紧元音
s̺	舌叶（部位的）龈清擦音	l̪	舌尖（部位的）龈浊边音

国际音标术语中文名称简省说明：

　　学界对部分常用描述性术语，尤其是附加符号描述多采用简省表达方式。国际音标表的清音化、浊音化、唇音化、咽音化、齿音化、鼻音化常略写为清化、浊化、唇化、咽化、齿化、鼻化。在连续话语或者文本中，根据组词或者前后文表述，有些简省表达更符合汉语习惯，例如"鼻音化"组词说"鼻化元音"就很合适，"清化双唇（浊）内爆音"较之"清音化双唇（浊）内爆音"似乎更符合人们的习惯。甚至人们一般只说"唇化软腭音"，不说"唇音化软腭音"。另一方面，"舌尖性、硬腭化、软腭化"这类三音节术语原本应该是"舌尖音性、硬腭音化、软腭音化"，简省形式的应用似已更为普遍。此外，硬腭化也常简省为腭化，仍能与软腭化区分。还有一个相关术语：齿龈音。第2.4节已经指出，这个位置上可以区分出齿音、龈音和龈后音。如果某个语言的确区分这几个发音部位极为接近的语音，则分别使用这几个术语，一般情况下使用齿龈音可包含齿音和龈音，甚至还有舌叶龈音、舌叶龈后音、舌尖龈音、舌尖龈后音等组合术语。

　　依据以上中文定名原则，兹列出中英文对照形式主要术语。

r色彩央中元音	r-coloured mid central vowel
半长	half-long
半低元音	open-mid vowel
半高元音	close-mid vowel

爆发音	plosive
倍音/重叠音	geminate
鼻音化	nasalization/nasalized
鼻化元音	nasalized vowel
鼻漏气	nasal escape
鼻音	nasal
鼻音除阻	nasal release
边擦音	lateral fricative
边化音	lateralized
音节边界	margins of syllable
边近音	lateral approximant
边音	lateral
边音除阻	lateral release
标音	transcription
标准英国南部英语	Standard Southern British English
不明音段	unidentified segment
不送气	unaspirated
不圆唇元音	unrounded vowel
部分带声	partial voicing
部分清音化/去浊	partial devoicing
擦音	fricative
颤音	trill
长停顿	long pause
长（的）	long
超音段（的）	suprasegmental
持位符号	placeholder symbol

齿龈(清)边擦音	voiceless dental or alveolar lateral fricative
齿龈(浊)鼻音	voiced dental or alveolar nasal
齿龈(浊)内爆音	voiced dental or alveolar implosive
腭化齿龈清爆发音	palatalized voiceless dental or alveolar plosive
齿龈清爆发音	voiceless dental or alveolar plosive
齿龈清边擦音	voiceless dental or alveolar lateral fricative
齿龈清边塞擦音	voiceless dental or alveolar lateral affricate
齿龈清内爆音	voiceless dental or alveolar implosive
齿龈清塞擦音	voiceless dental or alveolar affricate
齿龈浊爆发音	voiced dental or alveolar plosive
齿龈浊边擦音	voiced dental or alveolar lateral fricative
齿龈浊边近音	voiced dental or alveolar lateral approximant
软腭化齿龈浊边近音	velarized voiced dental or alveolar lateral approximant
齿龈浊边音	voiced dental or alveolar lateral
齿龈浊颤音	voiced dental or alveolar trill
齿龈浊拍音	voiced dental or alveolar tap
齿清擦音	voiceless dental fricative
齿音/齿(的)/齿音化	dental
齿浊擦音	voiced dental fricative
齿唇性	dentolabial
齿倒吸气音	dental click
齿清擦音除阻	voiceless dental fricative release
重复发音	reiterated articulation
除阻	release
唇齿浊鼻音	voiced labiodental nasal

唇齿清擦音	voiceless labiodental fricative
唇齿音	labiodental
唇齿音化	labiodentalized
唇齿浊擦音	voiced labiodental fricative
唇齿浊近音	voiced labiodental approximant
唇音化	labialization/labialized
唇化软腭音	labialized velar
唇-腭浊近音	voiced labial-palatal approximant
唇-软腭音	labial-velar
唇-软腭清爆发音	voiceless labial-velar plosive
唇-软腭清擦音	voiceless labial-velar fricative
唇-软腭浊近音	voiced labial-velar approximant
唇展	labial spreading
词界	word boundary
词重调	word accent
次低平	low level
次高平	high level
次要正则元音	secondary cardinal vowel
次重调	secondary accent
次重音	secondary stress
刺耳声	harsh
大(语调)韵律段	major(intonation) group
倒吸气音	click
低调	low tone
低平	extra low level
低升调	low rising contour

低元音	open vowel
调音/发音	Articulation
短停顿	short pause
短语语调边界	intonational phrase boundary
（硬）腭化	palatalization/palatalized
腭-龈音	palato-alveolar
腭化辅音	palatalized consonant
腭化软腭音	palatalized velar
腭化舌叶龈后音	palatalized lamino-postalveolar
腭化龈腭音	palatalized alveolopalatal
腭化龈腭鼻音	palatalized alveolopalatal nasal
腭咝音	palatal sibilant
腭咽擦音	velopharyngeal fricative
腭龈倒吸气音	palatoalveolar click
发音部位/调音部位	place of articulation
发音方法/调音方法	manner of articulation
发音器官	vocal organs
非倍音化/单音化	degemination
非肺部气流机制	non-pulmonic airstream mechanism
非音节性（的）	non-syllabic
非重读音节	unstressed syllable
肺部气流辅音	pulmonic consonant
分音节符	syllable break
弗斯韵律分析法	Firthian Prosodic Analysis
辅音	consonant
附加符号	diacritics

副语言/辅助语言	paralanguage
感性标音法	impressionistic transcription
感知时间	perceived timing
高调	high tone
高平	extra high level
高升调	high rising contour
高声话语	loud speech
高元音	close vowel
更短	extra-short
更圆	more rounded
国际音标表	the IPA/the International Phonetic Alphabet
国际音标扩展表	the extIPA Chart
国际语音学会	the International Phonetic Association
含混发音	slurred articulation
颌	jaw
后半低(非圆唇)元音	open-mid back unrounded vowel
后半低圆唇元音	open-mid back rounded vowel
后半高(非圆唇)元音	close-mid back unrounded vowel
后半高圆唇元音	close-mid back rounded vowel
后部浊音化	final partial voicing
后次高圆唇元音	near-close near-back rounded vowel
后低(非圆唇)元音	open back unrounded vowel
后低圆唇元音	open back rounded vowel
后高(非圆唇)元音	close-back unrounded vowel
后高圆唇元音	close back rounded vowel

后部清音化　　　　　final partial devoicing
后响二合元音　　　　rising diphthong
后浊音　　　　　　　post-voicing
滑音　　　　　　　　glide
会厌爆发音　　　　　epiglottal plosive
会厌清擦音　　　　　voiceless epiglottal fricative
会厌音　　　　　　　epiglottal
会厌浊擦音或近音　　voiced epiglottal fricative or approximant
假嗓声　　　　　　　falsetto
假声带声　　　　　　ventricular
降调　　　　　　　　falling contour/falling tone
降阶　　　　　　　　downstep
紧元音　　　　　　　tense vowel
近音　　　　　　　　approximant
卷舌(浊)鼻音　　　　voiced retroflex nasal
卷舌清爆发音　　　　voiceless retrofles plosive
卷舌性　　　　　　　rhoticity
卷舌音　　　　　　　retroflex
卷舌浊爆发音　　　　voiced retroflex plosive
卷舌浊边近音　　　　voiced retroflex lateral approximant
卷舌浊擦音　　　　　voiced retroflex fricative
卷舌浊近音　　　　　voiced retroflex approimant
卷舌(浊)内爆音　　　voiced retroflex implosive
卷舌浊闪音　　　　　voiced retroflex flap
开音节模式　　　　　open-syllable pattern
可接受的现代(英语)　received pronunciation，RP

发音/标准音

口元音	oral vowel
快速话语	fast speech
宽式标音	broad transcription
理论音系学	theoretical phonology
连读	liaison
连接（无间隔出现）	linking
连接符	tie bar
（圆）略展	less rounded
罗马字母表	roman alphabet
慢速话语	slow speech
莫拉	mora
内爆音	implosive
内吸气流	ingressive air flow
（耳语）嘎声	whisper
拍音	tap
偏低	lowered
偏高	raised
偏后	retracted
偏后变体（后缩）	retracted variety
偏前	advanced
偏前变体（前移）	advanced variety
频谱图	spectrogram
普通美国英语	General American English
气流机制	airstream mechanism
气流释放/送气（的）	aspirated

气密	airtight seal
气嗓声（的）	breathy voice/breathy voiced
前半低（非圆唇）元音	open-mid front unrounded vowel
前半低圆唇元音	open-mid front rounded vowel
前半高（非圆唇）元音	close-mid front unrounded vowel
前半高圆唇元音	close-mid front rounded vowel
前次低（非圆唇）元音	near-open front unrounded vowel
前次高（非圆唇）元音	near-close near-front unrounded vowel
前次高圆唇元音	near-close near-front rounded vowel
前鼻音化	prenasalized
前部带声	initial partial voicing
前部清音化	initial partial devoicing
前低（非圆唇）元音	open front unrounded vowel
前低圆唇元音	open front rounded vowel
前高（非圆唇）元音	close front unrounded vowel
前高圆唇元音	close front rounded vowel
前送气	pre-aspiration
前响二合元音	falling diphthong
前增音	prothetic
前浊音	pre-voicing
强势音（的）	emphasis/emphatic
清（的）	voiceless
清辅音	voiceless consonant
清音化/清音	voiceless
区别性特征理论	distinctive feature theory
区别性语音	distinctive sound

曲折调	contour tone
去鼻音化	denasal
全上升	global rise
全下降	global fall
柔声话语	quiet speech
软腭(清)爆发音	voiceless velar plosive
软腭(浊)鼻音	voiced velar nasal
软腭(浊)内爆音	voiced velar implosive
软腭边擦音	velar lateral fricative
软腭边近音	velar lateral approximant
软腭颤音	velar trill
软腭化	velarization/velarized
软腭化齿音	velarized dental
软腭化龈音	velarized alveolar
软腭化闪音	velarized tap
软腭气流音	velaric
软腭清擦音	voiceless velar fricative
软腭清擦音除阻	voiceless velar fricative release
软腭清内爆音	voiceless velar implosive
软腭咽摩擦	velopharyngeal friction
软腭音	velar
软腭浊爆发音	voiced velar plosive
软腭(浊)边近音	voiced velar lateral approximant
软腭浊擦音	voiced velar fricative
软腭(浊)近音	voiced velar approximant
软腭	velum

锐重调（符号）	acute accent
弱化元音	redused vowel
弱送气	weak aspiration
弱性元音	schwa
塞擦/双部位音	double articulation
塞擦音和双部位发音	affricate and double articulation
闪音	flap
哨声发声	whistled articulation
舌唇（的）	linguolabial
舌根偏后	retracted tongue root
舌根偏前	advanced tongue root
舌尖（的）	apical
舌叶（的）	laminal
升调	rising contour/rising tone
升降调	rising-falling contour
升阶	upstep
声道	vocal tract
声调	tone
声调对立	tonal contrast
声调语言	tone languages
声调字符	tone letter
声门爆发音	glottal plosive
声门清擦音	voiceless glottal fricative
声门音/喉塞音	glottal
声门浊擦音	voiced glottal fricative
声学信号	acoustic signal

食道发声	oesophageal speech
双齿发音	bidental articulation
双齿碰磕	bidental percussive
双唇边擦音	bilabial lateral fricative
双唇倒吸气音	bilabial click
双唇清爆发音	voiceless bilabial plosive
双唇清擦音	voiceless bilabial fricative
双唇清内爆音	voiceless bilabial implosive
双唇音	bilabial
双唇浊爆发音	voiced bilabial plosive
双唇(浊)鼻音	voiced bilabial nasal
双唇浊擦音	voiced bilabial fricative
双唇浊颤音	voiced bilabial trill
双唇(浊)近音	voiced bilabial approximant
双唇(浊)内爆音	voiced bilabial implosive
双元音化	diphthongized
顺向清化	progressive devoicing
咝咝声/咝音	hissing
松元音	lax vowel
送气(音)	aspirated
送气爆发音	aspirated plosive
听觉特征	auditory characteristics
停顿	pause
凸显	prominence
吐舌嗓声	protruded-tongue voice
外呼气流	egressive air flow

外挤气音	ejective
外挤气擦音	ejective fricative
外挤气齿龈音	ejective dental/alveolar
外挤气软腭音	ejective velar
外挤气双唇音	ejective bilabial
无声发音	silent articulation
无听感除阻	no audible release
系统严式标音法	systematic narrow transcription
响度	loudness
小(音步)韵律段	minor(foot) group
小舌(浊)鼻音	voiced uvular nasal
小舌(浊)内爆音	voiced uvular implosive
小舌化	uvularized
小舌清爆发音	voiceless uvular plosive
小舌清擦音	voiceless uvular fricative
小舌清内爆音	voiceless uvular implosive
小舌音	uvular
小舌浊爆发音	voiced uvular plosive
小舌浊擦音	voiced uvular fricative
小舌浊颤音	voiced uvular trill
协同发音性	simultaneity
哑嗓声(的)	creak/creaky voice/creaky voiced
咽喉化	faucalized
咽音化	pharyngealization/pharyngealized
咽清擦音	voiceless pharyngeal fricative
咽音	glottal/larynx

咽浊擦音或近音	voiced pharyngeal fricative or approximant
严式标音	narrow transcription
央(中)元音	mid central vowel
央(中)元音除阻	mid central vowel release
央半低(非圆唇)元音	open-mid central unrounded vowel
央半低圆唇元音	open-mid central rounded vowel
央半高(非圆唇)元音	close-mid central unrounded vowel
央半高圆唇元音	close-mid central rounded vowel
央次低元音	near-open central vowel
央高(非圆唇)元音	close central unrounded vowel
央高圆唇元音	close central rounded vowel
央化	centralized
央-中化	mid centralized
一般语音标音法	general phonetic transcription
抑扬重调	circumflex accent
音步	foot
音段	segment
音段长度	segmental length
音段切分	segmentation
音高	pitch
音高动程	pitch excursion
音高高度	pitch height
音高重调	pitch accent
音核	nucleus of syllables
音节	syllable
音节核	syllable nuclei

音节间隔	syllable division
音节性	syllabic
音节性鼻音	syllabic nasal
音节性颤音	syllabic trill
音位变体	allophonic
音位变体标音（法）	allophonic transcription
音位标音	phonemic transcription
音位学原理	phonemic principle
龈边音	alveolar lateral
龈边倒吸气音	alveolar lateral click
龈-腭爆发音	alveolar-palatal plosive
龈-腭清擦音	voiceless alveolar-palatal fricative
龈-腭清塞擦音	voiceless alveolo-palatal affricate
龈-腭音	alveolo-palatal
龈-腭浊擦音	voiced alveolo-palatal fricative
龈-腭浊塞擦音	voiced alveola-palatal affricate
龈后倒吸气音	postalveolar click
龈后近音	postalveolar approximant
龈后清擦音	voiceless postalveolar fricative
龈后清塞擦音	voiceless postalveolar affricate
龈后吸气音	postalveolar click
龈后音	postalveolar
龈后浊擦音	voiced postalveolar fricative
龈后浊塞擦音	voiced postalveolar affricate
龈颤擦音	alveolar trill fricative
龈清鼻音	voiceless alveolar nasal

龈清擦音	voiceless alveolar fricative
龈音	alveolar
龈音化	alveolarized
龈浊边闪音	voiced alveolar lateral flap
龈浊擦音	voiced alveolar fricative
龈浊塞擦音	voiced alveolar affricate
硬腭(清)爆发音	voiceless palatal plosive
硬腭(清)擦音	voiceless palatal fricative
硬腭(浊)鼻音	voiced palatal nasal
硬腭(浊)内爆音	voiced palatal implosive
硬腭清内爆音	voiceless palatal implosive
硬腭音	palatal
硬腭浊爆发音	voiced palatal plosive
硬腭浊边近音	voiced palatal lateral approximant
硬腭浊擦音	voiced palatal fricative
硬腭浊近音	voiced palatal approximant
语调	intonation
语调音高重调	intonational pitch accent
语音词	phonological word
语音对子	counterparts
语音描写	phonetic description
语音模糊	sound obscured
语音清晰性	phonetic explicitness
语音缩减	phonetic reduction
语音学	phonetics
元音	vowel

元音空间	vowel space
元音四边形	vowel quadrilateral
圆唇元音	rounded vowel
韵律标音法	prosodic notation
增音	epenthetic
中调	mid tone
中和	neutralized
中平	mid level
中央化	mid-centralized
央-中元音	mid central vowel
重读音节	stressed syllable
重音	stress
重音节	heavy syllable
重音模式	stress pattern
主要正则元音	primary cardinal vowel
主重音	primary stress
浊辅音	voiced consonant
浊音化/浊音	voiced
浊音同化	voicing assimilation
（浊）内爆音	voiced implosive
自主音段音系学	autosegmental phonology

译后记(第一版)

较早的时候我知道有一本《国际语音学会手册》,可一直无缘阅读。2006 年我去加州大学伯克利分校访问,与美国学者的讨论经常涉及音标问题,于是提起这本书。马蒂索夫先生的高足 Richard S. Cook 博士当即找出这本书,真令我高兴。一口气读下来,爱不释手。浅显的语言,深刻的道理,完善了我的音标知识。

说起来,我曾把多种语音学著作翻来阅去,反复揣摩,又调查过多种中国的语言和方言,设计过音标字库和键盘输入方法,甚至撰文写过中国民族语言音标用法的论文,或者参与审核提交 ISO/IEC 的国际音标中国提案,可是最完整有关国际音标知识体系的论著还是首次阅读。正是基于这样的认识,也是兴趣所在,我思考了把这本书译成中文,与中国读者分享。给博士研究生开设语言调查课之前,我又将国际音标列为预备课程,教学期间,学生们很积极,分别承担了部分初译工作,加快了我的工作进度,在此向他们表示感谢。

按照初译分工,诸位同学分别承担了以下工作:田阡子、左玉瑢:第一部分第 2~3 节,第二部分 5 种语言;赵翠阳、左玉瑢:第一部分第 4~10 节,第二部分 9 种语言;燕海雄:第二部分 14 种语言。我作为主要译者,除了承担第一、二部分的一些内容和第三部分的翻译外,还在学生初译基础上对相关章节进行了复译,并反复校核了全书。另外,左玉瑢在中文定名上给了我很好的建议,燕海雄帮助扫描和制作了书中的各种语音图形和文字图形,校对了全部音标,谢谢他们。

审定本书术语时,潘悟云教授联络麦耘教授和朱晓农教授组

308

成电子邮件讨论组。我们一起讨论了各种音标术语的中文翻译问题，我真心感谢各位教授的热心帮助，他们很多的智慧都凝聚在建议的音标术语中，也为本书音标符号的中文定名奠定了基础。

特别要感谢潘悟云教授，承蒙他的支持，安排出版，审校全书，并为本书作序。当前，潘教授的国际音标软件风行学界，而他开发的方言调查软件已成为新世纪中国语言调查令人瞩目的创新技术，必将影响深远。我希望这本书的出版能配合潘教授调查软件的使用，也是这本工具书物尽其用的途径之一。当然，不仅语言专业工作者会常常使用这本书，对于学习英语和其他各种外国语的读者这本书也是非常有用的案头工具书。

谢谢国际语音学会执委会同意本书译成中文，谢谢学会秘书Katerina Nicolaidis博士解答译文中的一些难点。更要谢谢上海教育出版社张荣先生，辛苦他联络剑桥大学出版社，为本书的出版费心筹划。责编朱宇清先生审校特别仔细，所提问题相当专业，令我这个译者都很钦佩，我也谢谢他。

由于原书出版于1999年，近年学会对国际音标做了些微更新，因此译书改用了2005年版的国际音标表，请读者留意。

最后告诉读者一个有用的信息，加拿大维多利亚大学语言学系的专家们把本书第二部分语言举例做成声音文件(.wav)，每一个词按照英语对译词命名，《北风与太阳》的故事分句朗读。读者可以在线或下载这些声音文件使用。另外，每种语言还配了补充说明文本。网址是：http://web.uvic.ca/ling/resources/ipa/handbook.htm。

江荻记于　北京　都会华庭　寓所

2007年6月25日

再 版 后 记

  本书初译本出版十余年间,学术界围绕国际音标中文术语和音标应用开展了广泛的研讨工作,曾举办专门的"记音与国际音标研讨会"(上海师范大学,2010 年 9 月),出版国际音标专题集刊(《民族语文》2012 年第 5 期),开发国际音标输入法软件(云龙音标系统,蓝蝶音标系统)。从民族语言、汉语方言和音韵学等领域反馈的信息是,这本《手册》中文版的出版对中国语言学进步是有所助力的。作为译者,我们感到欣慰。

  本次修订涉及的现象主要还是音标的中文术语,包括全书术语的校正和统一,勘定了某些音标字形。同时也全面梳理了中文的表述,以期更符合中文表达。当然,初译稿中存在的一些错误也尽量修订补正,包括表述不准确的地方。在此,要特别感谢中国社会科学院语言所麦耘教授、海南大学辛世彪教授,他们百忙之中专门来信告知初稿译文不准确之处。北京外国语大学李所成博士校准了日语篇的词汇译词。山西读者贺树刚曾来信提出一些音标符号印刷问题,也在此致谢。

  此次中文修订本我约请孟雯博士共同译校,修订方法是通读全书,对照原文查译文,与原文不符的重新翻译。尤其是每个术语的修订力求贯穿全书,并对表格、图形和音标字体逐一检查核对。我们相信这一版会更受读者的喜欢。

  初版国际音标表中文版被收入第六版《辞海》(2009),对于国际音标的广泛运用和推广非常有利,也是专业知识的一种普及。本次译本所附国际音标表更新为 2018 版本,与时俱进。初版后记中关于国际音标声音文件的信息已经变化了,学会自己的网站发布了更为丰富的声音文件内容，有兴趣的读者可以上网查询。学会网站地址是：https://www. internationalphoneticassociation. org/。

江荻　江苏师范大学语言科学与艺术学院
　　　中国社会科学院民族学与人类学研究所
孟雯　北京语言大学出版社
2019 年 2 月

重 印 附 记

　　去年，上海教育出版社同志告诉我，《手册》中文修订本已经售完，建议重印。我们根据国际语音学会网站的公告，将最新的 2020 版国际音标表添加进去。与 2018 版一样，这个版本实际上并未修订音标符号本身，仅为扩展国际音标的使用范围更新了版权标记，个别地方在版式上有所调整。

译者
2022 年 1 月

上海市版权局著作权合同登记图字：09-2019-994号

图书在版编目（CIP）数据

国际语音学会手册：国际音标使用指南 / 国际语音学会编著；江荻，孟雯译校. — 修订本. — 上海：
上海教育出版社，2020.1 (2022.2重印)
ISBN 978-7-5444-9710-7

Ⅰ.①国… Ⅱ.①国…②江…③孟… Ⅲ.①国际音标－手册 Ⅳ.①H016-62

中国版本图书馆CIP数据核字(2020)第001793号

责任编辑　朱宇清
封面设计　郑　艺

国际语音学会手册——国际音标使用指南（中文修订本）
国际语音学会　编著　江　荻　孟　雯　译校

出版发行　上海教育出版社有限公司
官　　网　www.seph.com.cn
地　　址　上海市永福路123号
邮　　编　200031
印　　刷　上海叶大印务发展有限公司
开　　本　890×1240　1/32　印张10.25　插页2
字　　数　240千字
版　　次　2020年1月第1版
印　　次　2022年1月第2次印刷
书　　号　ISBN 978-7-5444-9710-7/H·0328
定　　价　65.00元

如发现质量问题，读者可向本社调换　电话：021-64377165